DAS BUCH ZUM PROZESS ‚DUDERSTADT2020'

DUDERSTADT

EINE STADT IN BEWEGUNG

Alexandra Engel | Ulrich Harteisen | Dominika Hasse |
Anke Kaschlik | Bernd Kolb | Sebastian Tränkner | Astrid Witte

MECKE DRUCK UND VERLAG, Duderstadt, 2011

INHALTSVERZEICHNIS

‚DUDERSTADT2020‘ WIESO, WESHALB, WARUM?

VIELE BLICKWINKEL UND NEUE PERSPEKTIVEN

Quelle: Auszug aus den Geobasisdaten der Niedersächsischen Vermessungs- und Katasterverwaltung,
© 2011 Landesamt für Geoinformation und Landentwicklung Niedersachsen (LGLN)

‚DUDERSTADT2020‘

WIESO, WESHALB, WARUM?

‚DUDERSTADT2020‘

HERZLICH WILLKOMMEN!

‚DUDERSTADT2020‘: EIN STADTENTWICKLUNGSPROZESS

Warum ‚Duderstadt2020'? Und was ist das überhaupt?

‚DUDERSTADT2020': EIN STADTENTWICKLUNGSPROZESS

Die Rahmenbedingungen aktueller Stadtentwicklung sind vielfach diskutiert und auch für Duderstadt hinlänglich bekannt: Demographischer Wandel, Globalisierung der Wirtschaft, technologischer Fortschritt, Fachkräftemangel, Klimawandel, Polarisierung der Gesellschaft, Deregulierung (staatlicher) Steuerung, zurückgehende öffentliche Finanzspielräume und vieles andere mehr stellen die Stadtgesellschaft auch in Duderstadt vor immer neue Herausforderungen. Was heißt das für die Stadtentwicklung im 21. Jahrhundert?

Das Projekt ‚Duderstadt2020' wurde ins Leben gerufen, um einige dieser Herausforderungen näher zu betrachten und in enger Zusammenarbeit mit den Menschen in Duderstadt Entwicklungsmöglichkeiten aufzuzeigen und zu erproben. Es geht um Fragen wie: Was heißt es genau, wenn zukünftig weniger Kinder und Jugendliche, dafür aber mehr Ältere in der Stadt leben? Welche Folgen hat das für jede/n Einzelne/n und wie sollten sich Wirtschaft, Verwaltung, Politik, aber auch die Bürger/innen auf diese Veränderungen einstellen? Denn die aktuellen Wandlungen und ihre Folgen erscheinen vielen Menschen bisher wenig konkret, wenig greifbar.

Der Auftrag zum Masterplan ‚Duderstadt2020', den wir – ein interdisziplinäres Team der Hochschule für angewandte Wissenschaft und Kunst Hildesheim, Holzminden, Göttingen – im Oktober 2009 von Prof. Hans Georg Näder erhielten, lautet: „Menschen in Bewegung bringen – Zukunft gestalten". Mit den Menschen vor Ort sollen Ideen, Strategien und Projekte entwickelt werden, die die Attraktivität Duderstadts stärken. Die Finanzierung, nicht aber die inhaltliche Ausrichtung wird durch Prof. Hans Georg Näder sichergestellt. Inhalte und Ziele des Arbeitsprozesses ergeben sich aus

links und rechts: Auditorium der Auftaktveranstaltung am 28.11.2009
Mitte: Öffentliche Vorstellung der Ergebnisse der Jugendzukunftswerkstatt durch Philipp Rösener am 11.6.2010

der Arbeit der Aktiven vor Ort und durch unsere wissenschaftliche Begleitung. Das Projekt ist in seiner Größe, Unabhängigkeit und Experimentalität einmalig in Deutschland.

Der Masterplan ‚Duderstadt2020' ist kein Plan im klassischen Sinne, der zu Beginn die Ausgangslage beurteilt, Ziele und Maßnahmen formuliert und darauf aufbauend Wege zur Umsetzung aufzeigt. Vielmehr geht es um einen Prozess, der an unterschiedlichen inhaltlichen Punkten ansetzt, der vor allem aber durch die Menschen vor Ort in Duderstadt getragen wird. Deshalb hat es sich in den vergangenen zwei Jahren etabliert, von einem Prozess oder auch Projekt ‚Duderstadt2020' zu sprechen und nicht mehr von einem Masterplan.

DER PROZESS ‚DUDERSTADT2020' IST DURCH FOLGENDE GRUNDSÄTZE GELEITET:

Offenheit
Die Menschen in Duderstadt wissen selbst am besten, an welcher Stelle Handlungsbedarf besteht. Sie entscheiden, welche Themen in welcher Zusammensetzung mit welcher Intensität bearbeitet werden. Gleichzeitig sind offene Prozesse wenig planbar. Veränderungen der Ausgangslage, der Einschätzungen oder auch der Gruppe der Aktiven können jederzeit zu anderen Ideen oder Prioritätensetzungen führen. Auch sind derartige Prozesse anfällig für Fehler; nicht immer ist das Ergebnis eines Projektes zu Beginn absehbar. Entsprechend müssen Maßnahmen so gestaltet sein, dass sie stets weiterentwickelt werden können. Auch geht es darum, offen zu sein für Veränderungen oder bisher nicht beachtete Aspekte.

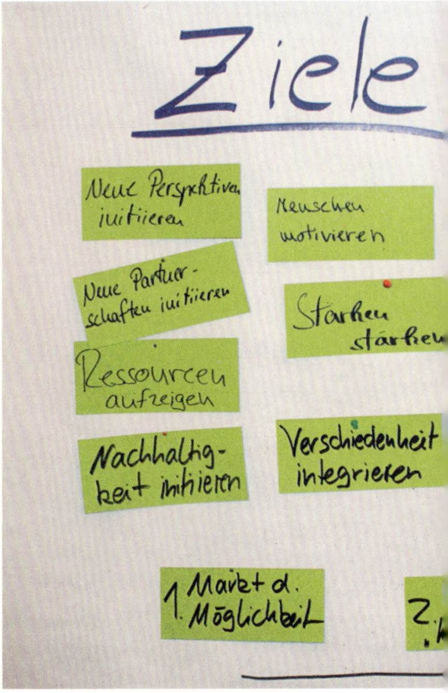

Kooperation auf Augenhöhe
Im Prozess wie auch in den einzelnen Arbeitsgruppen gibt es keine vorrangigen Interessen, weder seitens der Unternehmen noch der Politik oder einzelner Bürger/innen. Alle Akteur/innen begegnen sich auf Augenhöhe. Wesentlich ist es, sich zu Beginn eines Projektes über die Ziele und die Grundsätze der Zusammenarbeit abzustimmen. Aufgabe des Projektteams ist es, den Prozess neutral, das bedeutet ohne eigene inhaltliche Ziele, zu begleiten und auch Menschen zu Wort kommen zu lassen, die ihre Interessen oder Ideen bisher wenig öffentlich gemacht haben.

Kritik- und Konfliktfähigkeit
Wenn Menschen mit Herzblut bei der Sache sind, sind Konflikte kaum zu vermeiden. Der Umgang mit Konflikten ist von dem Grundsatz geprägt: Es geht immer um die Sache. Jede/r hat berechtigte und zunächst gleichwertige Bedürfnisse und Ideen. Im offenen Diskurs werden Kompromisse gefunden.

Man könnte den Prozess ‚Duderstadt2020' auch als „Regiebuch für eine querschnittsorientierte und nachhaltige Stadtentwicklung" bezeichnen. Mit beispielhaften Projekten wollen wir gemeinsam mit den Duderstädter/innen in den verschiedenen Themenfeldern zukunftsfähige Wege aufzeigen. ‚Duderstadt2020' kann nur dann ein Erfolg werden, wenn sich die Menschen angesprochen fühlen und dauerhaft zur Mitarbeit bereit sind. Ziel ist es, alle Projekte und vor allem den gesamten Stadtentwicklungsprozess sozusagen an die Stadtgesellschaft zu übergeben. Nach dem Ende der Projektlaufzeit im März 2013 müssen die einzelnen Projekte sowie die Vernetzung der Akteur/innen so weit gefestigt sein, dass sie ohne unsere Begleitung selbstständig weiterlaufen. Dies wird die wesentliche Herausforderung der zweiten Projekthälfte sein und daran wird sich auch der Gesamterfolg von ‚Duderstadt2020' letztlich messen.

Dieses Buch stellt zunächst die aktuellen Themenfelder und ihre jeweiligen Projekte vor. Dabei wird die Arbeit in den einzelnen Projekten in einen größeren Zusammenhang gestellt. Es wird Bilanz gezogen über das bisher Erreichte. Nächste Schritte in den einzelnen Themenfeldern werden dargestellt.

Daneben kommen Menschen zu Wort, die unterschiedlichste Verbindungen zu Duderstadt haben. Einmal sind dies Menschen, die sich aktuell aktiv in die Stadtgesellschaft einbringen und sich für ausgewählte Projekte oder Themen engagieren. Außerdem äußern sich Menschen, die in Duderstadt aufgewachsen sind und nun von unterschiedlichen Orten der Welt aus auf Duderstadt blicken.

Außerdem liegt dem Buch ein Wimmelposter für Kinder und Jugendliche bei, das Szenen aus dem Leben in Duderstadt zeigt. Die Szenen spiegeln teilweise Ideen und Wünsche der Teilnehmer/innen der Jugendzukunftswerkstatt im Juni 2010 wider und sollen die Identifikation und Auseinandersetzung der Kinder und Jugendlichen mit ihrem Duderstadt fördern.

Mit diesem Buch möchten wir einem breiteren Publikum in Duderstadt, aber auch darüber hinaus die Arbeit von ‚Duderstadt2020‘ genauer vorstellen, vor allem aber möchten wir uns bei allen Aktiven für ihre wertvolle Arbeit bedanken. Insbesondere danken wir der Stadt Duderstadt für die intensive und kontinuierliche Unterstützung seit Beginn des Prozesses. Die Durchführung vieler Veranstaltungen, die Nutzung von Daten oder die Erschließung zusätzlicher finanzieller Ressourcen durch Förderproramme wären ohne die politische Unterstützung und die fachliche Expertise der Verwaltungsmitarbeiter/innen nicht denkbar. Danke möchten wir an dieser Stelle auch Prof. Hans Georg Näder sagen, der die Idee des Masterplans ‚Duderstadt2020‘ entwickelt hat. Erst durch sein außergewöhnliches Engagement ist diese Teamarbeit möglich geworden. Außerdem danken wir allen, die an der Entstehung dieses Buches mitgewirkt haben.

v.l.n.r.: Vorbereitungstreffen zum Zukunftstag im Mai 2010; Arbeitsergebnisse; Eine Arbeitsgruppe der Jugendzukunftswerkstatt am 11.6.2010

HANS GEORG NÄDER,
CEO DER OTTO BOCK HEALTHCARE GMBH

VISIONEN FÜR DUDERSTADT

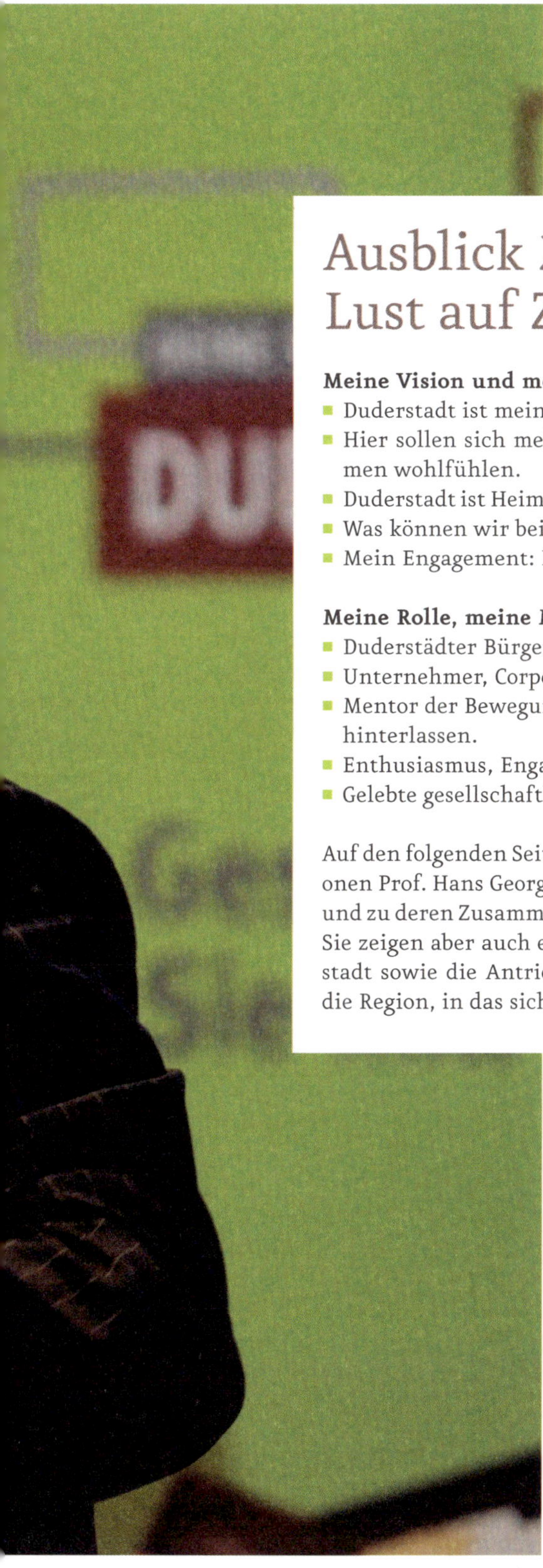

Ausblick 2020 – Lust auf Zukunft

Meine Vision und mein Engagement für Duderstadt

- Duderstadt ist meine Heimat – zuhause bin ich in der Welt.
- Hier sollen sich meine Kinder, meine Mitarbeiter, mein Unternehmen wohlfühlen.
- Duderstadt ist Heimathafen: Leben und Arbeiten muss Spaß machen.
- Was können wir beitragen? Wir gestalten unseren Lebensraum mit!
- Mein Engagement: Nachhaltigkeit entfalten (auch im Wert).

Meine Rolle, meine Mission in und für Duderstadt

- Duderstädter Bürger, Eichsfelder Urgestein.
- Unternehmer, Corporate Citizen.
- Mentor der Bewegung (Beauftragung HAWK), Footprints hinterlassen.
- Enthusiasmus, Engagement und Emotionen wecken.
- Gelebte gesellschaftliche Verantwortung.

Auf den folgenden Seiten zeigen Schlagwortwolken/tag clouds die Visionen Prof. Hans Georg Näders zu Duderstadt, zu seinem Unternehmen und zu deren Zusammenspiel für eine zukunftsweisende Entwicklung. Sie zeigen aber auch einen ganz persönlichen Blick auf seine Heimatstadt sowie die Antriebskräfte seines umfassenden Engagements für die Region, in das sich ‚Duderstadt2020' einfügt.

MEINE REGION – MEIN ZUHAUSE

Globales Handeln und regionale Verantwortung sind eine Einheit im Selbstverständnis des Familienunternehmers Professor Hans Georg Näder als „corporate citizen". Das aktive persönliche Einbringen in die Förderung der Region, gesellschaftspolitisches Engagement und der Erhalt von Natur und regionaler Infrastruktur sind gelebte unternehmerische Verantwortung. (aus: Corporate Citizenship Report Otto Bock HealthCare 2010)

Gesundheit FAMILIE NÄDER

Familienunternehmen

Future Zukunft Organisation

Glücksmomente

Junge Garde entfaltet Drehmoment

H.G.N Selbstständigkeit Disziplin

Teamspirit

4. Generation SPIELFREUDE

Führung

finanzielle Kraft

Verantwortung

Start-up-Ideen

Nachhaltigkeit

Biogasanlage und Energieproduzent

UMWELT

Solar

Photovoltaik

nachwachsende Rohstoffe

Tiefenwärme

CO_2-neutraler Industriekomplex

Inkubator

Leben und Arbeiten
Anbindung A38
kommunale Spange
intaktes Vereinsleben
INFRASTRUKTUR
Tourismus
Sielmann-Talstation
bürgerliches Engagement
schnelles Internet
Stadt als Dienstleister
Ortsumgehung Waake
Schulangebot
Stadtmarketing

Mitten in Deutschland
Sielmann Stiftung
carpe diem
kulturelles Angebot
kultig
Sicherheit
Familie
liebenswert
HEIMAT
soziale Balance
Schützenfest
Naturerlebnis
Neues Zuhause
Einkaufserlebnis
Integration
Feste feiern
Wochenmarkt
verlässliche Schule
Sport- und Freizeitangebot
intakte Gemeinschaft
LEBENSRAUM
attraktiver Wohnraum
lebendige Innenstadt
Lebensraum Eichsfeld
Silvergeneration

OTTO BOCK IN DUDERSTADT

MEHR ALS 100 MIO. INVESTITIONEN
moderne Arbeitsplatz-konzepte
MEHR ALS 500 NEUE ARBEITSPLÄTZE
Bedürfnisse der Einpendler
UMSATZ VERDOPPELT
Wohnen auf Zeit
Nachfrage nach Wohnraum
Kaufkraft nimmt zu

barrierefrei
ICE-Halt Göttingen
soziale Kompetenz
ÜBER 25.000 GÄSTE PRO JAHR AUS ALLER WELT
Mobility Pfad
Bewegungswelt Light
Offenheit
interkulturelle Intelligenz
Sonderlandeplatz Günterode

MEIN GESELLSCHAFTLICHES ENGAGEMENT

Lebensraum Eichsfeld
Mentor
Networking
Drehmoment
Sanierung Servatius-Kirche
Eichsfeld-Gymnasium
Demut
Heimatverbundenheit
Masterplan
Stadtmarketing

SOZIALES UND GESELLSCHAFTLICHES ENGAGEMENT

Sielmannstiftung
CITIZENSHIP
Der Mensch denkt, Gott lenkt
Kirchenglocke

Graf Isang
Renovierung
zeitgemäße Seminarangebote
Tiefgarage

LÖWENQUARTIER

Zuhause auf Zeit
2011 – 2015
schnelles Internet
Gewölbekeller
> 5 MIO EURO
Verkehrskonzept Innenstadt
Kronprinz
Fokus auf Gesundheit und Mobiität
Zeitgeist
Wohlfühl-Innenhöfe
Wellness (incl. Tennishalle)
Touch and Feel

Brandi
RATHAUS
Kophus lebendig
SCHÜTZENMUSEUM
~ 2,5 MIO EURO
Stadtmauersanierung
Attraktion
2010/2011
INNOVATION

PETER MAFFAY STIFTUNG
Bauernhof
ein Projekt zwischen Freunden
Zuhause
~ 2,5 MIO EURO
SCHUTZRÄUME FÜR KINDER
naturnahes Erleben
2011/2012
soziales Verhalten
TABALUGATRAILDUDERSTADT

2010/2011
Vermögensverwaltung
Zuhause
MAX NÄDER HAUS
Family Office
Investment Boutique
Otto Bock Archiv
~ 2,5 MIO EURO
Museum für technische Orthopädie
Hindenburgring 39
Näder Familiensammlung
Otto Bock Stiftung

WOLFGANG NOLTE,
BÜRGERMEISTER DER STADT DUDERSTADT

MIT HERZ UND VERSTAND FÜR DUDERSTADT

Herr Nolte, was treibt Sie an, sich jeden Tag aufs Neue für die Zukunft Duderstadts einzusetzen?
Bürgermeister von Duderstadt sein zu dürfen, macht richtig Freude. Die Aufgabe ist für mich Beruf und Hobby in einem. Dazu gehören natürlich auch Probleme, Rückschläge und Komplikationen. Meine ausgeprägte Liebe zu meiner Heimatstadt Duderstadt, zu unseren Dörfern, zur wieder grenzenlosen Eichsfelder Heimatregion und natürlich ganz besonders zu den hier lebenden Menschen – das ist eine der Haupttriebkräfte, die mich jeden Tag aufs Neue motivieren, um die Zukunft unserer Heimat mitzugestalten.

Im Vergleich zur über tausendjährigen Geschichte Duderstadts entspricht meine Zeit bei der Stadt allerdings nur einem Wimpernschlag. Ich empfinde es aber gerade deshalb als Geschenk, mich seit meiner Ausbildung über wechselnde Stationen – Hauptamtsleiter (1977), Stadtdirektor (1988) und seit 2001 als Bürgermeister – mit Kontinuität und Leidenschaft für unseren Lebensraum einsetzen zu können.

Ich habe dabei immer an die Potenziale und Stärken unserer Stadt und unserer Region geglaubt. Manche unserer Ideen erschienen vielleicht zunächst utopisch. Visionen und ambitionierte Ziele bei starker Bodenhaftung sind aber wichtig, damit sich etwas bewegt. Und es liegt sicher auch ein wenig in meinen Genen, dass ich, wenn ich einmal von einem Ziel überzeugt bin, dieses nicht aus den Augen verliere und es intensiv mit langem Atem verfolge. Dinge wie das Europa- und Deutschlandpolitische Bildungsinstitut, die Kolping-Familienferienstätte, das Grenzlandmuseum, das Internationale Jugendgästehaus, die Heinz Sielmann Stiftung oder die Landesausstellung Natur im Städtebau bis hin zum aktuellen Projekt „Duderstadt – Erlebnisstationen einer mittelalterlichen Stadt“ mit dem neuen Schützenmuseum am Westerturm und der touristischen Erschließung des historischen Rathauses oder die Ausrichtung des Tages der Niedersachsen 2012 wären ohne kraftvolle Initiative, Begeisterung, Mut zum Risiko und – dies darf nicht vergessen werden – jeweils starken Partnern nicht entstanden.

All das, was bisher erreicht wurde, wäre z.B. ohne das engagierte Team der Stadtverwaltung und ohne außergewöhnliche und herausragende langjährige Weggefährten, allen voran Dr. Max und Prof. Hans Georg Näder, Prof. Heinz und Inge Sielmann sowie MdL Lothar Koch, nicht denkbar. Ich bin gerade diesen Persönlichkeiten sehr dankbar, dass wir gemeinsam stets den „Eichsfelder Weg“ partnerschaftlich und verlässlich gegangen sind.

Welche Personen und Situationen haben Sie am meisten geprägt?
Vieles, was mein Leben prägte, verdanke ich kleinen, besonderen Fügungen und besonderen Menschen. Ich hatte eine behütete Kindheit. Geboren zwei Jahre nach dem Ende des zweiten Weltkriegs, bin ich in Tiftlingerode vor den Toren Duderstadts aufgewachsen, nicht weit von der Grenze zur damaligen sowjetischen Besatzungszone, der späteren Grenze zur DDR.

Ich bin mit durchaus preußischer Disziplin erzogen worden. Wie es früher gang und gäbe war, mussten meine beiden Brüder und ich natürlich vor und nach der Schule in der Landwirtschaft helfen. So erinnere ich mich daran, dass ich als Schüler z. B. noch Tabak mit angebaut, geerntet, angebunden und im Tabakofen getrocknet habe. Für mein späteres Leben haben mich vor allem meine Eltern geprägt, am meisten meine Mutter Maria Luise Nolte, die mir als zwar strenge, aber immer doch liebevolle Ratgeberin zur Seite stand. Daneben habe ich besonders meinen Großvater sehr verehrt. Er war eine starke Persönlichkeit, stand mit beiden Beinen im Leben. Kaum einen Wunsch hat er mir abgeschlagen. Von ihm, aber auch von meinem Volksschullehrer Heinrich Mock und Pfarrer Georg Gedig, habe ich vieles gelernt, was mir noch heute zugutekommt. Was das Verhältnis zu meinem Großvater angeht, so hat mein Enkel Carl für mich heute einen genauso hohen Stellenwert, wie ich es damals selbst erleben durfte.

Später – auf meinem beruflichen Weg (bis 1988) – hat mich vor allem Stadtdirektor Karl Krukenberg geformt. Er war über Jahre ein sehr guter Chef. Er hat mich gefordert und gefördert. Ich bekam die nötigen Freiräume, um auf unterschiedlichsten Feldern u.a. neue Wege in der Verwaltungsorganisation zu gehen, den Förderkreis Stadtbild- und Denkmalpflege mit ins Leben zu rufen oder auch strukturpolitisch wichtige Ratsinitiativen inhaltlich vorzubereiten.

Welchen Einfluss hatte das familiäre Umfeld?
Nach dem zweiten Weltkrieg lebte meine Familie in bescheidenen wirtschaftlichen Verhältnissen. Insofern hatte ich z.B. auch keine großen Weihnachts- oder Geburtstagswünsche. Ein Buch, ein gebrauchtes Fahrrad oder ein Pullover in meiner Lieblingsfarbe Blau waren schon etwas Besonderes. Auf dem großelterlichen Hof hieß es immer, auch auf nicht so ertragreichem Boden müssen wir Früchte ernten. Aus eher bescheidenen Voraussetzungen möglichst viel zu machen, ist deshalb für mich noch heute eine wesentliche Leitlinie in meiner Arbeit für die Stadt und die Region. Befindet sich Duderstadt doch nach wie vor in einer strukturbedingt schwierigen Haushaltslage. Freie Spielräume für Investitionen gibt es kaum. Das aktuell laufende Projekt „Erlebnisstationen ei-

ner mittelalterlichen Stadt" ist ein gutes Beispiel dafür, wie mit geringen kommunalen Mitteln, dem Erschließen öffentlicher Hilfe gepaart mit besonderem bürgerschaftlichen Engagement, kreativ ein großartiger Mehrwert erwachsen kann.

Wie hat Sie das Leben direkt an der ehemaligen deutsch-deutschen Grenze beeinflusst?
Das Aufwachsen direkt an der ehemaligen deutsch-deutschen Grenze war natürlich ein besonderes, prägendes Element. Die Teilung meiner Heimat, dem Eichsfeld, habe ich als Kind hautnah miterlebt. Ich erinnere mich lebhaft, als uns 1953 – da war ich 6 Jahre alt – ein russischer Soldat bei Böseckendorf beim Kirschenpflücken erschreckte. Schon 1956 ließ ich nach der Schule keine Radiosendung aus, um zu erfahren, was sich beim Ungarn-Aufstand tat. Das alles war sicher auch ein Impulsgeber für meinen beruflichen Weg. Auch die späteren Vorhaben wie das Europa- und Deutschlandpolitische Bildungsinstitut, die Gründung der Europa-Akademie, die Mitarbeit bei der Gründung des Landschafts-, Heimat- und Verkehrsverbandes (LHV) und des HVE oder die Initiierung des Grenzlandmuseums und der Einsatz für das Naturschutzgroßprojekt Grünes Band sind aus der Verantwortung entstanden, die damals bestehenden menschenverachtenden Grenzen in Frage zu stellen und mitzuhelfen, sie zu beseitigen. Schließlich hatten wir jahrzehntelang tagtäglich auf den Todesstreifen geschaut.
Ich selbst habe immer daran geglaubt, dass diese Grenze eines Tages fallen würde. Nur konnte ich natürlich nicht ahnen, dass es am 9. November 1989 passierte. Für mich ist diese friedliche Revolution und die Einheit Deutschlands noch immer ein Wunder.

Seit der Grenzöffnung 1989 hat sich in Duderstadt sehr viel verändert. Duderstadt ist offener und noch attraktiver geworden. Unser Eichsfeld zwischen Göttingen, Nordhausen, Mühlhausen und dem Harz ist wieder ein reizvoller, interessanter und grenzenloser Lebensraum.

Welche Personen, Orte und Werte geben Ihnen tagtäglich Halt?
So wie ich meinen Beruf des Bürgermeisters verstehe ist er mehr als ein Fulltimejob. Auftanken kann ich vor allem im Kreis meiner Familie. Allen voran bei meiner Frau Eva-Maria, die es mir in den mehr als 40 Jahren unserer Ehe immer ermöglicht hat, abzuschalten und meine Batterien stressfrei aufzuladen. Aber auch unsere Kinder, Alexander, Christina und Katharina sowie unsere Schwiegertochter Anja gehören unverzichtbar in diesen besonderen Rahmen. Und natürlich unser Enkelsohn Carl sowie unsere Neffen Tim und Mathis. Wenn sie mir Dinge aus ihrer Sicht erzählen, erscheinen mir meine Themen immer ganz, ganz klein.

Auch mein Glaube ist ein wichtiger Anker für mich. Das Symbol des Kreuzes gibt mir schon Halt und Orientierung. Auch glaube ich daran, dass mein Leben nicht mit dem irdischen Dasein endet. Den Glauben versuche ich in Gottesdiensten und Gebeten immer wieder neu zu festigen und dabei auch Inspiration zu finden. Aber auch Wallfahrten sind besondere Rast- und Tankplätze. Daher kommt dem 23. September 2011 mit dem Besuch von Papst Benedikt XVI. im Marienwallfahrtsort Etzelsbach (10 km von Duderstadt entfernt) natürlich eine ganz besondere Bedeutung zu. Meine liebste Bibelstelle lautet: „Suchet der Stadt Bestes" (aus Jeremia 29,7).

Freundschaften sind mir sehr wichtig. Auch wenn ich diese aus Zeitmangel nicht immer habe intensiv leben können. Im Freundeskreis wird wirklich offen, ehrlich und ohne Berechnung miteinander gesprochen. Das ist für mich unverzichtbar!

Meine Familie stammt aus dem Ober- und hauptsächlich aus dem Untereichsfeld. Insofern fühle ich mich im Herzen durchaus als „Gesamteichsfelder". Landschaft, Herkunft, Familie, Freunde, Verlässlichkeit, Wertebewusstsein und der Glaube – das sind für mich Koordinaten, die mein Heimatgefühl prägen. Die Heimatverbundenheit und das Wir-Gefühl der Eichsfelder sind etwas Außergewöhnliches, das ich immer wieder erlebe und das etwas Besonderes ist gegenüber anderen Regionen Deutschlands.

Als Bürgermeister bin ich oft in anderen Städten und Regionen unterwegs. Wenn ich anschließend nach Duderstadt, ins Eichsfeld zurückkomme, dann ist es für mich wie das Eintauchen in ein behagliches, warmes Nest in einem wunderschönen und zugleich weltoffenen Lebensraum, in das ich mich immer wieder behütet hineinbegeben kann.

v.l.n.r.:
Westerturm; historisches Rathaus; Begehung der Innenstadt mit der Steuerungsgruppe am 26.08.2009; Blick in die historische Fachwerkstadt

Wo sehen Sie gemeinschaftliches Engagement in Duderstadt?
Gesellschaftliches Engagement war für mich schon in meiner Jugend selbstverständlich. Angefangen als Ministrant, in der Dekanats- und Jugendarbeit, in der Mitarbeit bei der Kolpingfamilie, im Sportverein – um

nur einiges zu nennen. Auch heute erlebe ich phantastische Bewegung und viel gesellschaftliches Mittun auf vielen Feldern – in den zahlreichen Vereinen, bei karitativen Einrichtungen, den starken Selbsthilfegruppen, den Kirchen bis hin zu vielen engagierten Privatpersonen. Dieses intensive ehrenamtliche und teilweise auch mehr als großherzige Engagement ist wichtig für den sozialen Zusammenhalt und das Stadtklima Duderstadts. Die Freiwilligen Feuerwehren, die Sportvereine, unsere Lebenshilfe und viele andere Einrichtungen gehören dabei natürlich auch zum starken Fundament der Zukunfts-Bürgergemeinde Duderstadt.

Wo werden Sie zukünftig Hand anlegen?
Nach (noch) geltendem Recht komme ich nächstes Jahr ins Rentenalter. Die Begeisterung und Energie für die Arbeit sind aber gottlob immer noch reichlich vorhanden. Und Zukunftsaufgaben gibt es genug: Verbesserung der Verkehrsanbindungen, Ausbildungs- und Arbeitsplätze, Kommunalfinanzen, barrierefreie Stadt, Energiewende, Tourismus, generationengerechte Stadt, demographischer Wandel, und und und – bis hin zum Tag der Niedersachsen 2012. Er bietet sich hervorragend an, unsere phantastische Stadt, unsere gute gemeinsame Arbeit und besonders unsere Zukunftsperspektiven unseren Besuchern zu zeigen und deutlich zu machen, dass Duderstadt wahrlich eine Stadt voller Bewegung ist. Und gerade weil wir diese bewährte, verlässliche Partnerschaft gepaart mit viel Bürgersinn haben, vertraue ich darauf, dass wir selbst dieses Großevent gemeinsam erfolgreich umsetzen können.

Auch in diesem Sinne ist „Duderstadt 2020" als modellhafter und einmaliger Zukunftsansatz ein fantastisches Beispiel für aktive Bürgerbeteiligung und ein Geschenk für die Stadt, das wir alle intensiv unterstützen und leben. Die vielen Initiativen, die sich aus dem Projekt entwickelt haben, ergänzen das bisher Erreichte in besonderer Weise. Dafür danke ich dem Initiator, unserem Ehrenbürger Prof. Hans Georg Näder, und dem ‚Duderstadt2020'-Team von Herzen und wünsche dem großen Gemeinschaftsprojekt viel greifbaren Erfolg, damit Duderstadt sich im 21. Jahrhundert weiter modellhaft und zukunftsorientiert entwickelt.

Interview und Text:
Sebastian Tränkner

VIELE BLICKWINKEL UND NEUE PERSPEKTIVEN FÜR DUDERSTADT IM JAHR 2020

ANKE KASCHLIK

RAHMEN-BEDINGUNGEN DER STADT-ENTWICKLUNG

Anknüpfungspunkte für eine zukunftsbeständige Entwicklung in Duderstadt.

Duderstadt liegt im ländlich geprägten Landkreis Göttingen relativ weit vom Oberzentrum Göttingen entfernt, angrenzend an ähnlich strukturierte Landkreise in Niedersachsen und Thüringen. Somit ist Duderstadt in seiner Entwicklung überwiegend auf eigene Potenziale angewiesen; nennenswerte Entwicklungsimpulse von außen sind nicht zu erwarten. Wo also liegen die Potenziale für eine zukunftsweisende Entwicklung Duderstadts?

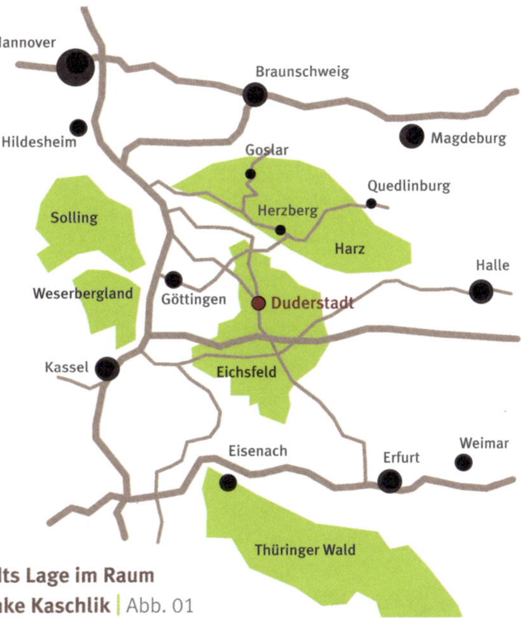

Duderstadts Lage im Raum
Quelle: Anke Kaschlik | Abb. 01

DUDERSTADT IST FACHWERK UND MEHR!

Blick von Südwesten über die Altstadt: einheitliche Dachlandschaft in ausgedehnten Grünanlagen

Die allermeisten Städte definieren sich über ihre Altstadt: Das Image einer Stadt nach außen ist durch die Altstadt geprägt. Die Altstadt macht auf eine Stadt neugierig und ist erster Anlaufpunkt für Besucher/innen. Aber auch die Identifikation der Bewohner/innen mit ihrer Stadt erfolgt überwiegend über die Altstadt und nicht so sehr über die Wohnquartiere oder einzelne stadtgeschichtlich bedeutsame Orte. In diesem Sinne bietet die Duderstädter Altstadt besonders gute Voraussetzungen für ein positives Image nach innen wie nach außen. Und zu Recht sind auch zwei Drittel der 18- bis 65-jährigen Duderstädter/innen stolz auf die Altstadt und das Fachwerk, so die Ergebnisse unserer Befragung (vgl. ‚Duderstadt2020' 2011).

Den Charme der Duderstädter Altstadt prägt zunächst die Einheitlichkeit der Fachwerkbebauung mit den herausragenden Blickpunkten Rathaus, Oberkirche, Unterkirche und Westerturm-Ensemble. Besondere stadträumliche Qualitäten ergeben sich aus dem Zusammenspiel von Gebäuden und Freiraum: Die Abfolge unterschiedlicher Raumdimensionen aus breiter Marktstraße, engen Gassen, kleinen Plätzen und weiten Grünflächen zeichnen insgesamt ein sehr ansprechendes Bild. Der vollständig erhaltene mittelalterliche Stadtgrundriss, die großzügigen Wallanlagen und die überwiegend erhaltene Fachwerkbebauung gemeinsam machen die Altstadt zu einem besonderen Stadtraum. Insgesamt vermittelt die Altstadt ein geschlossenes harmonisches Ambiente.

Leerstand von Wohnungen oder ganzen Gebäuden in der Altstadt | Abb. 02

Wohngebäude mit weniger als 60 qm Grundfläche | Abb. 03

Dieses Ambiente kann seine Wirkung für die Lebensqualität der Menschen aber nur durch eine entsprechende Nutzung entfalten, denn nur die Nutzung von Angeboten macht die Altstadt zu einem Teil des Lebensraums der Menschen. Nur wenn die Menschen Anlässe haben, sich in der Altstadt aufzuhalten, können sie die Qualitäten tatsächlich erfahren, sich ein Urteil bilden und sich letztlich damit identifizieren bzw. eine Bindung an die Stadt entwickeln. Die umfassenden Potenziale dafür wurden angesprochen. Sie schlagen sich auch in vielfältigen Nutzungen und Angeboten in der Altstadt nieder: So ist sie das Zentrum der Stadt in Hinblick auf den Einzelhandel, die Gastronomie und die Ausstattung mit sozialen und kulturellen Einrichtungen. Außerdem ist die Altstadt der Wohnort für ca. 2.400 Menschen unterschiedlichen Alters, unterschiedlicher sozialer Schichten und Herkunft sowie Standort für zahlreiche Gewerbebetriebe. In diesem Sinne ist die Altstadt der bunteste und abwechslungsreichste Teil der Stadt. Mit dem ZOB und einer Vielzahl an Parkplätzen innerhalb des Walls ist die Altstadt darüber hinaus der Ort der besten Erreichbarkeit im Stadtgebiet und der näheren Region.

Diesen wichtigen Potenzialen für die zukunftsbeständige Entwicklung der Altstadt stehen zum Teil erhebliche Schwierigkeiten gegenüber. Diese drücken sich vordergründig in einem recht hohen Leerstand an Wohnungen, Geschäften oder ganzen Gebäuden aus. Nach einer Bestandsaufnahme von Studierenden im Herbst 2010 stehen ca. 160 der ca. 750 Gebäude (ca. 20 %) ganz oder teilweise leer. Diese Leerstände verteilen sich – mit leichtem Schwerpunkt südlich der Marktstraße – über die gesamte Altstadt (vgl. Abb. 02: Leerstand von Wohnungen oder Gebäuden in der Altstadt).

Zudem entsprechen die Strukturen der Altstadt, insbesondere die baulichen Gegebenheiten, heutigen Anforderungen oftmals nur ungenügend: Eine ganze Reihe von Gebäuden in der Altstadt sind in einem schlechten, zumindest aber unzeitgemäßen baulichen Zustand. Viele Gebäude haben eine Grundfläche von weniger als 60 qm, was ca. 50 qm Nutzfläche entspricht. Wohngebäude dieser Größenordnung konzentrieren sich auf die Eingangsstraßen in die Altstadt; außerhalb der Altstadt gibt es derart kleine Gebäude kaum (vgl. Abb. 03: Wohngebäude mit weniger als 60 qm Grundfläche). Für moderne Läden sind die Erdgeschosszonen der Gebäude häufig zu klein und/oder nicht barrierefrei erreichbar. Die oft kleinen Wohnungen mit kleinen Fenstern und geringen Deckenhöhen entsprechen nicht den heutigen Vorstellungen von modernem – lichtdurchflutetem, großzügigem – Wohnen.

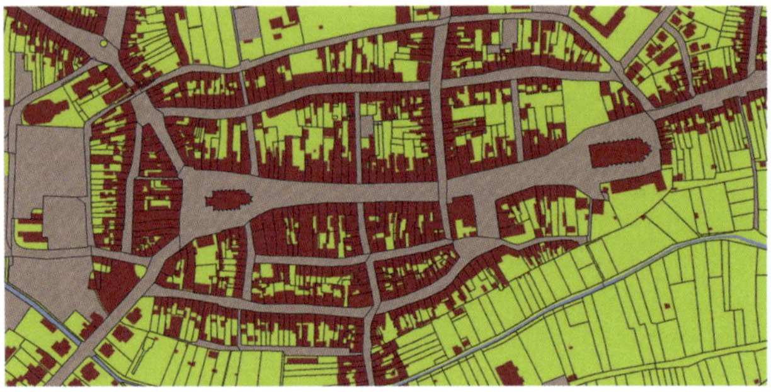

Gebäude- und Freiflächen in der Altstadt | Abb. 04

In weiten Teilen der Altstadt fehlt es an privaten Freiflächen und Stellplätzen für Bewohner/innen. In der Folge sind die erzielbaren Mieten in der Altstadt oft gering, wodurch dringend notwendige Investitionen ausbleiben (müssen). In der Summe entsteht bzw. entstand daraus ein Teufelskreis: Die durch den schlechten Zustand von Gebäuden und Freiraum geringen erzielbaren Mieten verhindern Investitionen, der Zustand der Gebäude und Freiflächen erlaubt aber auch keine höheren Mieteinnahmen. Zudem verhindern Sanierungsmängel und Leerstände an einzelnen Gebäuden oftmals auch Investitionen in der Nachbarschaft.

Neben dieser Gemengelage unterschiedlicher Problemstellungen stellt die kleinteilige Eigentümerstruktur eine zusätzliche Herausforderung für die Entwicklung der Altstadt dar. Die ca. 750 Gebäude – davon ca. 550 Fachwerkgebäude – in der Altstadt gehören fast ebenso vielen Eigentümer/innen; es gibt praktisch keine größeren zusammenhängenden Bestände. Dadurch ist es schwierig, umfassende Erneuerungsmaßnahmen umzusetzen, denn die privaten Eigentümer/innen sind keine homogene Gruppe. Sie verfolgen im Umgang mit ihren Gebäuden, Wohnungen und Grundstücken sehr unterschiedliche Interessen, die von deutlichem Modernisierungsinteresse über Bestandserhalt bis hin zu Verkaufswünschen reichen. Erfahrungen in Stadtumbau-West-Gebieten zeigen, dass zusätzlich die unterschiedliche finanzielle Ausstattung der Eigentümer/innen als problematisch für eine zügige Einigung über Erneuerungsmaßnahmen ist (vgl. BBR 2007). In der Altstadt Duderstadt ist davon auszugehen, dass eine ganze Reihe von Eigentümer/innen allein schon aus Altersgründen nur geringe Investitionsinteressen oder -möglichkeiten haben. Dies betrifft überwiegend Gebäude, bei denen sowohl die geringe Größe als auch der bauliche Zustand keine unkomplizierte Nachnutzung erwarten lassen.

Darüber hinaus stellt der Denkmalschutz – dessen Aufgabe es ist, die hohe Qualität von Bebauung und Freiraum auch für künftige Generationen erlebbar zu erhalten – erhebliche Anforderungen an Erneuerungsmaßnahmen bzw. schränkt er Umbaumöglichkeiten in der Altstadt ein. Der Denkmalwert der Altstadt ist ein wichtiges oder sogar das wichtigste touristische Potenzial Duderstadts. Bisherige Bemühungen der Stadt beispielsweise als Station der Deutschen Fachwerkstraße, in der Stadtsanierung oder als Mitglied der Fachwerktri-

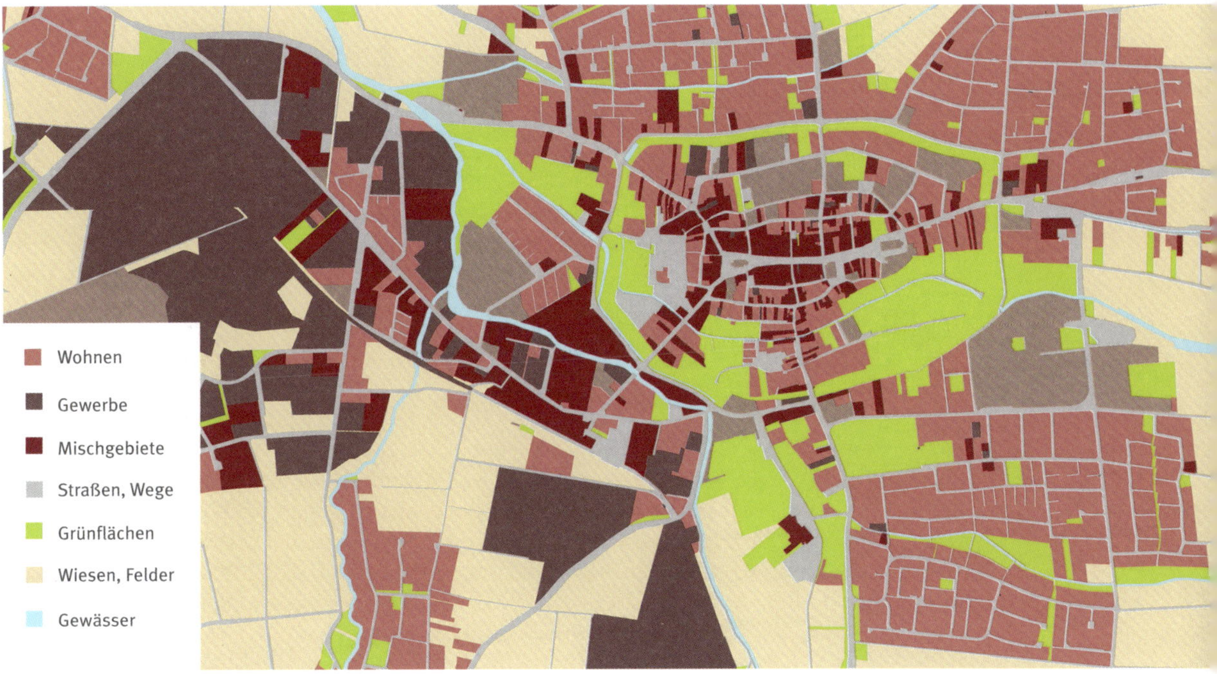

Struktur der Kernstadt | Abb. 05

ennale konnten in diesem Sinne Impulse setzen, für einen Durchbruch in Richtung Städte- bzw. Fachwerktourismus sind aber weitere Anstrengungen, eine bessere Vernetzung bisheriger Ansätze und die umfassende Einbeziehung der Hauseigentümer/innen dringend erforderlich (vgl. Kapitel Wohin geht die Reise?). Wichtig ist nicht nur die Erhaltung der historischen Substanz, sondern ihre Nutzung. Denn nur eine finanziell tragfähige Nutzung kann den dauerhaften Erhalt der Gebäude sicherstellen und den oben angesprochenen Teufelskreis aus fehlenden Einnahmen und fehlenden Investitionen durchbrechen helfen. Dafür sind auch moderne Umbauten erforderlich. Kompromisse zwischen Denkmalschutz, modernen Nutzungsansprüchen und den Möglichkeiten der Eigentümer/innen müssen in einem offenen Diskurs gefunden werden (vgl. Kapitel Modernes Wohnen in der Altstadt).

Es gilt also künftig, die Potenziale der Altstadt für eine positive Entwicklung zu nutzen und gleichzeitig die Schwierigkeiten, die sich fast unmittelbar aus den Potenzialen ergeben, in Zusammenarbeit aller Akteur/innen zu bewältigen.

Aber Duderstadt bietet mehr als die Altstadt: Nördlich und östlich der Altstadt schließen zum Teil ausgedehnte Baugebiete fast ausschließlich mit freistehenden Einfamilienhäusern an. Diese bieten gute Wohn- und Wohnumfeldbedingungen für unterschiedliche Haushaltstypen. Ihre räumliche Lage bzw. die überwiegend geringe Entfernung zur Altstadt stellt die Versorgung für diese Gebiete dauerhaft sicher: Einkaufsmöglichkeiten oder

Quelle Abb. 02 – 05: Auszug aus den Geobasisdaten der Niedersächsischen Vermessungs- und Katasterverwaltung,
Abb. 02: Beengard et al. 2011
© 2011 Landesamt für Geoinformation und Landentwicklung Niedersachsen (LGLN); Bearbeitung Anke Kaschlik

Duderstadt und die Ortsteile
Quelle: Anke Kaschlik | Abb. 06

kulturelle Einrichtungen befinden sich in der Nähe. Sie bieten also einen guten Kompromiss zwischen Wohnqualität (Platz und Ruhe) und Infrastrukturausstattung, zwischen dem Wohnen direkt in der Altstadt und dem Neubau am Stadtrand oder auf den Dörfern.

Entsprechend ihrer Entstehungszeit befinden sich Teile dieser Gebiete derzeit im Umbruch; es findet ein Generationenwechsel statt. Die ursprünglichen Eigentümer/innen verlassen nach und nach die Gebiete, Familien ziehen zu, Investitionen werden getätigt. Andere Gebiete stehen noch vor dem Generationenwechsel. Hier leben zurzeit fast ausschließlich ältere Menschen, Investitionen unterbleiben eher, denn die Kinder sind ausgezogen und haben mit ihren Familien neue Wohnstandorte gefunden. Daraus wird sich ein größeres Angebot an Gebrauchtimmobilien ergeben, die Verkaufspreise werden wahrscheinlich eher sinken. Diese Gebiete gewinnen für Haushalte mit geringerem Einkommen wie junge Familien an Attraktivität, denn gute Wohnqualitäten sind dann zu verhältnismäßig günstigen Preisen zu bekommen. Aber die Aussichten für Investitionen in der Altstadt oder in den Ortsteilen werden dadurch eher schwieriger, Segregationen innerhalb des Stadtgebiets werden begünstigt.

Im westlichen und südlichen Stadtgebiet befinden sich recht ausgedehnte Gewerbe- und Industrieansiedlungen. Die Übergangsbereiche sind oft geprägt von Villen vom Beginn des 20. Jahrhunderts, aber auch kleinere gewerbliche Ansiedlungen und Ergänzungen neueren Datums sind dort vorhanden. Insbesondere entlang des Stadtrings und der Ausfallstraßen nach Göttingen und – seit der Wende – nach Heiligenstadt und Worbis sind die Quartiere starken Verkehrsbelastungen ausgesetzt. Hier finden sich z. T. hochwertige Architekturen in relativ schlechter Umfeldqualität. Vergleichsweise große Wertunterschiede sind auf engem Raum zu finden.

Seit der Gebietsreform 1973 gehört Duderstadt nicht nur zum Landkreis Göttingen; das Stadtgebiet umfasst nun 15 Ortsteile unterschiedlicher Größe. Diese haben zum Teil wertvolle historische Dorfkerne und wurden über die Jahre durch Neubaugebiete ergänzt. Heute stehen viele der Ortsteile vor dem Problem, dass notwendige Infrastrukturen aufgrund der geringen Einwohnerzahlen nicht oder nur eingeschränkt zur Verfügung stehen. Insbesondere für den steigenden Anteil älterer Menschen in den Ortsteilen wird somit die Organisation des täglichen Lebens problematisch, zumal die Buserschließung überwiegend schon heute unzureichend ist und mit dem zu erwartenden Rückgang der Schülerzahlen weiter ausgedünnt werden wird. Künftig werden erhebliche Anstrengungen erforderlich, um die Lebensqualität auf den Dörfern aufrechtzuerhalten. Mit dem Projekt Dorf2020 konnten erste Ideen und Anstöße für die Zukunftsfähigkeit von Breitenberg und Hilkerode entwickelt werden.

BEI DER BEVÖLKERUNGSENTWICKLUNG DER STADT DUDERSTADT SIND SEIT DEM ENDE DES 2. WELTKRIEGES VIER PHASEN UNTERSCHIEDLICHER ENTWICKLUNGSDYNAMIK ZU UNTERSCHEIDEN:

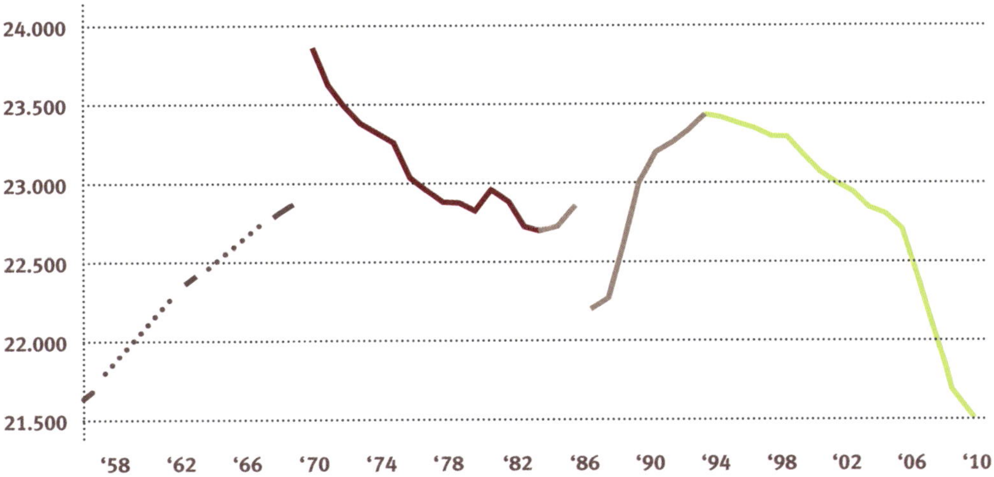

1. Eine lange Wachstumsphase bis zum Beginn der 1970er Jahre (Wirtschaftswunderjahre)

2. die längere Schrumpfungsphase als Folge kumulierter Entwicklungen aus wirtschaftlicher Rezession, sinkender Zuwanderung und Sterbefallüberschüssen bis Ende der 1980er Jahre

3. die darauf folgende kürzere Wachstumsphase durch erhöhte Zuwanderung aus der ehemaligen DDR und anderen mittel- und osteuropäischen Ländern bis Mitte der 1990er Jahre

4. die nach dem Wendeboom folgende Schrumpfungsphase. Diese ist eigentlich eine Fortführung der Entwicklung der 1970er und 1980er Jahre

Quelle: LSKN-Online, Bearbeitung Anke Kaschlik | Abb. 07

Für die frühen Jahrgänge sind nur Daten für 1956, 1961 und 1968 vorhanden. Die Sprünge der Einwohnerzahlen zwischen 1969 und 1970 sowie zwischen 1986 und 1987 sind auf Berichtigungen der Statistik im Zuge der Volkszählungen zurückzuführen.

Zusammengefasst lässt sich sagen:

Duderstadt mit seinen Ortsteilen bietet vielfältige Strukturen und damit gute Lebensbedingungen für unterschiedliche Bedürfnisse.

Entsprechend den Bedürfnissen der Bevölkerung müssen die einzelnen Siedlungen und Ortsteile in ihrer jeweiligen Spezifik weiter entwickelt werden. Die Altstadt hat einen besonderen Stellenwert im Gefüge der Stadt. Sie ist nicht nur Kristallisationspunkt lokaler Identifikation und das Aushängeschild Duderstadts, sondern gleichzeitig das Einzelhandels-, Kultur- und Infrastrukturzentrum einer größeren Region und Wohnstandort für unterschiedliche Bevölkerungsgruppen. ‚Duderstadt2020' widmet sich deshalb in unterschiedlichen Zusammenhängen der Entwicklung der Altstadt; unterschiedliche Projekte beschäftigen sich mehr oder weniger spezifisch mit den Eigenheiten und Entwicklungsbedingungen der Altstadt.

DUDERSTADT SIND DIE DUDERSTÄDTER UND DUDERSTÄDTERINNEN. WER LEBT IN DUDERSTADT? WARUM ZIEHEN MENSCHEN WEG?

Ein Anlass des Projektes ‚Duderstadt2020' war der seit Anfang der 1990er Jahre anhaltende und in den letzten Jahren stark zunehmende Bevölkerungsrückgang in Duderstadt. Mit dieser Entwicklungstendenz unterscheidet sich

Duderstadt von vergleichbaren Städten wie Hann. Münden oder Nörten-Hardenberg, in denen es gelungen ist, die Bevölkerungsrückgänge in den letzten Jahren zu reduzieren. Selbstverständlich sind Bevölkerungsrückgänge nicht per se problematisch. Es lassen sich durchaus positive Aspekte, wie beispielweise ausreichender und günstiger Wohnraum für die verbleibende Bevölkerung, finden. Die Verstärkung der Bevölkerungsrückgänge in den letzten Jahren macht aber eine Suche nach den Ursachen erforderlich, da sich damit eine Tendenz manifestiert, die in näherer Zukunft zu (weiteren) Problemen beispielsweise bei der Aufrechterhaltung von Infrastrukturen oder der Busanbindung, aber auch der Fachkräftesicherung für die lokalen Unternehmen führen wird. Der Teufelskreis der negativen Bevölkerungsentwicklung wird sich weiter beschleunigen.

Schaut man die natürliche und die räumliche Bevölkerungsentwicklung – also die Geburten- und Sterbefälle auf der einen Seite und die Zu- und Abwanderungen auf der anderen – getrennt an, zeigt sich, dass die starken Bevölkerungsrückgänge der letzten Jahre etwa zur Hälfte auf eine Zunahme der Abwanderung und zur Hälfte auf eine Abnahme der Zuwanderung zurückzuführen sind. Von 1995 bis 2005 waren – nach den wendebedingten Zuwanderungsüberschüssen – nur leichte Abwanderungsüberschüsse zu verzeichnen. Erst seit 2006 geht die Schere zwischen Zu- und Abwanderung deutlich auseinander; in den vier Jahren von 2006 bis 2009 hat Duderstadt fast 1.000 Menschen verloren. In 2010 war ein leichter Zuwanderungsüberschuss zu verzeichnen; ob dies eine Trendwende der Entwicklung oder nur ein einmaliges (statistisches) Ergebnis darstellt, müssen die Zahlen der kommenden Jahre belegen.

Die Geburtenrate lag, wie allgemein in Deutschland, fast dauerhaft leicht unter der Sterberate; auch hier ist eine Zunahme der Differenz in den letzten Jahren zu verzeichnen.

Um Ansatzpunkte für eine dauerhaft positive Entwicklung Duderstadts zu finden, müssen Antworten auf Fragen, wie: „Wer verlässt Duderstadt?“ „Aus welchen Gründen?“ „Was vermissen die Menschen in Duderstadt?“ „Was könnte die Menschen dazu veranlassen, in Duderstadt zu bleiben oder zurückzukehren?“ gefunden werden.

Am stärksten war in den letzten Jahren die Abwanderung in den Altersgruppen der 20- bis 25-Jährigen und der 25- bis 30-Jährigen. Damit hat sich das Alter der Abwandernden innerhalb der letzten 15 Jahre weiter nach unten verschoben: Noch in 1995 war bei den 20- bis 25-Jährigen kaum ein Abwanderungsüberschuss zu verzeichnen; dieser setzte damals erst bei den 25- bis 30-Jährigen ein.

Innerhalb der letzten fünf Jahre haben von den Geburtsjahrgängen 1985 bis 1990 jährlich im Saldo mehr als 40 Personen, d.h. insgesamt 15 % derer, die 2005 in Duderstadt gelebt haben, die Stadt verlassen; bei den jungen Männern waren es 12 %, bei den jungen Frauen sogar 19 %. Auch die Abwanderung der Geburtsjahrgänge 1980 bis 1985 lag nur geringfügig darunter. Bei den älteren Jahrgängen, den 30- bis 35-Jährigen und den 35- bis 40-Jährigen, ist der Abwanderungsüberschuss deutlich geringer. Dies legt die Vermutung nahe, dass die Lebensbedingungen und dies bedeutet überwiegend Ausbildungs- und Berufschancen für junge Menschen, besonders für junge Frauen, in Duderstadt schlecht bzw. nicht bedürfnisgerecht sind. Ein Zuwanderungsüberschuss ist bei keiner Jahrgangsgruppe zu verzeichnen.

Die Entscheidung für oder gegen einen Umzug, zumal in eine andere Stadt oder Region, ist für die allermeisten Menschen und erst recht für Haushalte mit mehreren Personen eine schwierige. Faktoren auf unterschiedlichen Ebenen und oft von mehreren Haushaltsmitgliedern müssen gegeneinander abgewogen werden: Dabei geht es um Arbeits- oder Ausbildungsplätze, die Qualität, die Größe und den Preis der Wohnung, um die sozialen Netzwerke und täglichen Wege der Haushaltsmitglieder, die Kosten für den Umzug u. a. m. Um die tatsächlichen Gründe für die Zu- und Abwanderung nach und aus Duderstadt zu erfahren, haben wir in 2010 eine schriftliche Befragung durchgeführt. Dafür wurden alle 861 Haushalte, die in 2008 und 2009 aus Duderstadt weggezogen sind, und alle 695 Haushalte, die im gleichen Zeitraum nach Duderstadt zugezogen sind, befragt (vgl. ‚Duderstadt2020' 2010a, 2010b). Die Rücklaufquote lag bei der Abwanderungsbefragung bei 17 %. (143 Antworten), bei der Zuwanderungsbefragung bei 19 % (130 Antworten).

NATÜRLICHE UND RÄUMLICHE BEVÖLKERUNGSENTWICKLUNG SEIT 1987

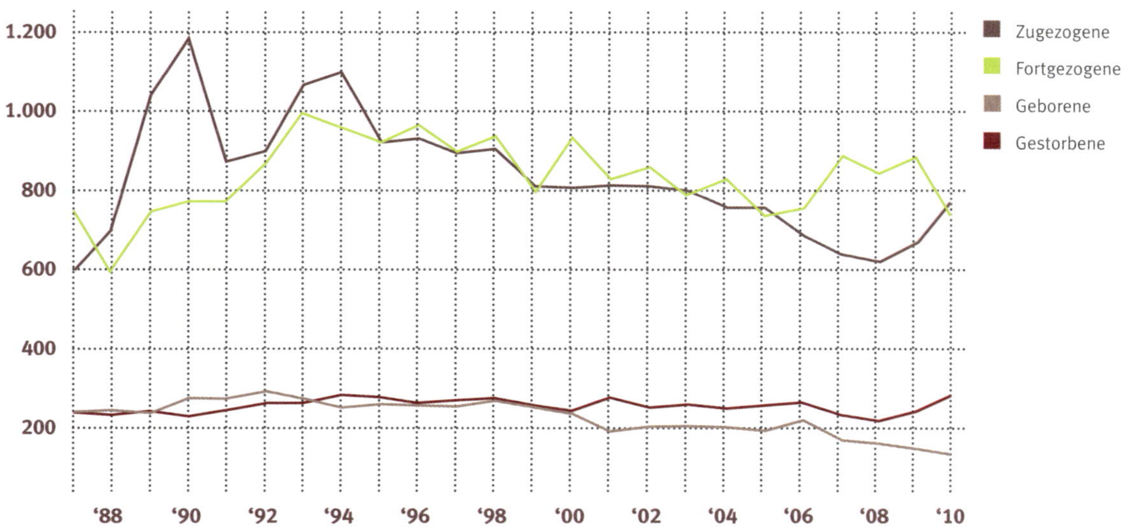

Quelle: LSKN-Online, Bearbeitung Anke Kaschlik | Abb. 08

Bei der Abwanderungsbefragung stand ein ganzes Konglomerat an Fortzugsgründen zur Auswahl: Über 70 % nannten unterschiedliche private Gründe, wie Verkleinerung oder Vergrößerung des Haushalts, Auszug bei den Eltern o. Ä., fast 60 % arbeits- oder ausbildungsbezogene Gründe und über 50 % wohnungsbezogene Gründe. Recht ähnlich ist die Situation beim Zuzug: 75 % gaben private, 53 % arbeitsbezogene und 48 % wohnungsbedingte Gründe an. Dies zeigt, dass zwar immer auch private Gründe bei der Entscheidung für den Umzug eine Rolle gespielt haben, dass diese aber zumeist erst in Kombination mit anderen Aspekten die Entscheidung herbeigeführt haben.

Die offenen Fragen, ohne Vorgabe von Antwortmöglichkeiten, nach dem wichtigsten Grund von Zu- oder Abwanderung zeigen andere Bilder (vgl. Abb. 09): Bei der Abwanderung stehen Aspekte von Arbeit oder Ausbildung im Vordergrund – 38 % aller Haushalte geben den Beginn einer Ausbildung oder neuen Arbeit, den weiten oder beschwerlichen Weg zur Arbeitsstelle o. Ä. als wichtigsten Fortzugsgrund an. Auch private Gründe standen noch sehr weit oben auf der Liste der Hauptfortzugsgründe (35 %). Beim Zuzug dominierten mit fast 45 % private Gründe, wie Zusammenziehen mit dem/der Partner/in, Haushaltsvergrößerung oder Rückzug in den Heimatort, die Angaben über den Hauptumzugsgrund. Arbeits- und ausbildungsbezogene Gründe spielen für gut 38 % der Haushalte die wichtigste Rolle bei der Entscheidung für den Zuzug nach Duderstadt. Arbeit und Ausbildung ist also anteilsmäßig für den Fortzug wie für den Zuzug gleichbedeutend; insgesamt ziehen aber mehr Haushalte aus Duderstadt weg als zu.

Die Wohnbedingungen oder auch ortsbezogene Gründe wie beispielsweise die verkehrliche Anbindung oder das Freizeitangebot werden selten als wichtigster Zu- oder Fortzugsgrund genannt. Diese bilden dann aber in dem Mix der Fortzugsgründe vermutlich doch öfter das Zünglein an der Waage, wenn 46 % aller fortgezogenen Haushalte angeben, dass der neue Wohnort insgesamt besser zur Lebenssituation passt; dies sagen aber nur 25 % der zugezogenen Haushalte.

7 % der Befragten nannten soziale Gründe – wie unfreundliche Menschen oder Cliquenwirtschaft – als wichtigsten Fortzugsgrund. Dies ist zwar nur ein kleiner Teil der Befragten; wenn aber die Unzufriedenheit mit dem sozialen Umfeld so stark ist, dass sie Menschen zum Fortzug aus Duderstadt bewegt, scheint dies doch ein wichtiger Aspekt, zumal dies von vielen Anderen als weiterer Fortzugsgrund angegeben wurde. Das soziale Umfeld, das Zusammenleben in der Nachbarschaft, in der lokalen Gemeinschaft sowie Freunde und Bekannte tragen zu einem überragenden Teil zum Wohlfühlen bei; diese sind den Menschen sehr wichtig. Für ein stimmiges soziales Umfeld sind Menschen bereit, Nachteile in anderen Bereichen wie Karriere oder Freizeitmöglichkeiten in Kauf zu nehmen. Hierin liegt ein wesentlicher Vorteil kleinerer Städte allgemein und Duderstadts im Besonderen, denn die kleinstädtische Nähe wird von den Menschen überwiegend als positiv empfunden, nur ein geringer Teil der Befragten fühlt sich durch das kleinstädtische Milieu beeinträchtigt.

Zusammengefasst bedeutet das:
Insbesondere junge Menschen verlassen Duderstadt auf der Suche nach guter Ausbildung und guter Arbeit. Dies ist ein Phänomen, das in ländlichen Räumen und Kleinstädten allgemein zu beobachten ist. Dies ist aber auch ein notwendiges Phänomen: Junge Menschen müssen lernen und Erfahrungen sammeln, was unter den Arbeitsmarktbedingungen der

WICHTIGSTER GRUND DES ZU- BZW. FORTZUGS IN %

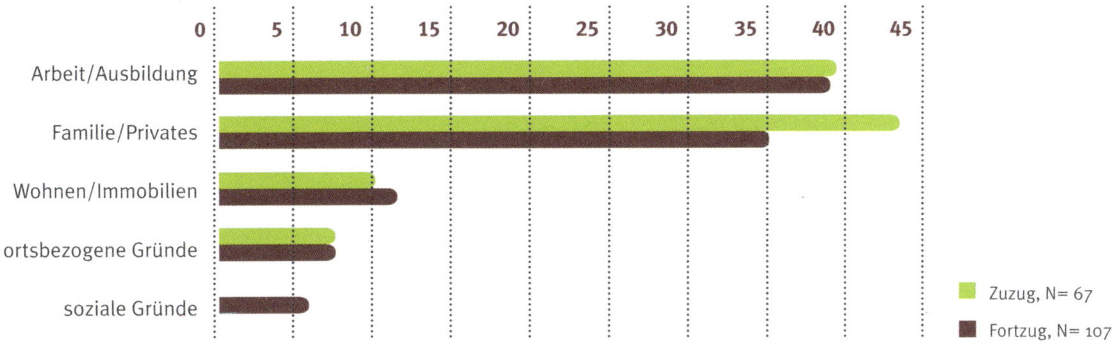

Angaben über den wichtigsten Grund des Zu- bzw. Fortzugs; Quelle: ‚Duderstadt 2020', 2010a, 2010b | Abb. 09

Kleinstadt nur eingeschränkt möglich ist. Deshalb ist es gut, wenn junge Menschen Duderstadt verlassen.

Aufgabe für die Zukunft ist es, die Bindungen der jungen Menschen an Duderstadt derart zu festigen, dass sie gut ausgebildet mit wichtigen (beruflichen) Erfahrungen gern nach Duderstadt zurückkehren, um hier zu wohnen, zu arbeiten und eine Familie zu gründen.

Das bedeutet für die künftige Entwicklung zweierlei:

- Junge Menschen müssen mit ihren Wünschen und Bedürfnissen in Duderstadt ernst genommen werden, damit sie Duderstadt in guter Erinnerung behalten und sich auch für ihre Kinder ein Leben in Duderstadt vorstellen können; dem widmet sich ‚Duderstadt2020' in unterschiedlichen Projekten mit und für Jugendliche (vgl. Kapitel Jugend in Duderstadt).
- Darüber hinaus muss insgesamt ein gutes soziales Klima herrschen, in dem sich die Menschen wohl fühlen und sich für die Gemeinschaft engagieren. Dafür ist es dringend erforderlich, ein Klima des gegenseitigen Vertrauens zu schaffen, in dem Menschen gern mit ihren Mitmenschen zusammenarbeiten.

‚Duderstadt2020' hat zur Festigung und weiteren Förderung des ehrenamtlichen Engagements unterschiedliche Projekte mit Menschen und Institutionen Duderstadts unterstützt oder ins Leben gerufen und sich der weiteren Unterstützung Ehrenamtlicher verschrieben (vgl. Kapitel Freiwilliges Engagement). Der große Vorteil für Duderstadt und seine künftige Entwicklung ist, dass beide Aspekte im Einflussbereich der lokalen Akteur/innen liegen, dass (finanzielle) Förderungen von außen nicht oder nur bedingt erforderlich sind, und vor allem, dass sie an den tatsächlichen lokalen Potenzialen anküpfen, nämlich bei den Menschen vor Ort.

Duderstadt lebt von den Menschen, die hier gern wohnen, arbeiten und sich engagieren!

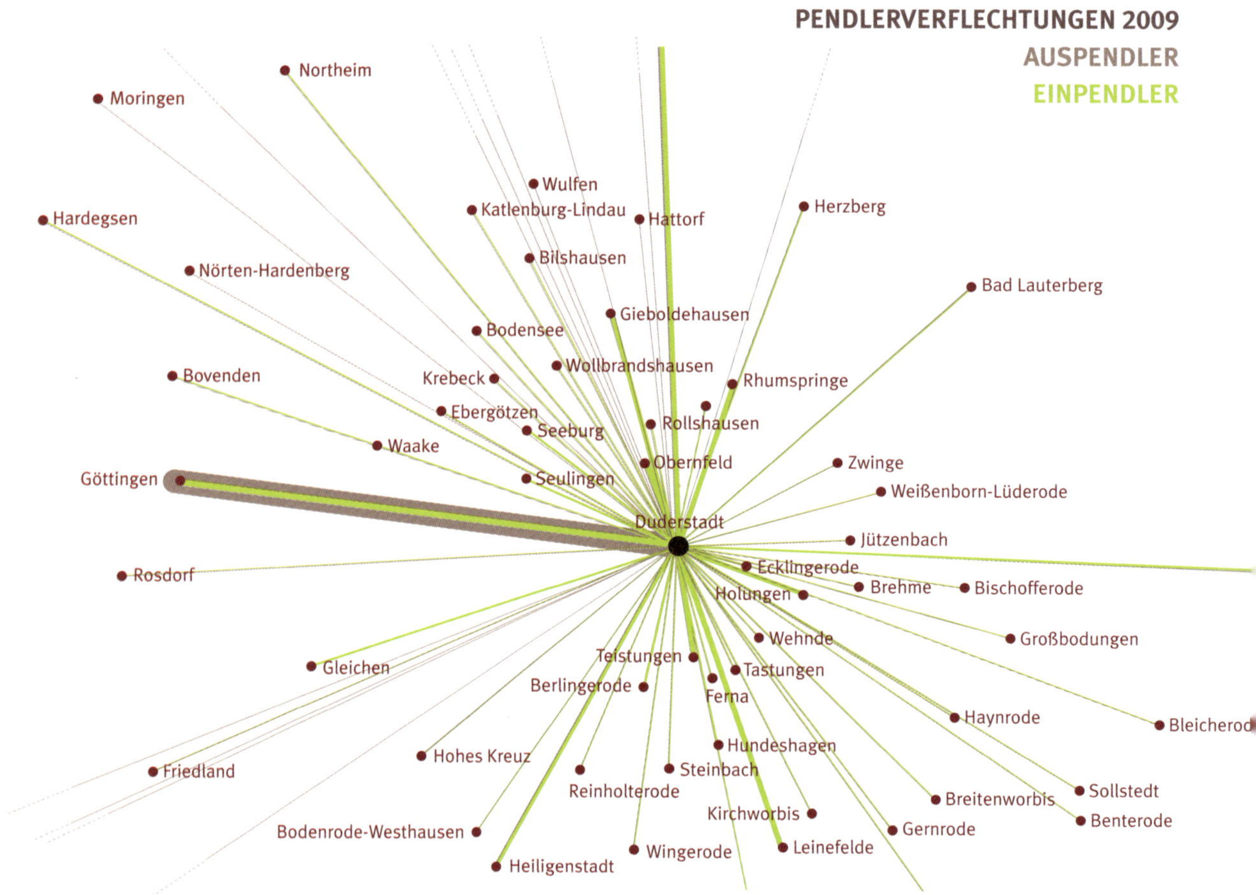

Quelle: Agentur für Arbeit; Bearbeitung Anke Kaschlik |
Abb. 10

DUDERSTADT IST ARBEITSORT. WIE ARBEITEN DIE DUDERSTÄDTER/INNEN? WIE WÜRDEN SIE GERN ARBEITEN?

In Duderstadt gibt es zurzeit ca. 520 Unternehmen, in denen 6.138 sozialversicherungspflichtige Arbeitnehmer beschäftigt sind (Stand 6/2009). Dieser Stand der Beschäftigung ist Ergebnis einer Entwicklung, die bis 2005 durch einen Arbeitsplatzabbau geprägt war. Dieser relativ starke Abbau von Arbeitsplätzen verlief jedoch weniger drastisch als der Ausbau von Arbeitsplätzen im Zuge der Wende am Ende der 1980er bis Mitte der 1990er Jahre, sodass es heute in Duderstadt noch fast 1.000 sozialversicherungspflichtig Beschäftigte mehr gibt als Mitte der 1980er Jahre. Dies wie auch die positive Entwicklung der Beschäftigtenzahlen seit 2005 wird von den Menschen bisher kaum wahrgenommen. Noch immer prägen die Erfahrungen von Arbeitsplatzverlagerungen insbesondere nach Thüringen die Wahrnehmung hinsichtlich der Arbeitsmarktsituation. Positiver noch als die Entwicklung der Beschäftigten am Arbeitsort verlief die Entwicklung der Beschäftigten am Wohnort Duderstadt durch Zunahme der Auspendlerzahlen. Diese positive Entwicklung der Beschäftigung zusammen mit den rückläufigen Bevölkerungszahlen hat zu einer ähnlich hohen Beschäftigtenquote von 50 % (Anteil der sozialversicherungspflichtig Beschäftigten am Wohnort an der Bevölkerung zwischen 18 und 65 Jahren) geführt wie Mitte der 1990er Jahre auf dem Hochpunkt der Bevölkerungszahlen.

Der lokale Arbeitsmarkt ist aber nicht nur durch hohe Auspendlerzahlen, sondern durch starke Pendlerbewegungen insgesamt geprägt (vgl. Abb. 10): Auspendelbewegungen haben ihren Schwerpunkt in Richtung Göttingen, Einpendelbewegungen überwiegen aus den ländlichen Gebieten Thüringens. Aber beispielsweise auch nach Leinefelde pendeln mehr Menschen aus Duderstadt aus als von dort nach Duderstadt ein.

Dabei pendeln die Menschen nicht gern: 60 % der Männer und Frauen unserer Befragung gaben an, dass die Arbeitstelle in der Nähe des Wohnortes ist, wobei ein Arbeitsweg von 25 bis 35 km noch von fast einem Viertel der Befragten als in der Nähe empfunden wird. Bei einer neuen Arbeit wäre den Menschen die Nähe des Arbeitsplatzes zum Wohnort deutlich wichtiger: 80 % geben dies als wichtig oder sehr wichtig an (vgl. ‚Duderstadt2020' 2011). Wahrscheinlich wären doch nicht wenige Menschen bereit, für eine Arbeitsstelle in Duderstadt in anderen Punkten zurückzustecken.

ENTWICKLUNG DER BESCHÄFTIGUNG IN DUDERSTADT 1987–2008

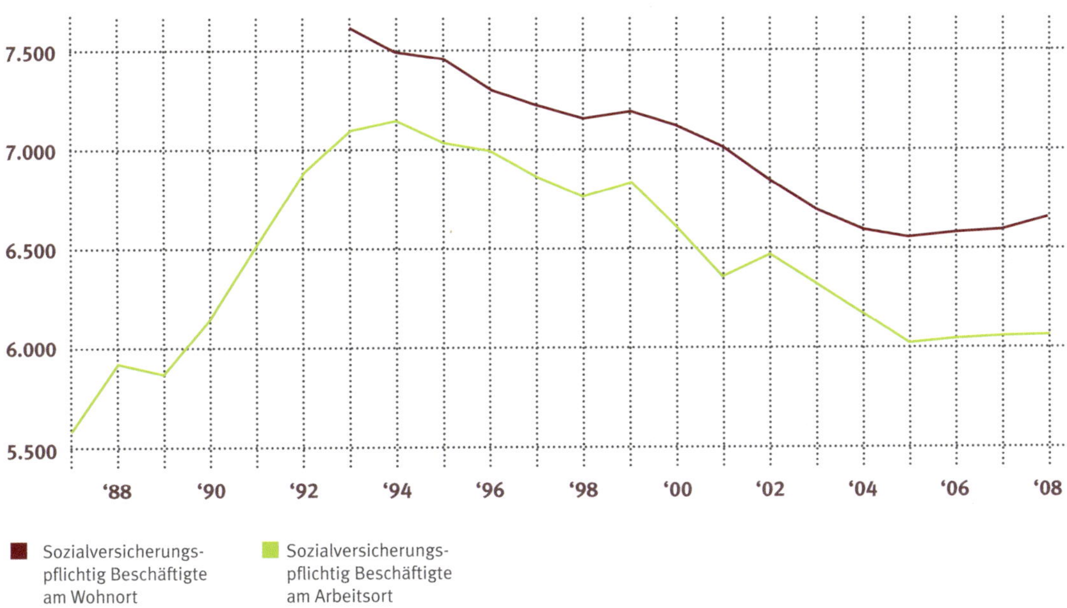

Quelle: LSKN-Online; Bearbeitung Anke Kaschlik | Abb. 11

BESCHÄFTIGTE NACH BRANCHEN IN DUDERSTADT AM 30.6.2009

	INSGESAMT		MÄNNER			FRAUEN		
	Beschäftigte	Anteil der Branchen	Beschäftigte	Anteil je Branche	Anteil der Branchen	Beschäftigte	Anteil je Branche	Anteil der Branchen
Alle Branchen	6.138		3.039	49,5 %		3.099	50,5 %	
Produzierendes Gewerbe	2.333	38 %	1.754	75 %	58 %	579	25 %	19 %
Handel, Verkehr, Gastgewerbe	1.391	23 %	608	44 %	20 %	783	56 %	25 %
Sonstige Dienstleistungen	2.371	39 %	649	27 %	21 %	1.722	73 %	56 %

Quelle: LSKN-Online; Berechnung Anke Kaschlik | Abb. 12

Die Arbeitsplätze in Duderstadt verteilen sich auf wenige größere und sehr viele kleine und kleinste Unternehmen; allein bei der Handwerkskammer sind ca. 270 Betriebe in Duderstadt verzeichnet. Zu den größeren Arbeitgebern gehören neben der Otto Bock HealthCare GmbH mit ca. 1.300 Beschäftigten in Duderstadt die Bundespolizei mit ca. 600 Bediensteten, das St.-Martini-Krankenhaus mit ca. 350 Beschäftigten und die Rezeptprüfstelle mit ca. 100 Beschäftigten.

38 % der Beschäftigten in Duderstadt arbeiten im produzierenden Gewerbe, 39 % in Dienstleistungsunternehmen, 13 % in Handel, Gastgewerbe und Verkehr. Damit liegt der Anteil der Dienstleistungsbeschäftigten in Duderstadt recht deutlich unter dem Landesdurchschnitt von 43 %, der Anteil der Beschäftigten im produzierenden Gewerbe entsprechend darüber (Datenquelle: LSKN-Online).

Insgesamt liegt der Anteil der Frauen an den sozialversicherungspflichtig Beschäftigten leicht über dem der Männer und damit recht deutlich über dem Landesdurchschnitt. Deutlich überrepräsentiert sind Frauen in Dienstleistungen generell, in Duderstadt noch deutlicher. Durch die auch künftig zu erwartende Entwicklung hin zu mehr Dienstleistungen werden sich einerseits wahrscheinlich die Arbeitsmöglichkeiten für Frauen weiter verbessern, andererseits werden sich auch die Anforderungen an Qualifikationen und Flexibilität der Arbeitnehmer/innen erhöhen.

Egal, ob Mann oder Frau, hoch qualifiziert oder gering, ob sie pendeln oder in Duderstadt arbeiten, wichtig ist den Duderstädter/innen, dass ihnen die Arbeit Spaß macht. Über 95 % aller Befragten sagen, dass ihnen das bei einer neuen Arbeitsstelle wichtig oder sogar sehr wichtig ist. Bei der aktuellen Arbeitsstelle haben immerhin 72 % Spaß, Frauen etwas mehr als Männer. Andere Aspekte der Arbeit, wie genug Geld zu verdienen oder eine wunschgemäße Arbeitszeit, sind den Menschen zwar auch wichtig, der Spaß an der Arbeit steht aber an erster Stelle. Die geringste Bedeutung haben Karrierechancen für die Menschen: Dies ist insgesamt nur 65 % der Befragten wichtig oder sehr wichtig; bei den Frauen liegt die Quote sogar nur bei 56 %, bei den Männern bei 74 % (vgl. Abb. 13 und 14 ‚Duderstadt2020' 2011).

Diese Aussagen stimmen für den durch kleine und kleinste Unternehmen geprägten Arbeitsmarkt optimistisch. Hier ist der Ansatzpunkt auch für kleine Unternehmen, die oft weniger aufregende Jobs oder nur eingeschränkte Karrieremöglichkeiten zu bieten haben und oft nur unterdurchschnittliche Löhne zahlen können. Spaß an der Arbeit bedeutet zu einem großen Teil Wohlfühlen, das heißt, das soziale Klima im Betrieb, Flexibilität und Berücksichtigung von Mitarbeiterwünschen bei der Gestaltung von Arbeitszeiten oder der Urlaubsplanung können hier wichtige Beiträge leisten. Diese sind auch in kleinen Unternehmen durch einen offenen Umgang miteinander gut realisierbar und können somit für die Unternehmen einen wichtigen Beitrag zur Bewältigung des in Ansätzen bereits bestehenden und verstärkt zu erwartenden Fachkräftemangels leisten.

Insgesamt stellt sich also die Situation am Arbeitsmarkt in Duderstadt wie auch dessen Zukunft zwar nicht überdurchschnittlich gut, aber deutlich besser als in der Wahrnehmung durch die Bevölkerung dar.

WELCHE AUSSAGEN TREFFEN AUF IHRE DERZEITIGE ARBEITSSTELLE ZU?

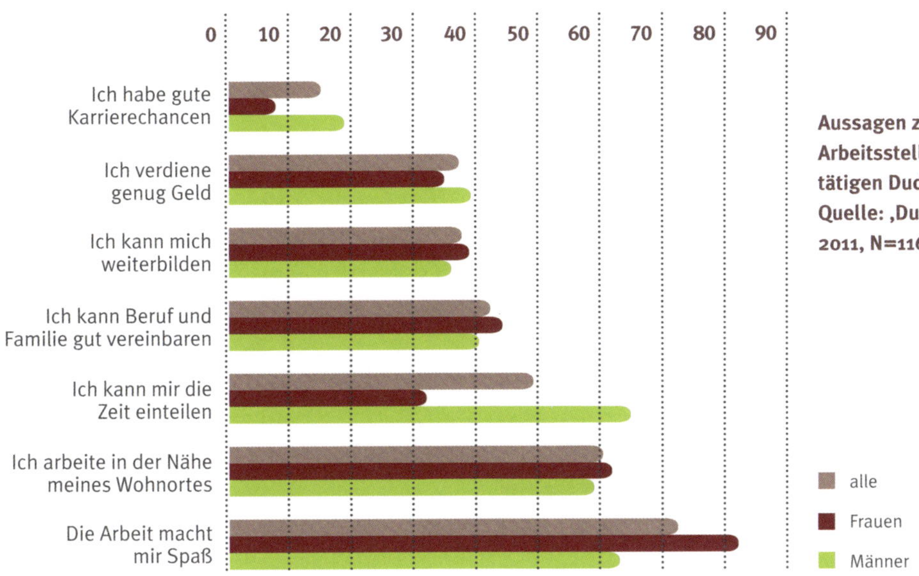

Aussagen zur derzeitigen Arbeitsstelle der erwerbstätigen Duderstädter/innen Quelle: ‚Duderstadt2020'; 2011, N=116 | Abb. 13

Dies gilt für beide Seiten des Arbeitsmarktes: Auf Seiten der Arbeitnehmer/innen stehen für eine rückläufige Bevölkerungszahl eine stabile Anzahl an Arbeitsplätzen zur Verfügung. Die Wünsche der Bevölkerung hinsichtlich ihrer Arbeitsplätze bieten für die ansässigen Unternehmen gute Möglichkeiten der Einflussnahme. Die (kleinen) Unternehmen bzw. die Unternehmer/innen sind aber, wie unsere Erfahrungen aus Holzminden zeigen (vgl. Engel/Kaschlik/Penke 2009), mit ihrem Tagesgeschäft und der kurzfristigen Unternehmensplanung oft vollständig ausgelastet. Die zumeist sehr kurzfristige Auftragslage erschwert es insbesondere kleinen Unternehmen, längerfristige Entwicklungsziele und -strategien zu entwickeln und zu verfolgen.

Hier ist Unterstützung erforderlich. Deshalb will ‚Duderstadt2020' mit der im Frühjahr 2011 gestarteten Initiative zu einem Unternehmernetzwerk Möglichkeiten für Erfahrungsaus-

WAS WÄRE IHNEN BEI EINER NEUEN ARBEITSSTELLE WIE WICHTIG?

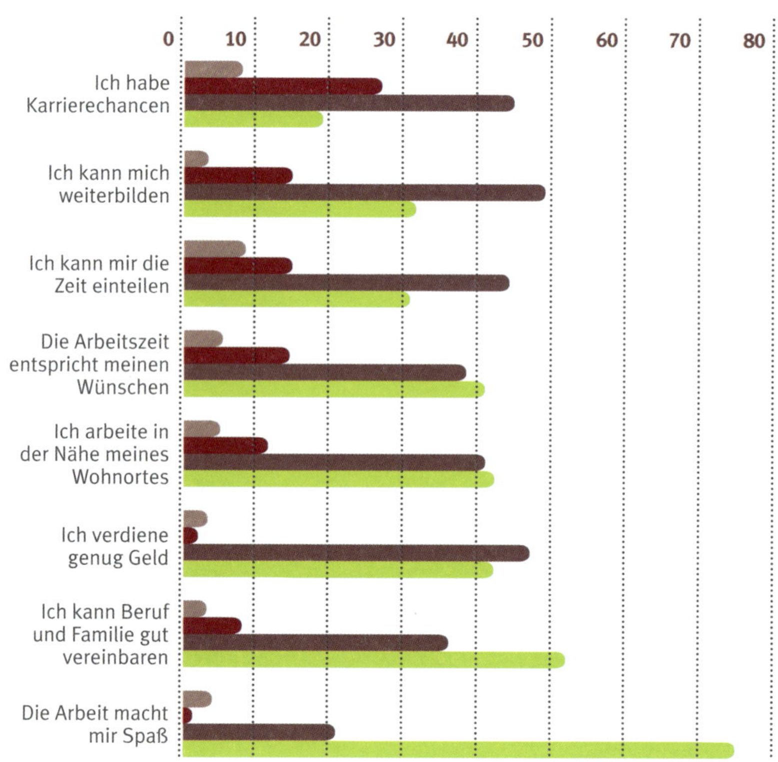

Quelle: ‚Duderstadt2020', 2011, N=122–136 | Abb. 14

tausch, Input von außen und ggf. auch gemeinsame Problemlösungen mehrerer Unternehmen begünstigen.

DUDERSTADT HAT UMFASSENDE POTENZIALE. ES IST AUFGABE DER STADTGESELLSCHAFT, DIESE FÜR EINE ZUKUNFTSBESTÄNDIGE ENTWICKLUNG ZU NUTZEN.

Duderstadt ist Fachwerk mit Einzeldenkmalen von herausragender Bedeutung und ein wertvoller mittelalterlicher Stadtgrundriss mit umfangreichen öffentlichen Freiräumen. Dies prägt das Bild der Stadt für ihre Bewohner/innen gleichermaßen wie für Besucher/innen. Für die Qualität des täglichen Lebens mindestens ebenso bedeutsam sind aber Arbeits- und Verdienstmöglichkeiten und das soziale Klima in der Stadt. In allen Punkten sieht sich Duderstadt großen Herausforderungen gegenüber, hat aber gleichzeitig hohe Potenziale: Es gibt viele Menschen, die sich für ihre Stadt engagieren. Engagement braucht aber stets Unterstützung. Diese können wir mit dem Prozess ‚Duderstadt2020' bieten; das ist eine einmalige Chance für die Stadt und ihre Menschen.

Die angesprochenen Themenfelder zeigen deutlich, dass eine isolierte Betrachtung einzelner Aspekte wenig erfolgversprechend ist. Gemeinsam mit vielen Aktiven in Duderstadt haben wir an einigen Punkten mit der Arbeit begonnen. Die bisher bearbeiteten Themen stellen eine mögliche Auswahl dar. Diese geht in vielen Fällen auf die Initiative von Duderstädter/innen zurück. Insgesamt zeigt sich bei allen Themenfeldern, dass eine Bearbeitung, das heißt Diskussion über Ziele, Strategien und Umsetzungen, nur durch gemeinsames Handeln unterschiedlicher Akteur/innen möglich ist.

Auch werden Anknüpfungspunkte oder Überschneidungen zwischen einzelnen Themenfeldern deutlich. Den integrativen Charakter der Bearbeitung in den einzelnen Themenfeldern gilt es also auch auf die Betrachtung der Entwicklung der Gesamtstadt auszudehnen. Dazu will ‚Duderstadt2020' einen Beitrag leisten. Zunächst werden nun in diesem Buch einzelne Themen des Prozesses ‚Duderstadt2020' detaillierter vorgestellt, um am Ende nach Möglichkeiten für eine integrierte Weiterentwicklung zu suchen.

LITERATUR

BBR – Bundesamt für Bauwesen und Raumordung (Hg.)(2007): Private Eigentümer im Stadtumbau. Viele einzelne Eigentümer und Eigentumsverhältnisse: Chance oder Hemmnis beim Stadtumbau West? Sondergutachten; Werkstatt: Praxis Heft 47; Bonn | **Engel, Alexandra/Anke Kaschlik/Swantje Penke (2009):** Geschlechtergerechtigkeit, lokale Identität, Kooperation und Bildung als Schlüssel zur Fachkräfteentwicklung in ländlichen Räumen. Eine empirische Studie aus Bevölkerungs- und Unternehmenssicht in der Region Holzminden; Holzmindener Schriften zur Sozialen Arbeit Nr. 11; mensch und buch verlag Berlin | **Beengaard, René et al. (2011):** Potenziale für das Wohnen in der Altstadt von Duderstadt; Studentische Projektarbeit an der Universität Kassel, Fachbereich Architektur, Stadtplanung, Landschaftsplanung | **‚Duderstadt2020' (2010a):** Ergebnisse der Zuzugsbefragung; http://duderstadt2020.de/content.php?nav_id=1095 | **‚Duderstadt2020' (2010b):** Ergebnisse der Fortzugsbefragung; http://duderstadt2020.de/content.php?nav_id=1095 | **‚Duderstadt2020' (2010c):** Ergebnisse der Umzugsbefragung; http://duderstadt2020.de/content.php?nav_id=1095 | **‚Duderstadt2020' (2011):** Ergebnisse der Befragung der 18- bis 65-jährigen Duderstädter/innen; http://duderstadt2020.de/content.php?nav_id=1095

Inge Sielmann (81 Jahre, München/Duderstadt, Heinz Sielmann Stiftung)

Duderstadt – meine große Wohnstube

Es ist ein schöner sonniger Tag. Es ist Markttag. Ich fahre von Gut Herbigshagen, Sitz der Heinz Sielmann Stiftung, hinunter nach Duderstadt, ich komme an den schönen Häusern an der Oberkirche vorbei, durchwandere die Marktstraße, es ist viel Leben in den Geschäften und Cafés. Am Abend, wenn es noch warm ist, sitze ich manchmal in der Fußgängerzone und schaue den Leuten zu, wie sie flanieren und Eis schlecken. Auf dem Wochenmarkt treffe ich oft Bekannte. Es gibt frische Produkte aus der Region. Das ist Duderstadt, eine große Wohnstube. Dieses Duderstadt-Gefühl wird begleitet von vielen Festen: z. B. der Gartenmarkt, das Lebenshilfefest, der Apfel- und Birnenmarkt, der Martinimarkt und der Weihnachtsmarkt. An vielen Tagen fühle ich mich in Duderstadt zuhause.

Wenn ich nicht in Duderstadt oder unterwegs zu Projekten der Stiftung bin, dann bin ich in München. Ich bin geborene Hamburgerin, ich bin an der Elbe groß geworden. Mein Mann, gebürtiger Königsberger, wurde 1947 biologischer Referent beim Institut für Film und Bild in Berlin. Nachdem das Institut nach München verlegt wurde, sind wir Ende 1951 dorthin gezogen. Unser Haus steht am Rande von München, an einem Fluss mit einer großen Wiese, die mein Mann zu seinen Lebzeiten zu einem wunderschönen Auengarten gestaltet hat.

Duderstadt, das ist für mich in erster Linie die Heinz Sielmann Stiftung. Von 1995 an haben wir hier das alte Gut wieder aufgebaut. Ein besonderes Gefühl ist es, wenn die Sonne morgens aufgeht und alles durchstrahlt. Stille liegt dann über der Landschaft. Ich höre sogar die Glocken aus den verschiedenen Orten läuten. Und abends, wenn Duderstadt schon im Schatten liegt, sehe ich hier oben noch die Sonne untergehen.

Auf Gut Herbigshagen ist viel Leben. Am Ostermontag 2011 hatten wir am Tag der offenen Tür wieder den großen Kräutermarkt. Es kamen ungefähr 3.500 Gäste. Es war sonnig und warm, eine so heitere Stimmung. Die Menschen begegneten sich, kamen ins Gespräch. Die Pestalozzischule und der Kindergarten sorgten für gutes Essen und Trinken. Der Ostermontagmarkt ist für mich zu einem besonderen Tag im Frühling geworden.

Wir haben die Heinz Sielmann Stiftung 1994 in Berlin ins Leben gerufen. Mein Mann wollte einen Platz schaffen, wo er Kinder, Jugendliche und deren Eltern und Großeltern an die Hand nimmt, in die Na-

Inge Sielmann (Foto: N. Grüning)

tur führt und ihnen die Zusammenhänge nahebringt – naturbelassene Wälder von der Wurzel bis zur Krone, vom Bauernhof bis zur Gewinnung von Lebens- und Nahrungsmitteln. Sein Ziel: Unsere Kinder von heute sind die Naturschützer von morgen.

1994 hatte Duderstadt den 1. Preis beim Wettbewerb „Landesausstellung Natur im Städtebau" bekommen. In dieser Zeit kam es zu einem Kontakt zwischen Professor Hans Köpp von der Forsthochschule Göttingen, der von der Absicht zur Stifungsgründung gehört hatte und Stadtdirektor Wolfgang Nolte. Dabei kam das Stadtgut Herbigshagen ins Gespräch. Ein Platz, der besonders geeignet war, viele Kinder einzuladen. Mein Mann machte einen ersten Besuch.

Im Frühjahr 1995 luden uns der damalige Bürgermeister Lothar Koch und der Stadtdirektor Wolfgang Nolte zu einem offiziellen Besuch ins historische Rathaus in Duderstadt ein. Diese Stadt zeigte sich erneut von ihrer besten und schönsten Seite. Sie war ja erst 1994 für die Landesausstellung auch ökologisch neu ausgerichtet worden. Im historischen Rathaus wurde uns sehr nahegelegt, einmal ganz intensiv darüber nachzudenken, ob wir nicht mit der Stiftung nach Gut Herbigshagen kommen würden. Für uns ein großartiges Angebot. Diese fantastische Stadt, das Entwicklungspotenzial auf Herbigshagen und vor allem auch die Erinnerung an die Dreharbeiten meines Mannes im Jahr 1988 als er hier wesentliche Teile seines ARD-Films „Tiere im Schatten der Grenze" drehte und dabei in der Abmoderation erstmals die Vision eines Nationalparks des Grünen Bandes als Nachfolgenutzung für den Todesstreifen formulierte.

Anschließend wurden wir zum damals neu eingesetzten ICE nach Göttingen gefahren. Da stand ich nun auf dem Bahnsteig, war in Gedanken versunken von dem mittelalterlichen Stadterlebnis in Duderstadt.

Der ICE kam. Da dachte ich: Das war jetzt ein Zeitsprung! Mein Mann und ich – wir waren still. Schließlich sagte ich: „Also, wenn ich da noch einmal hinfahre, habe ich an Duderstadt mein Herz verloren." Und so kam es. Was daraus geworden ist, das sieht man heute.

Die Aufbauphase war und ist etwas Besonderes. Das Gut ist immer in Bewegung. Zuerst das alte Gutshaus, dann die Remise, das Verwaltungsgebäude, der Schweinestall, der Bauerngarten, der Freilaufstall, der Schulgarten, das Treibhaus, das Bienenhaus, die Kapelle am Ende der Birkenallee, das Damwildgehege ...

Ich bin Namensgeberin und Patin des Inge-Sielmann-Kindergartens in Fuhrbach, einem Ortsteil von Duderstadt. Die Kinder sind begeistert und fröhlich, wenn ich komme. Sie kennen mich und rufen dann „Patin, Patin!" oder „Frau Sielmann!". Das ist herzlich und warm. Besonders Frau Thiele, die den Kindergarten bis 2010 leitete, habe ich es zu verdanken, dass der Kontakt zu den Kindern so toll ist.

Als wir 1995 nach Duderstadt kamen, war gerade der Stadtumbau für die Landesausstellung abgeschlossen. Da sind die großen Anlagen entstanden, die Schrebergartenhäuser, die Freiluftbühnen, die Spielplätze, die Feuchtbiotope, der Rosengarten und viele Biotopvernetzungsmaßnahmen. Die Innenstadt wurde zu einer großartigen belebten Fußgängerzone.

Dass sich durch Einbrüche der Kommunalfinanzen manches nicht hat weiterentwickeln lassen, ist sicherlich ein großes Problem. So wie ich es wahrnehme, ist es aber immer wieder bewundernswert, was die Stadt aus den Gegebenheiten leerer kommunaler Kassen macht. Auch mit der Feilenfabrik hat die Stadt einen besonderen Impuls für ihre Bürger und Gäste gesetzt. Es gibt ein sehr schönes Kino, in denen ich schon eine festliche Matinee veranstaltet habe. Die Einkaufsmöglichkeiten sind hervorragend. Und für jene, die nicht in die Feilenfabrik kommen, gibt es auch wieder einen Lebensmittelmarkt auf der Marktstraße an der Unterkirche. Gediegene Lebensqualität.

Die Stadt hat sehr gute Kindergärten, Schulen, Freizeitanlagen, Sportanlagen und kurze Wege. Natürlich tut die zunehmende Abwanderung von jungen Leuten der Stadt weh. Wenn sie das Abitur haben und studieren, müssen sie gehen. Die Stadt hat sie behütet und gepflegt, aber weil sie nicht immer eine adäquate Arbeit finden, können sie oftmals nach dem Abitur und dem Studium nicht zurückkommen. Auch darum ist die Innenstadt am Abend – wie in allen vergeichbaren Städten – leider sehr ruhig und zu still. Dazu gehört, dass der Innenstadt noch weitere Bewohner fehlen. Mein Eindruck ist, dass viele Menschen, alt wie jung, eigentlich gern in ein Fachwerkhaus einziehen würden. Es ist jedoch häufig sehr schwer, in die oberen Etagen zu kommen. Mit wenigen Ausnahmen haben die Häuser keinen Lift. Das ist nicht nur schwierig für die Älteren, sondern auch für junge Frauen, die mit Kinderwagen und Einkaufskisten unterwegs sind.

Duderstadt hat sicherlich alle Probleme, die alle anderen Kommunen auch haben. Aber hier gibt es neue zupackende Initiativen, denen ich von ganzem Herzen Erfolg wünsche. Die Bürger und die Stadt werden die Zukunft positiv meistern – davon bin ich nach 17 Jahren in „meinem Duderstadt" restlos überzeugt.

Interview: Sebastian Tränkner und Susanne Möhl; Text: Meike Caselmann und Sebastian Tränkner

BIOGRAPHISCHE ANGABEN

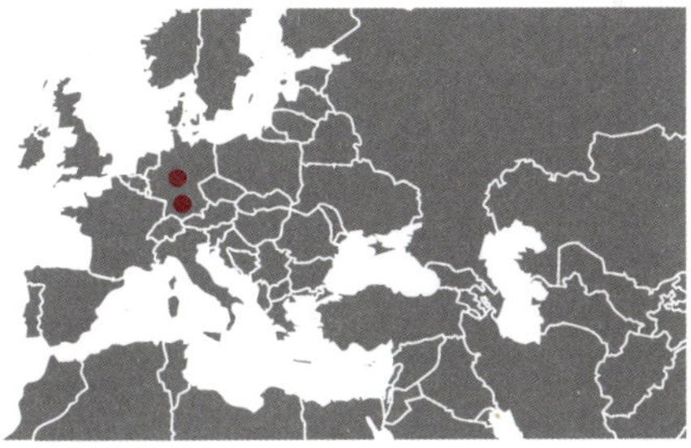

Inge Sielmann, 1930 in Hamburg geboren, heiratete 1951 den Biologen und Tierfilmer Heinz Sielmann und lebt seitdem in München. In vielfältiger Weise unterstützte sie ihren Mann bei dessen Tierfilm-Projekten. Gemeinsam gründeten sie die Heinz Sielmann Stiftung, die seit 1995 in Duderstadt auf Gut Herbigshagen ansässig ist. Sie ist heute Aufsichtsratsvorsitzende der Stiftung. Darüber hinaus engagiert sie sich intensiv für Kinder und Jugendliche. Mehrere Schulen in Deutschland tragen ihren Namen oder den ihres Mannes, so die Heinz-Sielmann-Realschule in Duderstadt. Inge Sielmann ist darüber hinaus Patin des Inge-Sielmann-Kindergartens.

ANKE KASCHLIK

MODERNES WOHNEN IN DER ALTSTADT

Die Altstadt ist das Aushängeschild und gleichzeitig der Identifikationspunkt der Bevölkerung einer Stadt oder Region.

Ihre Erhaltung und Nutzung ist also nicht nur im Sinne der Werthaltigkeit sinnvoll, sondern unbedingt erforderlich für eine positive Haltung der Bürger/innen gegenüber ihrer Stadt. Gleichzeitig erfreut sich das Wohnen in der Innenstadt allgemein zunehmender Beliebtheit; sie bietet gute Lebensbedingungen für unterschiedliche Bevölkerungsgruppen. Jedoch entspricht die Gebäude- und Freiraumstruktur der Altstadt Duderstadts nur in Ausnahmefällen den Anforderungen modernen Wohnens; es besteht erheblicher Anpassungsbedarf. Dessen Bewältigung bedarf der Zusammenarbeit vieler Akteur/innen.

DIE RENAISSANCE DER INNENSTÄDTE

Innenstädte werden als Wohnstandorte zunehmend beliebter, sodass in der Literatur von einer Renaissance der Innenstädte gesprochen wird (vgl. beispielsweise Brühl et al. 2005, Dittrich-Wesbuer et al. 2010). Urbane Qualitäten werden von jeher von unterschiedlichen Haushaltstypen oder Lebensstilen, wie jungen Menschen in der Ausbildung oder Menschen in kreativen Berufen, geschätzt. Neu ist, dass es neben älteren Menschen zunehmend auch Familien in die Städte zieht (vgl. Brühl et al. 2005, Dittrich-Wesbuer et al. 2010). Die Renaissance der Innenstädte rührt dabei einerseits aus der Abnahme der Suburbanisierung, d. h. der Abwanderung von Haushalten aus den Kernstädten ins Umland. Andererseits sind deutliche Anzeichen für eine Rückwanderung von Haushalten aus dem Umland in die Kernstädte zu verzeichnen. In der Folge haben viele Städte wie beispielsweise auch Göttingen oder Kassel nach lang andauernden Bevölkerungsrückgängen in den letzten Jahren wieder leichte Steigerungen der Bevölkerungszahlen zu verzeichnen.

Diese Renaissance ist aber nicht nur in großen, sondern auch in kleineren Städten und erst recht in ländlich geprägten Regionen auszumachen. Grund dafür sind neben steigenden Energiepreisen, die vor allem die täglichen Wege verteuern, sich weiter verändernde Haushaltsstrukturen und Lebensstile: Immer mehr Menschen – nicht nur Hochqualifizierte – sind zumeist aus beruflichen Gründen mobil; sie halten sich oftmals nur für wenige Jahre an einem Standort auf. Immer mehr Menschen leben, überwiegend aufgrund des zunehmenden Anteils älterer Menschen, in Paarhaushalten ohne Kinder oder allein. Aber auch jüngere Menschen bekommen später oder überhaupt keine Kinder. Der Anteil erwerbstätiger Frauen mit Kindern nimmt weiter zu, ebenso der Anteil von Ein-Eltern-Familien. Alle diese Haushalte sind auf eine wenn auch unterschiedliche, so doch umfassende Infrastrukturausstattung angewiesen. Weite Wege sind aufgrund von Zeitmangel und/oder Mobilitätseinschränkungen kaum zu bewältigen. In der Folge wird das Leben in den Ortsteilen wegen der geringen und voraussichtlich weiter abnehmenden Infrastrukturausstattung und der schlechten Verkehrsanbindung zunehmend unattraktiv.

Die Kernstadt als Ort der höchsten Zentralität und besten Infrastrukturausstattung innerhalb der näheren Region bekommt somit eine hohe Attraktivität. Die relativ hohe Wohndichte und die zentrale Lage lässt die Innenstadt auch in Duderstadt in Zukunft noch deutlicher als heute zu einem der bestversorgten Wohnstandorte in der Region werden, denn bedingt durch die Rückgänge der Bevölkerung in anderen Wohnsiedlungen insbesondere in den Ortsteilen wird das Infrastrukturangebot dort weiter eingeschränkt (werden müssen). Die öffentliche Hand wird nur in Ausnahmefällen dazu in der Lage sein, wegbrechende private Infrastruktur zu ersetzen, eher ist davon auszugehen, dass auch vorhandene öffentliche oder karitative Einrichtungen weiter konzentriert werden. Zivilgesellschaftliches Engagement ist nur bedingt dazu in der Lage, entstehende Versorgungslücken zu schließen (vgl. Kapitel Freiwilliges Engagement).

Auch viele unserer Gespräche mit unterschiedlichsten Menschen in Duderstadt belegen diese Entwicklungstrends: Neben der Alterung, die mit Einschränkungen der Mobilität einhergeht, hat auch die Verteuerung des suburbanen Wohnens u. a. aufgrund gestiegener

DER DUDERSTÄDTER WOHNUNGSMARKT ZEICHNET SICH DURCH FOLGENDE ASPEKTE AUS:

- Er ist insgesamt ausgeglichen. Dies hat teilweise Vermietungs- und Verkaufsschwierigkeiten, aber auch günstige Miet- und Kaufpreise zur Folge. Zwar sind rückläufige Bevölkerungszahlen nicht direkt mit einem zurückgehenden Wohnungsbedarf verbunden, denn der Bedarf an Wohnungen ist abhängig von der Zahl der Haushalte. Trotzdem ist auf Dauer auch von einem zurückgehenden Bedarf an Wohnungen insgesamt bei steigendem Bedarf an altengerechten Wohnungen auszugehen. Die Zahl der Haushalte wird sehr wahrscheinlich auch in Duderstadt insbesondere aufgrund der Alterung der Bevölkerung zunächst noch weiter steigen.
- Er ist sehr kleinteilig und überwiegend ein Eigentümermarkt; auch der Mietwohnungsmarkt ist durch kleinteilige Eigentumsstrukturen geprägt. Sehr wahrscheinlich wird die durchschnittliche Eigentumsquote ländlicher Räume von 55 % in Duderstadt recht deutlich überschritten. Professionelle Vermieter gibt es kaum. Nur die Wohnungsbaugesellschaft Eichsfeld besitzt im gesamten Stadtgebiet ca. 400 Wohnungen.
- Aufgrund der Stadtstruktur gibt es ein kleinteiliges Nebeneinander unterschiedlicher Wohnqualitäten und unterschiedlicher Wertentwicklungen. Dies hat große Disparitäten unter den Eigentümer/innen zur Folge; die Renditechancen von Immobilien sind sehr unterschiedlich. Entsprechend sind auch die Interessen und Möglichkeiten der Eigentümer/innen zur Entwicklung ihrer Immobilien sehr unterschiedlich. Teilweise ist mit den erzielbaren Mieteinnahmen allein schon der Werterhalt der Gebäude gefährdet.
- Viele Wohnungen und Gebäude, wie das Fachwerk der Altstadt oder auch die Bebauung der unmittelbaren Nachkriegszeit, entsprechen nicht heutigen Anforderungen. Es ist also in den unzeitgemäßen Beständen mit hohen Investitionserfordernissen, steigenden Vermietungsschwierigkeiten, relativ geringen Verkaufspreisen für Gebrauchtimmobilien und auch mit weiteren Leerständen zu rechnen.
- Wohnungsneubau ist also nur in sehr begrenztem Umfang und für sehr spezielle Segmente des Wohnungsmarkts erforderlich. Insgesamt geht es weniger um die Verteilung von Zuwachs, sondern vorrangig um Werterhalt und die qualitätvolle Entwicklung des Bestandes, was wahrscheinlich auf längere Sicht auch Abrisse nicht ausschließt.

Energiepreise oder schlechtem ÖPNV zu einem Nachdenken über einen Umzug, in einigen Fällen auch schon zu einem Umzug in die Innenstadt geführt. Daneben macht die Zunahme neuer Lebensentwürfe und die verstärkte Berufsorientierung von Frauen das Leben an infrastrukturell gut versorgten Standorten wie der Innenstadt attraktiver. Somit ist oder wird die Innenstadt Duderstadts nicht nur für ältere Menschen zum idealen Wohnstandort, sondern auch für Familien oder junge Menschen. Innenstadt als beliebter Wohnstandort ist aber nicht gleich Altstadt. Zumeist profitieren von diesen Entwicklungen bisher die Siedlungen am Innenstadtrand.

ALTSTADT DUDERSTADT: HOHE POTENZIALE, ABER AUCH HOHER ANPASSUNGSBEDARF

Um von den geschilderten Entwicklungstrends profitieren zu können, bedarf es in der Altstadt Duderstadts umfangreicher Anpassungen. Dass diese aber gerechtfertigt und für die Entwicklung der gesamten Stadt wichtig sind, unterstreicht die Bedeutung der Altstadt als Wohnstandort (s. o.), als Identifikationspunkt der Bevölkerung (vgl. Kap. Rahmenbedigungen der Stadtentwicklung), als Einzelhandelsstandort (vgl. Kap. Moderner Kleinteiliger Einzelhandel in der Altstadt) und als touristisches

Blick über die Altstadt

Öffentliche Grünflächen von hoher Qualität am Rand der Altstadt

Ziel (vgl. Kap. Wohin geht die Reise?). Denn nur eine genutzte, das heißt auch bewohnte Altstadt kann tatsächlich Flair entfalten.

Für die positive Entwicklung des Wohnstandortes Altstadt Duderstadt müssen die überkommenen Strukturen modernen Anforderungen angepasst werden. Dies betrifft zuerst die Gebäude und Wohnungen selbst.

In der Fachwerkstruktur mit oft sehr kleinen Gebäuden mit geringen Deckenhöhen und kleinen Fenstern ist modernes und erst recht hochwertiges Wohnen zumeist nur nach erheblichen Umbauten möglich. Diese werden durch Denkmalschutzanforderungen zusätzlich erschwert. Gleichzeitig bietet aber genau das Fachwerk besondere Wohnqualitäten, die sich von anderen Quartieren der Stadt unterscheiden. Genau die Qualitäten der historischen Substanz gilt es zu erhalten und mit modernen Anforderungen beispielsweise auch nach großen Fenstern und Balkonen in Einklang zu bringen. Die dafür erforderlichen Investitionen lohnen sich, wenn zugleich darauf geachtet wird, möglichst flexibel nutzbare Wohnungen beispielsweise auch mit angegliederten gewerblich nutzbaren Räumen zu schaffen. Barrierearme Umbauten sind in diesem Rahmen ohne besondere Mehraufwendungen möglich und erweitern den potenziellen Nutzerkreis. Darüber hinaus gibt es sowohl für barrierearme Umbauten als auch für energetische Sanierungen zusätzliche Fördermöglichkeiten z. B. über die KfW-Bankengruppe als Zuschüsse oder zinsgünstige Kredite für Selbstnutzer/innen, Vermieter/innen oder Mieter/innen von Wohnungen und Einfamilienhäusern.

Fast ebenso hohe Aufmerksamkeit wie der Gebäude- und Wohnungsbestand verdienen die Frei- und Grünflächen, denn die Wohnqualität wird zu einem erheblichen Teil durch die Nutzbarkeit und Gestaltung vorhandener Freiflächen mitbestimmt.

In diesem Punkt haben große Teile der dicht bebauten Altstadt gegenüber anderen Wohngebieten der Stadt erhebliche Nachteile. Umso wichtiger ist die Auseinandersetzung mit einer angemessenen Gestaltung und Nutzung.

Hinsichtlich der Verfügbarkeit und Nutzung privater Freiflächen bestehen große Unterschiede innerhalb der Altstadt. Insbesondere in den Bereichen zwischen Stadtmauer und Wall gibt es sehr tiefe Grundstücke, die teilweise (noch) als Nutzgarten genutzt werden. Auch die Grundstücke direkt innerhalb der

Martina Hesse, Caritas Duderstadt:
„Ich engagiere mich für den Internationalen Garten Talwiese, weil er ein Treffpunkt von Menschen verschiedenster Kulturen ist."

Martina Hesse

Stadtmauer verfügen oft über größere Gärten oder Höfe. Schwierigkeiten der privaten Freiflächenversorgung sind vor allem in den inneren Bereichen der Altstadt zu verzeichnen. Die Grundstücke sind hier zumeist kleiner, vor allem aber sind sie mit Nebengebäuden teilweise dicht bebaut. Sie sind als privater Erholungsraum nur in Ausnahmefällen nutzbar. Für die Wohnentwicklung ist es erforderlich, in diesen Bereichen Aufräumarbeiten vorzunehmen. Die Dichte der Bebauung macht es dabei erforderlich, dass derartige Maßnahmen auf mehreren nebeneinander liegenden Grundstücken abgestimmt erfolgen.

Öffentliche Grün- und Freiflächen wie die Wallanlagen und das LNS-Gelände bieten herausragende Qualitäten für die Naherholung nicht nur für die in der Altstadt lebenden Menschen. Sie sind ein wesentliches Potenzial der wohnungsnahen Freiflächenversorgung insbesondere für die dicht bebauten Bereiche der Altstadt und für die künftige Entwicklung der Wohnqualität in der Altstadt insgesamt: Selbstverständlich gehört es zum Standard modernen Wohnens, dass jede Wohnung einen privaten Außenraum besitzt, aber nicht jeder Haushalt hat Interesse an einem eigenen Garten. Viele insbesondere ältere Menschen oder Menschen mit zeitintensiven Jobs wünschen sich wohl die Vorzüge eines eigenen Gartens als Spielraum für Kinder oder als Möglichkeit, mit Freunden geschützt draußen beisammen sein zu können, können oder wollen allerdings die notwendige Pflege nicht leisten.

Gemeinschaftliche oder auch öffentliche Grün- und Freiflächen mit entsprechender Gestaltung können hier eine gute Ergänzung zum privaten Balkon sein und tatsächlich eine neue Qualität schaffen. Ein herausragendes und überregional viel beachtetes Beispiel in dieser Richtung stellt der Internationale Garten Talwiese dar.

Der öffentliche Straßenraum ist im Zuge der Stadtsanierung relativ umfassend erneuert worden. In der Marktstraße und einigen Bereichen darüber hinaus ist sowohl die Materialwahl als auch die Gestaltung hochwertig. In anderen Bereichen ist die Gestaltung hingegen wenig ansprechend. Hier kommt es zum Teil zu erheblichen Nutzungskonflikten. Durchgangsstraßen wie die Hinterstraße sind so stark durch den (fahrenden wie ruhenden) Autoverkehr geprägt, dass sie als Aufenthaltsraum praktisch nicht zur Verfügung stehen. Auch in Anwohnerstraßen wie der Scharrenstraße ist die Aufenthaltsqualität sowohl durch die Gestaltung als auch durch zu schnelles Fahren stark eingeschränkt. Im Zuge der Erneuerung und Um- bzw. Wiedernutzung des Gebäudebestandes ist auch der Straßenraum aktuellen Anforderungen anzupassen. Dabei sind Konflikte aus unterschiedlichen Nutzungsansprüchen der Straßenräume als Aufenthaltsflächen oder Stellplätze insbesondere für die Bewohner/innen der dicht bebauten Bereiche zu bewältigen.

In Duderstadt scheint es neben objektiv schwierigen Gegebenheiten auch Vermittlungsdefizite der Vorzüge der Altstadt gegenüber anderen Wohnstandorten zu geben: 70 % der von uns befragten 18- bis 65-Jährigen sind stolz auf die Altstadt und das Fachwerk, aber nur gut 23 % haben sich für ein Leben in der Altstadt entschieden. Bei den Haushalten, die in den letzten zwei Jahren nach Duderstadt gezogen sind, hat die Altstadt offensichtlich einen höheren Stellenwert: gut 30 % sind in die Altstadt gezogen (vgl. ,Duderstadt2020' 2010, 2011).

v.l.n.r.: Hohe Aufenthaltsqualität in der Marktstraße; Belastung durch fahrenden und ruhenden Verkehr in der Hinterstraße; Gestaltungsmängel und mangelnde Aufenthaltsqualität in der Scharrenstraße

UNTERSTÜTZUNGSBEDARF DER EIGENTÜMER/INNEN IM ERNEUERUNGSPROZESS

Die Hauptakteure eines Erneuerungsprozesses der Altstadt sind die Eigentümer/innen. Die Stadt als Eigentümerin von Straßen und Plätzen hat direkt kaum Einfluss darauf, was auf den privaten Grundstücken geschieht. Die Stadt kann durch Investitionen im öffentlichen Raum oder anderweitige Aktivitäten, wie die Bemühungen um die Wiederaufnahme in die Städtebauförderung, Impulse setzen, für einen durchschlagenden Erfolg in der Altstadtentwicklung sind diese Aktivitäten aber nicht ausreichend. Dies zeigen die Erfahrungen der Vergangenheit: Der öffentliche Raum ist in weiten Teilen der Altstadt erneuert und ansprechend gestaltet worden. Letztlich sind es aber die Eigentümer/innen, die über Nutzung, Investitionen oder Gestaltung ihrer Immobilien entscheiden. Auch dabei zeigt sich, dass Aktivitäten einzelner Eigentümer/innen an einzelnen Gebäuden nur wenig Wirkung auf die Umgebung entfalten konnten. Erst wenn Investitionen von öffentlicher Hand und privaten Hauseigentümer/innen parallel und am besten aufeinander abgestimmt laufen, zeigen sich dauerhafte Erfolge, die auch eine schrittweise positive Weiterentwicklung nach sich ziehen. Dies ist am Beispiel Haberstraße gut zu beobachten.

In diesem Sinne sind die kleinteiligen Eigentumsverhältnisse im Wohnungs- und Gebäudebestand eine wesentliche Herausforderung für den Erneuerungs- und Umbauprozess in der Altstadt, denn die kleinteiligen und dichten baulichen Strukturen in der Altstadt lassen umfassende Erneuerungsmaßnahmen an den Gebäuden und im Freiraum nur auf mehreren Grundstücken gemeinsam sinnvoll erscheinen. Beispielsweise sind die Nebengebäude in den Höfen zumeist auf mehreren Grundstücken aneinander gebaut und somit auch nur gemeinsam zu beseitigen. Auch ist der Anbau eines Aufzugs für zwei oder mehr Gebäude gemeinsam sinnvoller. Zudem sehen sich einzelne Eigentümer/innen mit der komplexen Aufgabe von Sanierung oder Umbau oft überfordert.

Erforderlich ist also das gemeinsame und zielgerichtete Handeln mehrerer, besser noch aller Eigentümer/innen in einem Teilgebiet der Altstadt. Dass daran seitens der Eigentümer/innen Interesse besteht, zeigen persönliche Gespräche mit einzelnen Eigentümer/innen, aber auch die Ergebnisse der Eigentümerbefragung im Rahmen der Vorarbeiten zur Wiederaufnahme in die Städtebauförderung Anfang 2011.

Die für umfassende Erneuerungsmaßnahmen an den Gebäuden und im Freiraum notwendige Zusammenarbeit von Eigentümer/innen ist in Duderstadt nicht erprobt. Wohl gibt es eini-

Großzügige Balkone als private Freiräume in der dicht bebauten Altstadt

ge gute Beispiele für den zukunftsweisenden Umgang mit der historischen Bausubstanz, es fehlen bisher aber Beispiele gemeinsamer Maßnahmen. Gemeinsame Aktivitäten mehrerer Eigentümer/innen sind aber zumeist schwierig, weil unterschiedliche Interessen und Möglichkeiten vorliegen, weil vor allem die finanzielle Zusammenarbeit mit überwiegend fremden Menschen schwer fällt oder weil die Interessen und Möglichkeiten der Nachbarn schlicht nicht bekannt sind. Zudem herrscht keine Kultur, die gemeinsame Projekte, insbesondere gemeinsames finanzielles Engagement fördert.

Dass sich derartige Zusammenarbeiten aber sowohl für die Eigentümer/innen der Gebäude und Grundstücke als auch für die Stadt bzw. den Stadtraum lohnen, belegen Erkenntnisse aus verschiedenen Projekten. So zeigen die Erfahrungen mit sogenannten Bauherrengemeinschaften – Zusammenschlüssen mehrerer Eigentümer/innen zur Errichtung oder zum Umbau eines gemeinsamen Gebäudes – die sich verstärkt seit den 1990er Jahren im Rahmen der Konversion von Militärgeländen gebildet haben, Schwierigkeiten, aber auch wichtige Erfolge. Es hat sich herausgestellt, dass Bauherrengemeinschaften kaum ohne externe Betreuung über den langen Zeitraum des Um- oder auch Neubaus funktionieren. Deshalb hat beispielsweise die Stadt Heidelberg eigens eine Beratungsstelle für Baugruppen im Amt für Baurecht und Denkmalschutz eingerichtet. Die Ergebnisse, nämlich wertvolle Gemeinschaften und städtische Räume, rechtfertigen diesen Aufwand aber. Auch ermöglichen die finanziellen Sparpotenziale, die sich für Baugemeinschaften gegenüber dem Einzelhausbau ergeben, die Eigentumsbildung für eine höhere Zahl an Haushalten.

Unter den Bedingungen der Duderstädter Altstadt wird es wahrscheinlich nur in Ausnahmefällen sinnvoll sein, tatsächlich Bauherrengemeinschaften mit gemeinsamem Eigentum zu gründen, aber die gemeinsame Abwicklung von einzelnen Bauaufgaben scheint vielfach unausweichlich. Möglichkeiten und Grenzen solcher Zusammenarbeiten wurden im ExWoSt-Forschungsfeld [1] „Eigentümerstandortgemeinschaften im Stadtumbau“ seit 2008 erprobt (vgl. BBSR 2009, 2010). Die untersuchten Eigentümerstandortgemeinschaften (ESG) – die kein gemeinsames Eigentum bilden, aber gemeinsam in bestimmte Projekte investieren –

1 Experimenteller Wohnungs- und Städtebau (ExWoSt) ist ein Forschungsprogramm des Bundesministeriums für Verkehr, Bau und Stadtentwicklung (BMVBS) und des Bundesinstituts für Bau-, Stadt- und Raumforschung (BBSR) im Bundesamt für Bauwesen und Raumordnung (BBR).

wurden fast ausschließlich durch Anstöße seitens der Städte eingerichtet. Auch hier zeigt sich, dass eine Zusammenarbeit von Eigentümer/innen, die gemeinsames Agieren aus den bisherigen Aktivitäten mit ihrem Eigentum nicht gewohnt sind, ohne externe Unterstützung kaum funktioniert.

Gleichwohl ist es Ziel der Einrichtung und Unterstützung der ESG, diese künftig in die Verantwortung der Eigentümer/innen selbst zu übergeben. Sowohl die Organisationsform als auch der Umfang der gemeinsamen Aktivitäten der Eigentümer/innen sind von den jeweiligen spezifischen baulichen Bedingungen und vor allem von den Interessen der Eigentümer/innen abhängig. Entsprechend groß sind die jeweiligen Bandbreiten. Die geeigneten Formen und Maßnahmen müssen im Diskurs durch die Eigentümer/innen letztlich selbst festgelegt werden.

Für einen erfolgreichen Erneuerungsprozess in der Duderstädter Altstadt bedarf es der Initiative bzw. Unterstützung in zwei aneinander angelehnten Punkten:

Zunächst geht es darum, umfassend und unabhängig zu informieren und zu beraten. Die Möglichkeiten und Grenzen der Sanierung für alle Eigentümer/innen hinsichtlich von Finanzierung, Förderung, Denkmalschutz und baulich-technischer Umsetzung müssen umfänglich und verständlich zugänglich gemacht werden. Gleichzeitig sind insbesondere bei leer stehenden Gebäuden oder solchen in schlechtem baulichen Zustand die Interessen und Möglichkeiten der Eigentümer/innen abzuklären und über die Ziele und Strategien des künftigen Umgangs mit dem Gebäude zu beraten. Dabei muss das Ergebnis offen sein: Der Prozess kann zu umfangreichen Sanierungen führen, aber auch dazu, dass das Gebäude verkauft werden soll. Letztlich muss auch damit gerechnet werden, dass sich an der bestehenden Situation nichts ändert. Der Bedarf an derartigen Informationen und Beratungen scheint nicht nur aufgrund von Leerstand und baulichem Zustand (vgl. Kap. Rahmenbedingungen der Stadtentwicklung) groß, es gibt in der Altstadt zudem eine ganze Reihe von Gebäuden, in denen ältere Menschen allein wohnen. Hier steht in den nächsten Jahren ein Generationswechsel an. Dabei ist davon auszugehen, dass bei einer größeren Zahl der Gebäude die Erben das Gebäude nicht selbst nutzen werden. Es müssen also neue Eigentümer/innen oder Mieter/innen für das Fachwerk und die Altstadt gewonnen werden.

Ergänzend zu Information und Beratung einzelner Eigentümer/innen bedarf es eines Anstoßes zu gemeinschaftlichem Handeln. Denn aufgrund der Vielzahl der Eigentümer/innen und Interessen ist nicht zu erwarten, dass aus diesem Kreis die Initiative dafür gestartet wird/werden kann. Zumeist sind sich zwar aufgrund der Kleinheit der Stadt die Eigentümer/innen benachbarter Gebäude (noch) bekannt, nicht aber die jeweiligen Ziele und Möglichkeiten im Umgang mit den Immobilien. Zudem spielt die Stadt als Eigentümerin der öffentlichen Straßen- und Platzflächen eine wichtige Rolle im Umgestaltungsprozess. Spätestens zu dem Zeitpunkt der Diskussion um Nutzungs- und Gestaltungsfragen müssen auch die Mieter/innen in den Prozess eingebunden werden. Somit ist es notwendig, Kommunikationsstrukturen zu etablieren, die alle Akteur/innen des Stadtumbaus einbeziehen; neben den Eigentümer/innen und Mieter/innen sind dies Denkmalschutz, Stadtplanung, Bauaufsicht, Architekt/innen, Kreditinstitute, Handwerker/innen und andere mehr.

Im Prozess sind zunächst die Interessen/Ziele und Möglichkeiten aller Akteur/innen zu erkunden, um daraus gemeinsame Zielvorstellungen und Handlungswege zu entwickeln. Dafür bedarf es umfassender erhöhter Anstrengungen, die weder im Tagesgeschäft der Stadtverwaltung noch durch die nicht professionellen Eigentümer/innen zu bewältigen sind. Entwicklung mit dieser Vielzahl an Beteiligten ist nur sehr kleinteilig möglich.

Zusammenfassend zeigen sich zwei wichtige Punkte, an denen die Bemühungen zur Attraktivierung der Altstadt – neben tatsächlichen Umbauten und Sanierungen – ansetzen sollten:

Zum einen ist ein offener Diskurs mit den Eigentümer/innen über ihre Interessen und Möglichkeiten der Immobilienentwicklung erforderlich, zum anderen müssen die Vorzüge des Lebens in der Altstadt erfahrbar gemacht werden.

Als erfolgreicher Beitrag in diese Richtung ist das Projekt KONTURA 1 (vgl. Kap. Kunst und Kultur in Duderstadt) zu verstehen: Durch die Ausstellung in verschiedenen leer stehenden Gebäuden konnte auch für den Charme alter ungenutzter Gebäude sensibilisiert werden, wie die Reaktionen vieler Besucher/innen verdeutlichten. Um dem Diskurs über Möglichkeiten und auch die Grenzen des Wohnens in der Altstadt eine Grundlage zu geben und kleinteilige Entwicklungsprojekte anzustoßen, um Erfahrungen in diesem schwierigen Feld zu sammeln und (hoffentlich) Lösungsmöglichkeiten für die genannten Problemlagen aufzuzeigen, wurde die Initiative Quartiersentwicklung Scharrenstraße ins Leben gerufen.

INITIATIVE QUARTIERSENTWICKLUNG SCHARRENSTRASSE

Umfassende Stadtumbaumaßnahmen erfordern ein kleinräumiges gemeinsames Vorgehen aller notwendigen Akteur/innen. Sie können nicht in der gesamten Altstadt gleichzeitig stattfinden. Als Lernort und Umsetzungsbeispiel einer solchen Erneuerungsmaßnahme ist die Initiative Quartiersentwicklung Scharrenstraße entstanden. Die Stadt Duderstadt, die Sparkasse Duderstadt, das Architekturbüro Schmutzer und ‚Duderstadt2020' wollen gemeinsam einen Umbau- und Gestaltungsprozess begleiten. Das Quartier Scharrenstraße eignet sich dafür als Pilotprojekt, weil hier unterschiedliche Problemlagen kumulieren, die sich auch in anderen Bereichen der Altstadt finden. Ziel ist neben der Erhöhung der Wohnqualität im Quartier vor allem die Verbesserung des Images der Scharrenstraße.

Schwierige Ausgangslage im Scharrenstraßenquartier

Das Erscheinungsbild des Quartiers ist durch unterschiedliche Gebäudetypen geprägt. Überwiegend gibt es zwei- und dreigeschossige Fachwerkgebäude unterschiedlicher Größe. Daneben gibt es auch gründerzeitliche Gebäude und große Hoftore. Auf der Nordseite der Scharrenstraße dominiert das Lorenz-Werthmann-Haus. Schwerpunktmäßig in der Scharrenstraße gibt es einen recht umfangreichen Gebäude- und Wohnungsleerstand. Die Gebäude befinden sich zum Teil in sehr schlechtem Zustand, es herrscht teilweise erheblicher Sanierungsbedarf.

Dichte Bebauung im Hof zwischen Scharrenstraße und Steinstraße

Private Freiflächen sind auf den Grundstücken im Quartier kaum vorhanden. Der Hof auf der Südseite der Scharrenstraße ist sehr eng und dicht bebaut mit Nebengebäuden unterschiedlicher Nutzung und Bauqualität. Zwischen Marktstraße und Scharrenstraße sind die Grundstücke zum Teil komplett überbaut, zum Teil werden sie als Stellplätze genutzt.

Die Scharrenstraße selbst hat aktuell den Charakter eines Hinterhofs der Marktstraße. Auf der Nordseite ist die Scharrenstraße teilweise tatsächlich bloß die Rückseite/Zufahrt der Marktstraße. Der öffentliche Straßenraum ist in gutem baulichem Zustand; die Gestaltung als Spielstraße ohne separate Bürgersteige und Begrünung hat aber erhebliche Mängel. Die unterschiedlichen Pflasterungen, die einen Gehweg und Stellflächen andeuten sollen, wirken eher zufällig. Durch die durchgehende Pflasterung wirkt die Straße sehr breit; entsprechend ist die Fahrgeschwindigkeit oft überhöht und die Straße wird nicht als Aufenthaltsraum genutzt. Die Steinstraße ist eine Durchgangsstraße mit recht schmalen Gehwegen. Sie ist durch den Fahr- und Fußgängerverkehr belebter als die Scharrenstraße, dient aber ebenfalls nicht als Aufenthaltsraum. Eine gute Aufenthaltsqualität bietet der Platz hinter dem Rathaus, er wird aber aufgrund fehlender Anlässe zum Aufenthalt aber recht wenig genutzt.

Schon heute gibt es keine ausreichende Anzahl von PKW-Stellplätzen für alle Anwohner/innen im Straßenraum. Dieses Problem wird sich bei Nutzung leer stehender Wohnungen weiter verschärfen. Gleichzeitig fehlen aber auch schon heute Spiel- und Aufenthaltsflächen.

Fast jedes Wohngebäude in der Scharrenstraße und den angrenzenden Straßen hat eine/n andere/n Eigentümer/in. Die meisten Eigentümer/innen wohnen nicht im Quartier, sondern in Duderstadt oder anderen Orten in der Nähe. Entsprechend ist der überwiegende Teil der Wohnungen im Quartier vermietet. Unter den wenigen Eigentümer/innen, die im Quartier wohnen, sind solche, die schon sehr lange dort wohnen. Es gibt aber durchaus auch neue Eigentümer/innen, die sich bewusst für ein Leben im Quartier entschieden haben.

ZUM NAMEN DER SCHARRENSTRASSE

Der Straßenname Scharrenstraße ist abgeleitet vom niederdeutschen Wort Scharre für Tisch, Bank, Verkaufsstand für Fleisch. „In der Scharre" war ursprünglich nur das Straßenstück an der Westseite des Rathauses. Dort standen die Scharren (Verkaufsstände) der Fleischer, denn Fleisch durfte aus hygienischen Gründen bis 1860 nur in den Scharren und nicht in geschlossenen Gebäuden verkauft werden. 1860 wurden die Scharren abgebaut und der heutige Straßenzug erhielt als Erinnerung an die Scharren den Namen Scharrenstraße (vgl. Stadt Duderstadt 2007).

Erste Ideen für das Scharrenquartier. Diskussion mit Eigentümer/innen und Mieter/innen

Im Auftrag der Sparkasse Duderstadt hat das Architekturbüro Schmutzer den Bestand der Gebäude, Straßen- und Hofflächen näher betrachtet. Es liegen zu allen Gebäuden und den Freiflächen erste Bestandsbewertungen vor. Darüber hinaus wurden erste Ideen zu Weiterentwicklung erarbeitet. Diese zielen insgesamt in Richtung einer Verbesserung der Wohn- und Aufenthaltsqualität im Quartier.

Diese Ausarbeitungen dienen als Grundlage für die Erkundung der Interessen der Eigentümer/innen an ihren Gebäuden und dem Quartier. Gemeinsam mit den Eigentümer/innen und den Mieter/innen sollen die Ideen zur Entwicklung des Quartiers diskutiert, vertieft und weiterentwickelt werden. Ziel ist es, mit einzelnen Eigentümer/innen oder auch Eigentümer/innen angrenzender Gebäude gemeinsam Perspektiven für Investitionen im Quartier zu erarbeiten und diese letztlich im Umsetzungsprozess zu begleiten.

Die Erfahrungen dieses Diskussions-, Entwicklungs- und Umsetzungsprozesses können die Grundlage für die Erneuerung weiterer Quartiere in der Altstadt, aber auch darüber hinaus bilden:

- Erarbeitete Informationsmaterialien stehen selbstverständlich allen Interessierten in Duderstadt zur Verfügung.
- Die Erfahrungen des Prozesses hinsichtlich des technischen Umbaus von Gebäuden, der Gestaltung von Gebäuden und Freiräumen, der Kompromisse zwischen Denkmalschutzanforderungen und modernen Nutzungsansprüchen, der Kommunikation zwischen Eigentümer/innen u. a. m. können die Grundlage für die Entwicklung einer Duderstädter Planungskultur sein: Formen der Zusammenarbeit sollen mit Unterstützung erprobt werden.
- Modernes Wohnen im Fachwerk soll sichtbar und erlebbar werden. Letztlich geht es darum, die Duderstädter/innen für ihre Altstadt nicht nur als Kulisse für den Einkaufsbummel zu begeistern, sondern auch neue Eigentümer/innen und Mieter/innen für die Altstadt zu gewinnen.

Michael Schmutzer, Architekt:
„Ich engagiere mich gern für Duderstadt, da es sich lohnt, die großartige Altstadt für Menschen zu erhalten und weiter zu entwickeln“.

Carsten Basdorf, Sparkasse Duderstadt:
„Ich engagiere mich persönlich und mit der Sparkasse Duderstadt für unsere Region, weil es sich für alle lohnt. Das gute Miteinander hat schon viele tolle und nachhaltige Projekte entstehen lassen.“

LITERATUR

Stadt Duderstadt (Hg.)(2007): Duderstädter Häuserbuch mit CD; Duderstadt | **Brühl, Hasso/Claus-Peter Echter/Franciska Frölich von Bodelschwingh/Gregor Jekel (2005):** Wohnen in der Innenstadt – eine Renaissance? Difu-Beiträge zur Stadtforschung 41; Berlin | **Dittrich-Wesbuer, Andrea/Wolfgang Knapp/Frank Osterhage (Hg.)(2010):** Postsuburbanisierung und die Renaissance der (Innen-)Städte. Neue Entwicklungen in der Stadtregion; ILS-Reihe Metropolis und Region, Band 6; Dortmund | **Krämer, Stefan/ Gerd Kuhn – Wüstenrot Stiftung (Hg.)(2009):** Städte und Baugemeinschaften; Ludwigsburg | **BBSR – Bundesinstitut für Bau-, Stadt- und Raumforschung (2009):** Eigentümerstandortgemeinschaften im Stadtumbau. Ein ExWoSt-Forschungsfeld; ExWoSt-Informationen 37/1 | **BBSR – Bundesinstitut für Bau-, Stadt- und Raumforschung (2010):** Eigentümerstandortgemeinschaften im Stadtumbau. Zwischenbilanz: Erste Maßnahmen und Erfolge; ExWoSt-Informationen 37/2 | **‚Duderstadt2020‘ (2010):** Ergebnisse der Zuzugsbefragung; http://duderstadt2020.de/content.php?nav_id=1095 | **‚Duderstadt2020‘ (2011):** Ergebnisse der Befragung der 18- bis 65-jährigen Duderstädter/innen; http://duderstadt2020.de/content.php?nav_id=1095

Christine Cunningham (36, Fluglotsin, Abu Dhabi/UAE)

Eine Globetrotterin mit festen Wurzeln

Hilkerode ist mein Heimatdorf. Hier bin ich aufgewachsen, in den Kindergarten und in die Grundschule gegangen. Jeder scheint jeden dort zu kennen. Meine Eltern wohnen immer noch dort und deswegen komme ich auch öfter zurück. Nach Hause zu fahren, bedeutet für mich, nach Hilkerode zu fahren – aber auch nach Duderstadt. Gern erinnere ich mich an meine Zeit in der St.-Ursula-Schule und auch an das Eichsfeld-Gymnasium. Nach der Schule bin ich häufig zum Ballettunterricht und Judotraining nach Duderstadt gefahren und um natürlich auch meine Freundinnen zu treffen.

Es ist vor allem meiner Familie wegen, weshalb ich versuche, so oft ich kann, aus dem Fernosten nach Duderstadt zu kommen. Seit März 2011 wohnte ich in Doha/Katar, ab August 2011 ziehe ich jedoch nach Abu Dhabi/UAE um. Es ist ja nicht so weit, denn es sind ja nur sechs Stunden Flug nach Deutschland. Meine Eltern wohnen in Hilkerode, einer meiner Brüder wohnt in Duderstadt, meine Schwester in Heidelberg und mein jüngster Bruder in Göttingen. Wenn ich nach Hause komme, gehört es immer dazu, nach Duderstadt zu fahren, um die Marktstraße entlangzulaufen, einen Kaffee zu trinken, vielleicht zum Markt zu gehen, eben die Sachen, die man so macht, wenn man nach Duderstadt fährt. Ich versuche mich dann auch mit meinen Freundinnen zu treffen, wenn sie gerade da sind. Über Weihnachten war es zum Beispiel nett, denn mehrere meiner Freundinnen kamen zurück zu ihren Familien. Auch wenn man doch schon mal Kontakt verliert, habe ich über Facebook geschrieben: „Ich bin gerade in Duderstadt." Es war doch überraschend, dass sich mehrere auch in Duderstadt befanden, die sich dann auch gemeldet haben, und wir haben es geschafft, uns in Duderstadt zu einem Kaffeetrinken zu treffen. Natürlich haben wir uns den neuesten Klatsch und Tratsch ausgetauscht, wer wen geheiratet hat und so weiter. Man merkt aber schon, dass je länger man weg ist, desto weniger man auch mitbekommt.

Wenn ich an Duderstadt denke, kommen mir spontan die Stadtmauer, der Westerturm, die beiden Kirchen, das Rathaus, die Marktstraße und natürlich der Anreischke in den Sinn. Die vielen alten Gebäude, die alten Fachwerkhäuser und das viele Grün, das es alles hier in Katar und auch in den UAE natürlich nicht gibt, vermisse ich schon. Duderstadt ist vor allem eine sehr alte, schöne, sehr gut erhaltene Stadt, die ihren Charme behalten hat, mit einer über 1000 Jahre alten Geschichte. Eine hübsche Postkartenstadt eben, das erzähle ich immer den Leuten, die Duderstadt noch nicht kennen.

Christine & Neville Cunningham / Doha, Katar (Foto: privat)

Duderstadt ist eine kleine Stadt, wo jeder jeden zu kennen scheint. Viele Leute kannten mich, weil mein Vater Lehrer in Duderstadt war. Egal, in welche Geschäfte ich gegangen bin, ich wurde meistens erkannt. Ich konnte auch immer irgendwen auf der Markstraße treffen und dann erst einmal zehn Minuten reden. Klatsch und Tratsch haben die Duderstädter eben gerne. Es war ein gutes Gefühl, zu wissen, dass ich irgendwo hingehöre. Es ist überraschend, dass mich in einigen Geschäften die Leute immer noch erkennen.

Markant in Erinnerung geblieben ist mir auch die Grenzöffnung zwischen Duderstadt und Worbis 1989. Natürlich bin ich nach Gerblingerode gefahren, als die Grenze gefallen ist. Es war ein komisches Gefühl, plötzlich ganz nah an den Zaun gehen zu können, ihn berühren zu können, ohne einen Stromschlag zu bekommen oder ohne dass auf einen geschossen wird. Irgendwie hat es eine Weile gedauert, bis es mir sicher vorkam. Das war ein Riesending. Ich kann mich auch noch erinnern, dass wir am nächsten Tag 100 neue Schüler an der Schule hatten. Weil Duderstadt so nah an der Grenze zur DDR lag, fragen mich die Menschen oft nach dem Verhältnis zwischen Ost und West. Weniger als drei Jahre nach Grenzöffnung bin ich jedoch aus Duderstadt weggezogen. Dadurch kenne ich mich noch immer nicht so richtig im östlichen Eichsfeld aus. Auf einmal war da eine ganze Gegend mit Nachbardörfern, in denen ich noch nie gewesen war, die aber nur ein paar Kilometer entfernt lagen. Dort, wo die Grenze war, ist das Eichsfeld daher für mich irgendwie immer noch halb.

Wenn ich bei meinen Besuchen durch die Marktstraße gehe, dann fällt mir auf, dass viele Läden, die früher sehr geschäftig waren, entweder geschlossen sind oder sich dort nun Billiggeschäfte angesiedelt haben. Das liegt vielleicht auch daran, dass man vieles auch über das Internet bekommt. Veränderungen nehme ich auch kulturell wahr. Vor einigen Jahren haben die Leute auch noch mehr plattdeutsch geredet, da gibt es heute kaum noch jemanden. Einmal besuchte ich mit meinem Mann das Schützenfest, was für ihn etwas ganz Neues war, da es so etwas in Neuseeland nicht gibt. Die Schützenfeste waren früher jedoch auch einmal größer und irgendwie kam es mir anders vor als vor ein paar Jahren. Ich glaube, heute sind sie den Menschen nicht mehr so wichtig oder vielleicht auch zu teuer. Zu Weihnachten versuchen wir auch immer auf den Weihnachtsmarkt zu gehen, auch wenn er von Jahr zu Jahr kleiner wird.

Doha in Katar ist ein krasser Gegensatz zu Duderstadt. Es gibt kaum etwas Grünes, überall gibt es Sand, Wüste, Kamele, aber auch Meer. Die Hitze ist kaum zum Aushalten, vor allem im Sommer, wenn es an die 60 Grad Celsius heiß werden kann. Ohne Klimaanlage läuft hier kaum etwas. Die Leute sind hauptsächlich Muslime, und scheinen strenggläubiger als in den Vereinigten Arabischen Emiraten wie Dubai und Abu Dhabi zu sein. Schweinefleisch ist strengstens verboten, man darf es nicht einführen und man kann es auch nicht kaufen. In ganz Katar gibt es ein einziges Geschäft, dass Alkohol verkaufen darf, man muss aber eine Lizenz dafür haben und es ist dementsprechend teuer. Die meisten Menschen, die hier leben, sind „Ausländer" – um die 1 Million. Es gibt ca. 300.000 Einheimische, die hauptsächlich durch das Öl und das Gas sehr reich geworden sind. Es ist eben ein ganz anderes Leben, und man muss sich an verschiedene Dinge gewöhnen, die vorher selbstverständlich waren. Man kann nicht unbedingt anziehen, was man möchte, und Frauen dürfen auch erst seit drei Jahren Auto fahren. In Duderstadt musste ich nie um etwas kämpfen oder habe etwas vermisst. Die Duderstädter sind zwar traditionell, aber sie sind auch offen für etwas Neues.

Für die weite Welt habe ich mich schon immer interessiert. Wir sind eine große Familie. Gereist sind wir daher wenig. Ins Ausland sind wir gar nicht gefahren. Da wir in der Schule Englisch und Französisch gelernt haben und ich auch einmal gerne etwas von der Welt sehen wollte, habe ich Duderstadt nach der 11. Klasse für eine Art Schüleraustausch verlassen. Meine Klasse habe ich sehr vermisst, vor allem meine Freundinnen. Ursprünglich wollte ich nur für ein Jahr ins Ausland und danach in Duderstadt das Abitur machen. Ich habe mich für Neuseeland entschieden, da es am anderen Ende der Welt und damit am weitesten weg war. Eigentlich habe ich vorgehabt, wieder zurückzukehren. Aber aus einem Jahr wurden dann ganze zehn Jahre. Ich habe mich entschieden zu bleiben, weil ich nur noch ein halbes Jahr zur Schule gehen musste und dann

dort gleich zur Uni gehen konnte. In Deutschland hätte ich noch die 12. und die 13. Klasse für das Abitur machen müssen. Während der Schulzeit habe ich dann meinen Mann kennengelernt, die Schule beendet, an der Universität in Neuseeland Englisch und Jura studiert. Aus heutiger Sicht ist eine Rückkehr für mich und meinen Ehemann eher nicht wahrscheinlich. Unsere Jobs machen das einfach unmöglich, ich als Fluglotsin, mein Mann als Pilot. Da müssen wir immer in eine Großstadt oder zumindest nahe an einen Flughafen ziehen. Wahrscheinlich gehen wir in ein paar Jahren auch wieder woanders hin, vielleicht zurück nach Großbritannien oder nach Neuseeland.
Auch wenn ich heute sehr weit weg bin, ist Duderstadt meine Heimat, bleibt Hilkerode mein Zuhause. Ich habe nur gute Erinnerungen an Duderstadt und ich komme immer wieder gerne hierher zurück. Hier aufzuwachsen war toll.

Interview:
Susanne Möhl,
Text:
Meike Caselmann und
Sebastian Tränkner

BIOGRAPHISCHE ANGABEN

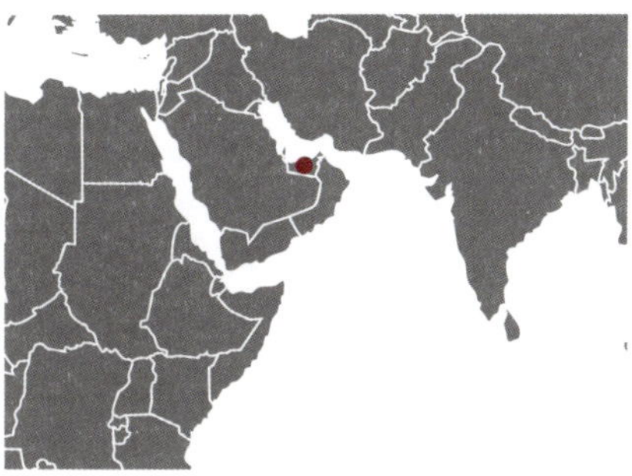

Christine Cunningham (geb. Muth) ist in Hilkerode mit ihren Eltern und vier Geschwistern aufgewachsen. Ab der 5. Klasse ging sie in Duderstadt zur Schule und ging in der gymnasialen 11. Klasse nach Neuseeland. Da sie dort nach dem Schüleraustausch nur ein halbes Jahr bis zum Abitur brauchte, hat sie die Schule in Neuseeland beendet. Nach ihrem Jurastudium arbeitete sie als Anwältin für Familienrecht zuerst in Neuseeland, später in England. Dort wurde sie Fluglotsin und ist dann nach 8 Jahren in England in Doha/Katar gelandet, wo ihr Mann als Pilot arbeitet. Einen weiteren Ortswechsel hat sie bedingt durch ihre neue Berufswahl vorgenommen. Als Fluglotsin ist sie seit August 2011 in Abu Dhabi am Flughafen tätig.

ANKE KASCHLIK, ASTRID WITTE

MODERNER KLEINTEILIGER EINZELHANDEL IN DER ALTSTADT

Der lokale Einzelhandel prägt das Erscheinungsbild der Altstadt mit und trägt wesentlich zu ihrer Attraktivität bei.

Dabei steht der kleinteilige Einzelhandel in der Altstadt im Wettbewerb mit anderen Einzelhandelsstandorten in Duderstadt, insbesondere mit der Feilenfabrik, aber auch mit den größeren Städten in der Region. Außerdem unterliegen die Einzelhandelsgeschäfte stetigen Anpassungserfordernissen an neue Nutzungsbedürfnisse. Um diese Herausforderungen auch künftig zu meistern und die Attraktivität des Einzelhandelsstandortes Altstadt zu erhalten und auszubauen bedarf es der Zusammenarbeit vieler oder besser aller Einzelhändler/innen.

SCHWIERIGE AUSGANGSLAGE, ABER VIELE NEUE AKTIVITÄTEN

RELATIV GERINGE KAUFKRAFT IN DUDERSTADT

Die Lebensqualität der Stadtbewohner wird erheblich durch die räumliche Organisation der Versorgung bestimmt (vgl. Heinritz u.a. 2003). Mittelzentren wie Duderstadt spielen heute bei der Versorgung der Bevölkerung mit Gütern und Dienstleistungen eine wichtige Rolle. Ihre Markteinzugsgebiete reichen, je nach Warengruppen, über das eigene Stadtgebiet hinaus. Mit der gestiegenen Mobilität der Konsument/innen müssen sie sich jedoch im Konkurrenzkampf mit anderen Mittelzentren (Heiligenstadt, Leinefelde) und gegen die Anziehungskraft der Oberzentren (Göttingen, Kassel oder Hannover) behaupten. Erfolgsfaktoren für die Attraktivität eines Einzelhandelsstandortes und damit auch für eine hohe Einzelhandelszentralität können nach Ansicht der IHK Hannover (2006) beispielsweise eine hohe Kundenbindung durch starke, in den Raum strahlende Magnetbetriebe, ein breiter Sortimentsmix, eine städtebaulich attraktive Innenstadt oder das Resultat eines optimierten Zusammenwirkens aller dieser positiven Faktoren sein.

EINZELHANDELSZENTRALITÄT

Die Einzelhandelszentralität ist die Maßzahl für Kaufkraftzu- und abfluss einer Gemeinde oder Region. Sie trifft vergleichbare Aussagen über die Attraktivität, die Wettbewerbsstärke bzw. über die regionale Ausstrahlung eines Handelsstandortes. Sie beschreibt das Verhältnis aus dem Umsatz des Einzelhandels vor Ort zur vorhandenen einzelhandelsrelevanten Kaufkraft der ansässigen Bevölkerung. Sie wird in Prozent angegeben und zeigt durch die Abweichung von 100 die Höhe des Kaufkraftzu- oder abflusses des örtlichen Einzelhandels an. Ein Kaufkraftgewinn (Wert über 100) ergibt sich, wenn der Umsatz des örtlichen Einzelhandels – z. B. durch die Ausgaben von Gästen – über der einzelhandelsrelevanten Kaufkraft der Bevölkerung liegt (IHK 2006).

Im Vergleich zu anderen Städten ähnlicher Größenordnung in Niedersachsen ist die Einzelhandelszentralität Duderstadts recht gering (vgl. Abb. 15). Der örtliche Einzelhandel kann zwar die vor Ort verfügbare Kaufkraft vollständig an sich binden, Zugewinne durch Gäste (wie wahrscheinlich in Bad Lauterberg) oder aus dem ländlich geprägten Umland (wie in Holzminden) sind aber nicht zu verzeichnen. Zudem weist der recht deutliche Rückgang innerhalb der letzten Jahre – die Einzelhandelszentralität Duderstadts ist von 106,4% in 2006 auf 100,4% in 2009 zurückgegangen – auf Probleme und Handlungsbedarf hin.

Neben der gerade noch ausgeglichenen Einzelhandelszentralität trägt die vergleichsweise geringe Kaufkraft der Duderstädter Bevölkerung (vgl. Abb. 16) zur recht schwierigen Ausgangslage für den örtlichen Einzelhan-

EINZELHANDELSZENTRALITÄT IM VERGLEICH 2006 UND 2009

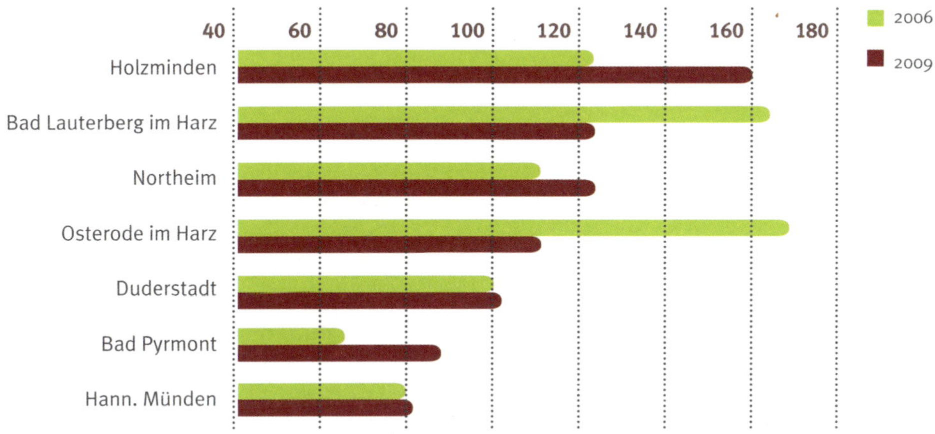

Quelle: IHK 2006, 2009, Bearbeitung: Anke Kaschlik | Abb. 15

GESAMTKAUFKRAFT UND EINZELHANDELSRELEVANTE KAUFKRAFT JE EINWOHNER/IN IN %

Die Kennzahlen zur Kaufkraft der Bevölkerung dienen der Bewertung von Standorten. Als Berechnungsgrundlage dient die amtliche Lohn- und Einkommensstatistik. Die Gesamtkaufkraft je Einwohner/in beschreibt eine Geldmenge, die Einwohner/innen in einem räumlich definierten Gebiet für Konsumausgaben über einen bestimmten Zeitraum an ihrem Wohnsitz tatsächlich zur Verfügung steht. Daneben gibt die einzelhandelsrelevante Kaufkraft Aufschluss darüber, welche Menge an Geld den Verbraucher/innen für Ausgaben im Einzel- beziehungsweise Versandhandel zur Verfügung steht. Zwecks Vergleichbarkeit der Angaben werden beide in % bezogen auf den Bundesdurchschnitt (100 %) angegeben (IHK 2009).

del insgesamt bei. Zwar ist der Anteil des Einkommens, der der Duderstädter Bevölkerung für Ausgaben im Einzelhandel zur Verfügung steht, vergleichsweise hoch, die insgesamt aber sehr geringe Kaufkraft hat trotzdem eine recht deutlich unterdurchschnittliche einzelhandelsrelevante Kaufkraft zur Folge. Der örtliche Einzelhandel ist also für eine positive Entwicklung (auch) auf seine Ausstrahlungskraft bzw. Attraktivität über die Grenzen des Stadtgebiets hinaus angewiesen. Die hohe Attraktivität der Altstadt liefert dafür eine gute Grundlage.

ZWEI STANDORTE DER EINKAUFSSTADT DUDERSTADT

Der Einzelhandel in Deutschland hat sich in den letzten Jahrzehnten stark verändert. Die großen Trends dieses Strukturwandels sind die Vergrößerung der Verkaufsflächen, rückläufige Betriebszahlen sowie Unternehmenskonzentrationen und vor allem der Trend zur Internationalisierung und Filialisierung (Heinritz u.a. 2003). Damit gehen auch veränderte Standortpräferenzen einher, denn in den zentralen Einkaufszonen insbesondere in kleinen

GESAMTKAUFKRAFT UND EINZELHANDELSRELEVANTE KAUFKRAFT JE EINWOHNER IN % (BUNDESDURCHSCHNITT 2009 IM VERGLEICH)

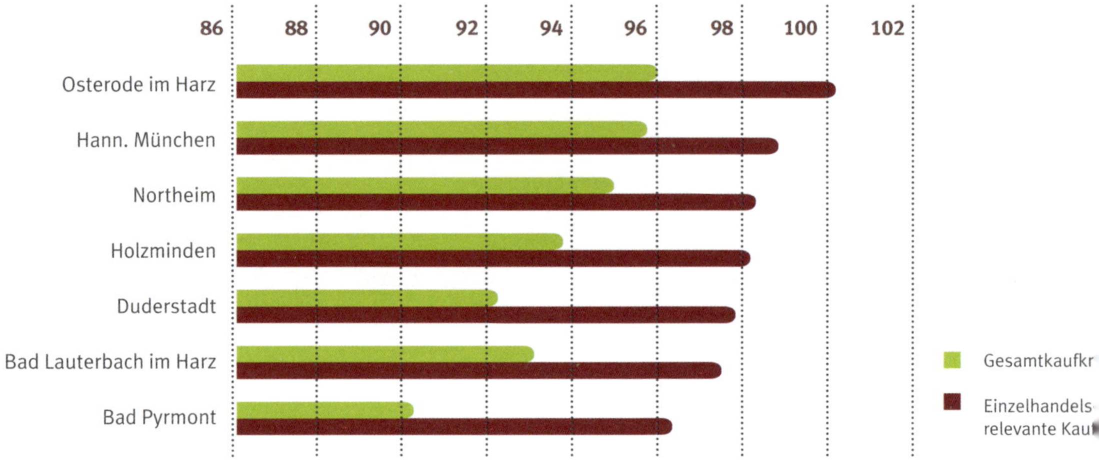

Quelle: IHK 2009, Bearbeitung: Anke Kaschlik | Abb. 16

Städten können ausreichend große Verkaufsflächen für großflächigen Einzelhandel oder Einkaufszentren nicht zur Verfügung gestellt werden. Diese Betriebe siedeln sich überwiegend auf der sogenannten „Grünen Wiese“ an, während in den Innenstädten und Fußgängerzonen eher kleinflächige und/oder inhabergeführte Geschäfte verbleiben oder aber der Geschäftsleerstand zunimmt. Damit ist oftmals das Gewerbesteueraufkommen rückläufig und es entstehen Versorgungslücken (Rudolph u.a. 2005).

In Duderstadt steht das City-Carré in Randlage der Innenstadt, ca. 600 Meter Fußweg von der Fußgängerzone entfernt, für diesen Wandel. Mit der Errichtung des City-Carrés hat man versucht, der Nachfrage nach größeren Verkaufsflächen gerecht zu werden und großzügige Ansiedlungsflächen für nicht zentrenrelevante Sortimente bereitzustellen. Das City-Carré bietet überwiegend Produkte des täglichen Bedarfs sowie Möbel.

Die Geschäftslage in der Altstadt umfasst die großzügig angelegte fast 560 Meter lange Fußgängerzone in der Marktstraße (1A-Lage) und einige angrenzende Straßen. Hier ist fast ausschließlich kleinflächiger Einzelhandel zu finden. Sie ist derzeit (noch) stark geprägt durch inhabergeführte Geschäfte. Filialen überregionaler Einzelhandelsketten sind in einer Anzahl anzutreffen, die sich gut in das vorhandene Angebot einfügt. Durch zahlreiche Bemühungen der Stadt und privater Initiativen konnten die Versorgungslücken im Bereich Lebensmittel in der Altstadt in 2010 durch die Neuansiedlung von zwei Lebensmittelgeschäften geschlossen werden. Die Altstadt bietet somit heute Produkte des täglichen Bedarfs sowie des nicht-täglichen Bedarfs.

Das Einzelhandelsangebot in Duderstadt stellt sich insgesamt sehr positiv dar. Der Angebotsmix ist ausgewogen, mit kleineren Lücken im Bereich Textilien. Es fehlt an Angeboten an Herrenoberbekleidung und für Jugendliche, insbesondere männliche Jugendliche, so die Ergebnisse unserer Jugendzukunftswerkstatt im Sommer 2010. Weiterhin ist ein Mangel an Spezialisten und Nischenanbietern sowie an attraktiven Filialisten bzw. Franchisebetreibern zu beobachten.

Beide Einzelhandelsstandorte – die Altstadt und das City-Carré – verfügen über eine gute Straßenverkehrsanbindung und ausreichend

Das City-Carré auf dem Gelände der alten Feilenfabrik

gut erreichbare Parkmöglichkeiten, jedoch fehlt beiden Standorten eine direkte Anbindung an das Linienbusnetz. Die Sortimente beider Einkaufsstandorte ergänzen sich überwiegend und stehen nicht in direkter Konkurrenz zueinander.

FUSSGÄNGERZONE MIT ENTWICKLUNGSPOTENZIAL UND ENTWICKLUNGSBEDARF

Die städtebaulich attraktive historische Altstadt mit ihrer gut erhaltenen Fachwerkbebauung bildet eine reizvolle Kulisse für den Einzelhandel und in vielen Bereichen eine hohe Aufenthaltsqualität. Umgekehrt ist aber auch die Attraktivität der Altstadt mit vom Funktionieren dieses Einzelhandelsstandortes abhängig, denn nur eine genutzte Altstadt, d. h. eine Altstadt mit einem funktionierenden Einzelhandels- und Gastronomieangebot, bietet Anlass zum Verweilen. Nur eine von Kund/innen und Besucher/innen angenommene Altstadt bietet ausreichend Umsatz für Einzelhandelsgeschäfte.

Insgesamt ist die Altstadt mit einem breiten und ausgewogenen Branchenmix mit ca. 75 Einzelhandelsgeschäften gut aufgestellt und präsentiert ein vielfältiges Einzelhandelsangebot. Der hohe Anteil inhabergeführter Einzelhandelsgeschäfte und vieler Fachgeschäfte trägt mit zur Identifikation der Duderstädter/innen mit ihrer Stadt bei. Positiv für die Attraktivität der Altstadt wirkt sich auch die Neuansiedlung von zwei Lebensmittelgeschäften in der 1A-Lage aus. Diese gelten häufig als Frequenzbringer. Insgesamt zeigt sich die 1A-Lage der Altstadt, d. h. die Fußgängerzone, heute nahezu ohne Leerstand. Aber auch in Duderstadt ist eine zunehmende Filialisierung zu verzeichnen: Aufgegebene Ladenlokale werden zumeist mit Filialen überregionaler Ketten – öfter im Niedrigpreissegment – besetzt, wenn eine Neuvermietung überhaupt gelingt. Geschäftsleerstände sind teilweise in erheblichem Umfang in den Seitenstraßen zu verzeichnen. Der Einzelhandel scheint sich zunehmend aus den Seitenstraßen zurückzuziehen und sich in der 1A-Lage (Marktstraße) zu konzentrieren.

Ein wesentliches Problem für die positive Entwicklung des Einzelhandelsstandortes Altstadt – insbesondere gegenüber anderen Standorten – sind die fehlenden Kernladenöffnungszeiten. Dies führt zu Verunsicherungen und kann mittel- bis langfristig zu Kundenverlusten in der Innenstadt führen. Schon heute wird die Altstadt in den Mittagsstunden nur von wenigen Gästen aufgesucht und immer wieder kommt es vor, dass sich Kund/innen in den Geschäften nach den Öffnungszeiten erkundigen.

Problematisch für die künftige Entwicklung des Einzelhandels in der Altstadt ist die ausgeprägte kleinbetriebliche Ladenflächenstruktur, denn ansiedlungswillige Betriebe suchen häufig größere Ladenflächen mit großen Schaufensterflächen. Zudem sind die Läden häufig nicht barrierefrei zugänglich. Dies stellt bauliche Erneuerungsmaßnahmen vor hohe Herausforderungen: Einerseits gilt es, den Charme des Fachwerks und der Altstadt als Ganzes zu erhalten, andererseits sind Anpassungen an aktuelle Anforderungen des Einzelhandels sowie an unterschiedliche Kundengruppen dringend erforderlich.

Für die Erreichbarkeit der Geschäftslagen mit dem PKW stehen rund um die Altstadt in ausreichender Zahl Stellplätze zur Verfügung. Mit kurzen Fußwegen gelangt man gut in die Fußgängerzone. Problematisch ist allerdings die Erreichbarkeit der Geschäftslagen mit dem Bus. Alle Linienbusse bedienen innerhalb des Stadtwalls lediglich den ZOB. Der Weg in die Altstadt ist relativ lang und für Fremde nicht immer leicht zu finden.

GEMEINSAME AKTIVITÄTEN – DER ANFANG IST GEMACHT!

Einzelhändler/innen können als Einzelkämpfer/innen kaum bestehen. Für alle Aktivitäten, die über das originäre Handlungsfeld ihres Geschäfts bzw. den Ein- und Verkauf hinaus gehen, sind sie auf eine vertrauensvolle Zusammenarbeit mit anderen Akteur/innen, in vielen Fällen auch mit ihren direkten Konkurrent/innen, angewiesen. Unter anderem diesem Ziel hat sich der Treffpunkt Stadtmarketing Duderstadt e. V. (TSD) – 2002 aus der Werbegemeinschaft Treffpunkt Duderstadt e. V. und dem Stadtmarketing Duderstadt e. V. hervorgegangen – verschrieben. Im TSD sind neben Einzelhändler/innen auch Unternehmen, Institutionen und Bürger/innen der Stadt vertreten. Entsprechend breit ist sein Aufgabenfeld: Förderung der Attraktivität des Standorts, die Erhöhung des Bekanntheitsgrades von Duderstadt, die Förderung des kulturellen Angebots sowie die Weiterentwicklung des Innenstadtangebots.

Der TSD hat in den vergangenen Jahren verschiedene thematisch ausgerichtete Märkte etabliert. Diese locken jährlich viele Duderstädter/innen und Gäste in die Altstadt und sind damit ein wertvoller Beitrag zur Steigerung der Attraktivität der Stadt, insbesondere der Altstadt. Gemessen an den personellen wie finanziellen Ressourcen des TSD wird hier eine beachtliche Leistung erbracht. Allerdings sind aktuell nur ca. die Hälfte der Händler/innen Mitglied im TSD. Auch deshalb können Maßnahmen, die auf die Mitarbeit aller oder zumindest einer großen Mehrzahl der Einzelhändler/innen angewiesen sind, bisher nicht umgesetzt werden. Auch die in Kooperation mit Unternehmen der Stadt, der Sparkasse und der Volksbank im Jahr 2001 herausgegebene Duderstadt-Card konnte sich nicht durchsetzen. Als Kundenbindungsinstrument sollte sie als Rabatt-Karte und zur Generierung von Kundendaten dienen. Sie wird weder von Seiten der Kunden noch von Seiten des Handels ausreichend genutzt. Mögliche Gründe liegen in der Beschränkung der Anwendung des Rabattsystems auf TSD-Mitglieder und den relativ hohen Anschaffungskosten für ein Terminal (das die Nutzung bzw. die Abrechnung des bonifizierten Umsatzes erst möglich macht), aber auch in der Unübersichtlichkeit für die Kund/innen, denn häufig ist nicht ersichtlich, wo die Duderstadt-Card eingesetzt werden kann und wo nicht.

Beliebter kleinteiliger Einzelhandel

Eine inhaltliche wie organisatorische Weiterentwicklung des Stadtmarketings erscheint wichtig und wird auch vom TSD selbst angestrebt. ‚Duderstadt2020' konnte erste wichtige Impulse setzen. Die weitere Entwicklung des Stadtmarketings sollte jedoch im Kontext des Aufbaus eines integrierten Stadtentwicklungsmanagements diskutiert werden.

WEITERGEHENDE KOOPERATIONEN FÜR DIE ENTWICKLUNG DES EINZELHANDELS

Trotz der genannten Aktivitäten im Bereich Einzelhandel wurden bereits auf der Auftaktveranstaltung des Projektes ‚Duderstadt2020' am 28.11.2009 Defizite in Bezug auf den Einzelhandelsstandort Altstadt benannt, die die Handlungsnotwendigkeit in diesem Themenfeld unterstreichen. In Folge wurden Workshops mit interessierten Händler/innen und Bürger/innen durchgeführt. Ziel der gemeinsamen Arbeit war es, die gegenwärtige Situation zu analysieren und Handlungsschwerpunkte für den weiteren Prozess zu erarbeiten. Hier haben sich die Themen Einkaufsatmosphäre und Angebotsvielfalt herauskristallisiert. Während des 1. Duderstädter Zukunftstags im Juni 2010 wurden die Themen Einkaufsatmosphäre und Angebotsvielfalt von den Einzelhändler/innen in kleinen Projekten aufgegriffen. Die Beteiligung von fast 20 Einzelhändler/Innen kann sicher als ein Erfolg gewertet werden.

Daraus entstand, moderiert durch ‚Duderstadt2020', in der zweiten Jahreshälfte 2010 unter dem Motto „Wir bringen Atmosphäre in die Innenstadt!" ein Arbeitskreis aus Händler/innen und interessierten Bürger/innen. Ziel des Arbeitskreises ist es, innovative Ideen zusammenzutragen und konkrete Aktionen zu entwickeln und durchzuführen. Damit sollen die Einzelhändler/innen befähigt werden, selbständig aktiv zu werden und gemeinsam neue Wege zu gehen.

In einem ersten Projekt ging es um die Steigerung der Attraktivität des Einzelhandelsstandortes Altstadt im Advent 2010. Gemeinsam haben sich die Beteiligten für eine einheitliche Beleuchtung ausgesprochen und dies mittels Herrnhuter Sternen an den Geschäftsfassaden und durch die Gestaltung des Bachlaufs der Brehme mit Laternen umgesetzt. Im Zuge der Arbeit konnten kontinuierlich weitere Akteur/innen gewonnen werden. Im Rahmen der Initiative „Duderstädter Adventskalender – 24 Türchen für 2010" konnten erstmals auch gastronomische Betriebe der Stadt einbezogen werden: An 24 Tagen lockten besondere Aktionen wie die Weihnachtslesung im Gasthaus Zum Anker, die Gestaltung eines künstlerischen Gemeinschaftswerkes im Hotel Zum Löwen oder

die Lebkuchen-Gestaltung in der Bäckerei Risse Duderstädter/innen und Gäste in die Altstadt. Zu den musikalischen Highlights gehörten der Auftritt des Duderstädter Gospelchors und der Bass and Drum Band des MCV Mingerode. Auch zu Ostern und begleitend zum Frühlingsmarkt gab es Aktionen der Arbeitsgruppe des Einzelhandels.

Mit dem Angebot von Bekleidung für Jugendliche beschäftigt sich die Arbeitsgruppe „Shop in the City!“, bestehend aus Jugendlichen im Alter von 13 bis 16 Jahren. Gemeinsam mit dem örtlichen Handel arbeiten die Jugendlichen an der Angebotsstruktur im Bereich Textilien für Jugendliche. Das Zusammenbringen von Anbietern und Jugendlichen birgt Potenziale für beide Seiten: Die Jugendlichen erhalten erstmals Informationen aus erster Hand und werden für die Anforderungen des Handels sensibilisiert. Die beteiligten Händler/innen bekommen Wünsche und Bedürfnisse hinsichtlich des Warenangebots oder auch der Schaufenstergestaltung auf direktem Wege mitgeteilt. Als erste im Stadtraum sichtbare Aktion dieser Arbeitsgruppe fand im September 2011 ein Schaufenstergestaltungswettbewerb statt. Von 26 Jugendlichen wurden Schaufenster in 12 Geschäften der Marktstraße gestaltet. Das beste Schaufenster wurde prämiert.

Die neue Gemeinschaft aus Händler/innen, Gastronom/innen und Bürger/innen, die aus der Initiative des ‚Duderstadt2020‘-Teams hervorgegangen ist, steht nicht in Konkurrenz zu

Modenschau zum 1. Duderstädter Zukunftstag, durchgeführt von Triangel Kindermoden und Rode Lederwaren

den Aktivitäten des TSD. Vielmehr ergänzen sich die Aktivitäten des HAWK-Teams und des TSD. Beide stehen in engem und regelmäßigem Austausch.

DIE KÜNFTIGE ENTWICKLUNG ERFORDERT DAS ZUSAMMENWIRKEN VIELER AKTEUR/INNEN

Der örtliche Einzelhandel prägt wie kein anderer Wirtschaftsbereich das Erscheinungsbild der Altstadt und trägt wesentlich zu ihrer Attraktivität und Entwicklung bei. Dabei ergänzen sich das historische Erscheinungsbild und die Aktivitäten des Einzelhandels und der Gastronomie zu einem hochwertigen Ambiente, das eine Besonderheit Duderstadts ausmacht. Beide, die historische Bausubstanz wie auch die Geschäfte, unterliegen jedoch stetigen Anpassungserfordernissen an neue Nutzungsbedürfnisse. Dabei gehen, wie oben dargestellt, die Anforderungen des Einzelhandels und der denkmalgerechten Entwicklung der Bausubstanz oft weit auseinander. Oftmals scheinen sich sogar unvereinbare Positionen gegenüberzustehen; Kompromisse auf beiden Seiten sind daher unvermeidlich.

Dass Initiative aber genau an diesem Punkt wichtig ist, zeigt der Erfolg der unterschiedlichen Themenmärkte, die sowohl auf die Kulisse der historischen Stadt als auch auf ein ansprechendes Einzelhandels- und Gastronomieangebot angewiesen sind. Denn auch etablierte Veranstaltungen bedürfen einer andauernden Weiterentwicklung, um auch künftig erfolgreich zu sein. Die Marktveranstaltungen könnten beispielsweise mit anderen bestehenden Angeboten wie dem Integrationsprojekt Internationaler Garten Talwiese, dem neuen Schützenmuseum oder Angeboten der LNS-GmbH verknüpft werden, um gemeinsam neue Angebote für Duderstädter/innen und Gäste zu schaffen. Als Ausgangspunkt dafür werden auch in diesem Jahr die Einzelhändler/innen und Gastronom/innen des Arbeitskreises Einkaufsatmosphäre mit verschiedenen Projekten zur Steigerung der Attraktivität der Innenstadt und zur Erhöhung des Einkaufserlebnisses beitragen. Beispielsweise werden zu den Marktveranstaltungen die Schaufensterdekorationen angepasst, die Begrünung vor den Geschäften wird erweitert und der Duderstädter Adventskalender wird fortgesetzt.

Neben Aktivitäten, die sich auf die 1A-Lage der Marktstraße konzentrieren, sind Anstrengungen für die Entwicklung der Seitenstraßen dringend erforderlich, um ein weiteres Auseinanderdriften der Qualitäten im öffentlichen Raum wie auch des Einzelhandels zu vermeiden. Der hohen Aufenthaltsqualität in der Marktstraße steht die schon heute stellenweise problematische Situation in den Seitenstraßen gegenüber. Durch hohe Fluktuation und Leerstände in den Ladenlokalen, aber auch durch mangelnde Nutzbarkeit und Gestaltung des öffentlichen Raums sind die Seitenstraßen teilweise wenig attraktiv. Allgemeine Entwicklungen lassen eine Zunahme der Probleme, die dann letztlich auch auf die 1A-Lagen zurückwirken, erwarten. Die notwendige Aufwertung ist aber weder durch Initiative der Händler/innen oder Eigentümer/innen der Gebäude auf der einen Seite noch der Stadt auf der anderen Seite allein möglich. So sind zum Beispiel Überlegungen zu Nachfolgeregelungen noch bestehender Geschäfte, zur Umgestaltung/Vergrößerung von Ladenflächen oder der Gestaltung von Aufenthaltsmöglichkeiten im öffentlichen Raum notwendig. Derartige Maßnahmen sind aufeinander abzustimmen. Gleichzeitig sind Denkmalschutz und Bauauf-

Lebenskunst – eines von zwei neuen Lebensmittelgeschäften in der Innenstadt – feierte bereits 1-jähriges Jubiläum

sicht frühzeitig einzubeziehen, um neue und kreative Konzepte zu entwickeln und in dem hohen Bestand an Fachwerkgebäuden auch langfristig gute Bedingungen für ansiedlungswillige Betriebe zu schaffen.

Auch die Fortschreibung und Anpassung des bestehenden Einzelhandelskonzeptes für Duderstadt scheint erforderlich, um aktuelle Entwicklungstrends aufzugreifen und die Vielfalt des Einzelhandelsangebots zu erhalten. Ein wichtiges Thema dabei ist die Betrachtung des Einkaufsstandortes Duderstadt insgesamt. Dabei müssen die Anstrengungen erhöht werden, bestehende Angebotslücken im Einzelhandelssortiment zu schließen. Perspektivisch bedeutet dies auch eine bessere Abstimmung und vor allem eine Verbesserung der Verbindung zwischen den beiden Standorten Altstadt/Marktstraße und City-Carré. Denn langfristig kann der Einkaufsstandort Duderstadt nur dann überzeugen, wenn das Gesamtangebot Duderstadts bekannt ist und als solches wahrgenommen und genutzt wird. Gemeinsam und mit sich gegenseitig ergänzenden Angeboten kann für beide Standorte die Kundenfrequenz erhöht werden. Weitere wichtige Punkte der Einzelhandelsentwicklung in Duderstadt sind beispielsweise die Verbesserung der Busanbindung von Altstadt und City-Carré oder die Einigung auf Kernöffnungszeiten in der Altstadt.

Das HAWK-Team begleitet und unterstützt begonnene Aktivitäten und moderiert noch bis zum Ende der Projektlaufzeit Arbeitsgruppentreffen. Viele der angesprochenen Aktionen sowie sich daraus ergebende weitere Maßnahmen bedürfen aber einer kontinuierlichen Koordination, die von einzelnen Händler/innen nicht zu leisten ist. Dies könnte beispielsweise ein weiterentwickelter, professionalisierter und besser ausgestatteter Treffpunkt Stadtmarketing Duderstadt leisten.

NADINE EBERHARDT: LEBENSKUNST – DIE KUNST ZU LEBEN

Vor meinem Schritt in die Selbstständigkeit war ich 15 Jahre bei Otto Bock tätig. Nebenberuflich absolvierte ich eine Ausbildung zur Ganzheitlichen Gesundheitsberaterin. Durch wachsendes Interesse für Gesundheit und gesunde Ernährung entstand der Wunsch nach einem modernen Bioladen mit Bistrobereich und Kunstausstellungen.

Branchenfremd, von einer Vision angetrieben, fühlte ich mich zu Beginn noch etwas wacklig auf den Beinen, doch ich wurde offen und sehr hilfsbereit in der großen Familie der Duderstädter Unternehmer/innen und Einzelhändler/innen aufgenommen.

Bei der Gründung von Lebenskunst sprach ich immer von „wir", ein „ich" könnte das alles nicht schaffen. Hilfsbereite Feunde, Mitarbeiter, Nachbarn, andere Einzelhändler, Handwerker, Lieferanten, Künstler, Bekannte, liebe Kunden und ein unterstützender Partner und Familie gaben der Lebenskunst ihr Gesicht und nur so konnte Lebenskunst so erfolgreich werden. Vielen Dank an dieser Stelle an alle helfenden Hände aus dieser großen Familie.

Jede/r gibt ein Stückchen und jeder bekommt ein Stückchen auf verschiedene Weise zurück:

Frau Maring lieh mir ihren schönen großen Holztisch, Tobias Borchard (von Fleischerei und Partyservice Oppermann) lieh mir zum Start Spüler und Tische, Familie Schmutzer half mit Architektur und Namensfindung, gemeinsame Abendveranstaltungen gab es mit der Unterstützung von Huhn und Ei, der Mosterei Malus, der Einbecker Senfmühle, verschiedener Heilpraktiker/innen, Weinkenner usw. usw.

Ich allein bewege in Duderstadt nur ein paar Menschen, wir bewegen eine ganze Welt.

Wenn wir es schaffen, unseren Besucher/innen, Kund/innen, Gästen und Neuunternehmer/innen dieses Gefühl zu vermitteln, in einer großen Familie aufgenommen zu sein, haben wir viel erreicht.

ANNEGRET MARING: ICH BEWEGE IN DUDERSTADT EIN PUZZLETEIL VOM GANZEN ...

Ich bin 1967 geboren und in Mingerode aufgewachsen. Schon früh faszinierte mich der Umgang mit den Kunden. 1984 begann ich die Lehre zur Kauffrau im Einzelhandel. Seit 1992 bin ich Teilhaberin der 1928 gegründeten Traditionsbuchhandlung Gebrüder Seseke. 1999 war ein entscheidendes Jahr: Ich übernahm die

Firma. Im gleichen Jahr entstand der große Umbau und die Verkaufsfläche wurde auf 250 qm vergrößert. Dadurch konnte der Buchhandel intensiviert werden. Durch eine vollkommen neue und moderne Inneneinrichtung bekam das Geschäft sein heutiges ansprechendes Aussehen. 2003 feierte die Firma Gebrüder Seseke ihr 75-jähriges Betriebsjubiläum. Seit 2004 bin ich Kuratoriumsmitglied Bürgerstiftung Duderstadt.

Viele Aktionen und Lesungen gehören zu unseren Besonderheiten, zu denen wir viele namenhafte Autor/innen wie Wolf Serno, Peter Prange, Sebastian Fitzek, Gerhard Haase-Hindenberg, Herz-Schwestern u.a. gewinnen konnten.

Mein besonderes Interesse gilt den Kindern und Jugendlichen in Duderstadt und Umgebung. Beispielhaft sei der Welttag des Buches genannt. Dazu laden wir in einem Zeitraum von 4 Wochen alle Grundschulen aus Duderstadt und Umgebung zu uns in die Buchhandlung ein. Den Kindern bieten wir, passend zum jeweils aktuellen Thema, verschiedene Aktivitäten an, wie das Gestalten von Masken mit allerlei Bastel- und Malutensilien, die wir selbstverständlich zur Verfügung stellen. Weiterhin hat die Buchhandlung Gebrüder Seseke zum Erscheinen des letzten Harry-Potter-Buches eine Lesenacht in der Buchhandlung inszeniert. Die gesamte Buchhandlung hat sich bis auf den Hinterhof in eine Harry-Potter-Höhle verwandelt und den Kindern und Jugendlichen während der Lesung das Gefühl vermittelt, mitten im Geschehen zu sein.

Mein Engagement wurde am 1. Duderstädter Zukunftstag mit der Verleihung der Urkunden „Beste Beratung", „Ansprechendstes Schaufenster" und „Lieblingsgeschäft" belohnt.

LITERATUR

Heinritz, Günter/Kurt E. Klein/Monika Popp (2003): Geographische Handelsforschung. Studienbücher der Geographie; Gebrüder Borntraeger Verlagsbuchhandlung Berlin, Stuttgart | **Rudolph, Hedwig/Petra Potz/Christopher Bahn (2005):** Metropolen handeln. Einzelhandel zwischen Internationalisierung und lokaler Regulierung; VS Verlag für Sozialwissenschaften, Wiesbaden | **IHK Hannover (2009):** Zentralität, Umsätze und einzelhandelsrelevante Kaufkraft 2009 in Städten und Gemeinden der IHK-Region Hannover; http://www.hannover.ihk.de/ihk-themen/standort-branchen/handel/orte/standorto/orto/kennzahl.html; letzter Zugriff 15.7.2011 | **IHK Hannover (2006):** Zentralität.pdf; http://www.hannover.ihk.de/presse/archiv-pm/pressemeldungen-2006/mittelzentren.html; letzter Zugriff 15.7.2011

Herbert Pfeiffer (67 Jahre, Realschullehrer und Ortsheimatpfleger der Ortschaft Duderstadt)

Duderstadt – Zwischen Tradition und Veränderung

Ich wohne mit meiner Familie mittendrin auf der Marktstraße, im sogenannten Steinernen Haus. Ich bin in Duderstadt geboren, in Osterode am Harz aufgewachsen und zur Schule gegangen. Nach dem Studium kam ich als Lehrer nach Duderstadt zurück. Ich lebe hier seit 38 Jahren. Früher war ich eher zu Besuch hier, heute ist Duderstadt mein Zuhause. Ich fühle mich wohl hier. Warum? Da sind zum einen die Erlebnisse in der Schule. Schule spielt im Eichsfeld noch eine relativ große Rolle. Hier lässt es sich als Lehrer einfacher arbeiten als zum Beispiel in Berlin. Woran liegt das? Zum Beispiel an den Eltern. Ich kann mich auf sie verlassen. Sie achten auf ihre Kinder, denn Lernen gilt als etwas Wichtiges im Eichsfeld. Auch mit meinen Kollegen ist es ein tolles Miteinander. Die St.-Ursula-Schule, an der ich arbeite, hat einen sehr guten Ruf. Zu vielen Menschen in der Stadt habe ich ein gutes Verhältnis. Schön ist immer, wenn ich über die Marktstraße gehe, die Leute stehenbleiben und wir miteinander reden. Wir sprechen über Ernstes oder weniger Ernstes, ohne dass ich das Gefühl haben müsste, fehl am Platze zu sein. Wenn ich allerdings einmal schnell irgendwohin muss, dann gehe ich besser nicht über die Marktstraße, sondern lieber durch die Seitenstraßen. Überhaupt der Wochenmarkt: dort treffen sich, ob vereinbart oder zufällig, die unterschiedlichsten Menschen, kaufen ein und kommen miteinander ins Gespräch. Manche Leute sagen ja, dass die Lebendigkeit auf der Marktstraße durch die Autos erzeugt wird. Aber wenn ich es recht bedenke, hat Leben mit direktem menschlichen Kontakt zu tun. Die Innenstadt ist also ein wichtiges Zentrum des gesellschaftlichen Zusammenhalts in meiner Stadt.

Hierzu gehören für mich auch die vielen Feste, die überwiegend aus einer langen Tradition heraus gelebt werden. Zum Beispiel die aus dem Mittelalter übrig gebliebenen historischen Märkte – der Martinimarkt im November und der Fastnachtsmarkt nach Aschermittwoch. Und die kirchlichen Traditionen wie die Prozession zu Fronleichnam, die zwar nicht mehr so gut besucht ist wie früher, aber immer noch viele Leute anzieht. Die Laurentius-Prozession gibt es heute nicht mehr, dafür aber einen Freiluftgottesdienst vor der St. Cyriakuskirche. Und schließlich das Schützenfest, das, obwohl es immer kleiner wird, immer noch für viele Duderstädter ein wichtiges Ereignis im Jahresfestkreis ist. Die Märkte, Prozessionen und Feste haben also eine wichtige Funktion – die Menschen kommen zusammen und reden miteinander.

Herbert Pfeiffer (Foto: N. Grüning)

Was mich an Duderstadt fasziniert, ist das Stadtbild, dieses Ensemble mit seinen Kirchtürmen, dem Westerturm und dem Rathaus: Markenzeichen mit einem hohen Wiedererkennungswert. Besondere Bedeutung haben die Orte für mich, von denen aus ich diese „Skyline" gut sehen kann, zum Beispiel der Sulberg. Auf dem Stadtberg, von der Ecklingeröder Straße aus, genieße ich den Blick auf die Marktstraßenachse mit ihrer bildschönen Dachlandschaft und dem welligen Hügelland im Hintergrund, genauso von Westen her bei einem Stopp zwischen Seulingen und Westerode. Von der Höhe bei Esplingerode aus gesehen liegt Duderstadt im Talkessel, und man hat die gesamte Gemeinde vor sich.

Auch Duderstadt wird zukünftig verstärkt unter der Abwanderung und Überalterung seiner Bewohner zu leiden haben. Ob sich das zu einer handfesten Krise entwickelt, weiß niemand. Sicher ist aber, dass die Menschen vor Ort gemeinsam etwas tun müssen, damit Duderstadt auch in Zukunft eine lebenswerte Stadt bleibt.

Wenn ich mich an prägende gesellschaftliche Krisen in der Geschichte Duderstadts erinnere, fallen mir vor allem die Pestzeiten und die Brände ein. Interessant ist ja zu schauen, wie die Menschen damals solche Krisen bewältigt haben. Zwischen 1555 und 1683 wurde Duderstadt sechsmal von der Pest heimgesucht. Damals hat man die Stadt unter Quarantäne gestellt – also schlicht und ergreifend den Handel mit anderen Städten eingestellt. Niemand kam in die Stadt hinein, aber auch niemand hinaus. Es wurde einfach abgewartet, bis der Pestausbruch vorbei war. Viele Opfer waren damals zu beklagen. In dieser Zeit entstand die erste Apotheke, die Ratsapotheke, heute Apothekenstraße 4. Man könnte also sagen, dass diese Krise ein Antrieb für Unternehmer war, die medizinische Vorsorge für Duderstadt zu entwickeln.

Andere Zäsuren waren die Brände. Zwischen 1424 und 1915 haben mehrere Brandkatastrophen Duderstadt heimgesucht. Aufzeichnungen über die Brände 1852, 1911 und 1915 berichten von der umfangreichen gegenseitigen Hilfe der Menschen. Man hat Leute aufgenommen, deren Häuser abgebrannt waren. Auch beim Wiederaufbau der Häuser haben sich die Menschen gegenseitig geholfen. Über die fehlende Unterstützung des Staates beim Wiederaufbau beklagten sich die Duderstädter jedoch. So ist auf einem Duderstädter Haus (Marktstraße 7) im sogenannten Tettauviertel westlich der Unterkirche heute noch zu lesen: „Schrecklich war des Feuers Brunst, die uns tat vernichten. Schrecklicher des Staates Gunst, die uns half errichten." – Das ist ja heute manchmal ganz ähnlich.

In der jüngeren Geschichte haben zwei Ereignisse, an die ich mich lebhaft erinnere, Duderstadt und das ganze Eichsfeld geprägt. Zum einen die langsame Schließung der deutsch-deutschen Grenze ab 1945/47, zum anderen der Umbruch 1989, als die Grenze urplötzlich wieder offen war. Der Duderstädter Einfluss reichte über die Grenze hinweg bis nach Thüringen hinein. Ecklingerode oder Brehme gehörten zu den Duderstädter Dörfern. Die familiären Verbindungen zwischen Unter- und Obereichsfeld waren schon immer sehr intensiv. Die Grenzziehung nach dem zweiten Weltkrieg traf den zusammenhängenden Kulturraum hart. Das bedeutete für viele Familien, dass der Kontakt zu ihren Angehörigen im thüringischen Obereichsfeld eingeschränkt war oder abbrach. Auch die bestehenden Geschäftsbeziehungen wurden stark von der Grenze beeinflusst. Solange die Grenzanlagen noch nicht gebaut waren, besuchten sich die Familien heimlich über die „Grüne Grenze" hinweg, der Schmuggelhandel blühte. Dies alles stand unter Strafe. Auch meine Mutter und meine Tante wurden bei einem unerlaubten Grenzübertritt verhaftet und drei Nächte von den Russen in einem Keller in Ecklingerode eingesperrt. Durch die immer dichter werdende Grenze sind dann natürlich die Kontakte sehr eingeschränkt worden oder ganz abgebrochen. Die eigene Heimat war zerschnitten.

Das thüringische Eichsfeld war für uns, die wir nach dem Krieg aufwuchsen, ein Gebiet, das wir nur von der Landkarte oder von Verkehrsschildern her kannten. Auf den Hinweiszeichen in Duderstadt stand zum Beispiel die Nachbarstadt „Worbis". Allerdings konnten wir nie dorthin. Auch der Zugang zu den ehemaligen Duderstädter Dörfern wie

Ecklingerode oder Teistungen, die im Sperrstreifen lagen, blieb uns verwehrt. Die Familien aber hielten weiterhin Kontakt und halfen sich. Entweder sie telefonierten, schickten sich Briefe und Pakete oder trafen sich außerhalb des Sperrgebietes. Selbst bei der Wasserversorgung funktionierte während der DDR-Zeit der Zusammenhalt im Eichsfeld, denn das Trinkwasser für Duderstadt kam aus Thüringen, aus einer Brunnenanlage bei dem Dorf Brehme.

Wenn ich damals vom Studium in Münster oder mit meiner Familie aus dem Münsterland oder aus dem Ruhrgebiet wieder nach Duderstadt kam, hatte ich immer ein wenig das Gefühl, jetzt komme ich wieder dorthin, wo die Welt von drei Seiten verschlossen ist. Das war schon ein beengendes Gefühl. Dieses „Von-drei-Seiten-zu-Gefühl" wurde etwas geringer, als 1973 der kleine Grenzverkehr am Grenzübergang Duderstadt-Worbis eingerichtet wurde. Die Ampeln schalteten auf Grün. Unsere Neugierde wurde geweckt. Ab diesem Zeitpunkt konnten wir mit bestimmten Visa wieder in die drei grenznahen Kreise der DDR fahren, unsere Verwandten besuchen oder einfach die Städte anschauen. Die eigene Heimat war wieder erreichbar.

Als sich die Grenze Anfang November 1989 dann endgültig offnete, war das erst überraschend, dann absolut überwältigend. Einen Abend vorher glaubte ich nicht daran, als Schabowski verkündete, die Grenzen seien offen. Am nächsten Morgen war der Platz vor St. Cyriakus dann plötzlich voller Trabbis. Duderstadt wurde in diesen Tagen von Hunderten, ja, von Tausenden DDR-Bürgern besucht. Auf der Marktstraße ging es zu wie auf der Fifth-Avenue in New York. So war es wirklich, und so ging es über Tage, über Wochen. Eine große Aufbruchstimmung erfasste ganz Duderstadt. Es kamen Menschen in Kontakt, die sich vorher gar nicht kannten – auf den Straßen, in den Geschäften, in den Gaststätten. Wir selbst haben wildfremde Menschen nach Hause eingeladen, teilweise haben sie bei uns übernachtet. Das sind meine stärksten Erinnerungen – an die zwischenmenschlichen Beziehungen, die in dieser Zeit entstanden. Zufällig waren an dem Wochenende der Grenzöffnung meine Studienfreunde aus Münster, Lingen und Osnabrück zu Besuch – sie kommen immer Anfang November zum Gänseessen. Wir waren tagelang nicht im Bett, sind ständig rausgegangen, haben mit den Leuten gefeiert. Wir wollten keine Minute dieser Stimmung verpassen. Ein noch heute beliebter Spruch meiner Studienfreunde ist: „Herbert,

Blick auf die St. Cyriakus Kirche

wann machste wieder mal 'ne Grenze auf?“ Ich erinnere mich noch ganz genau, als ich das erste Mal mit Freunden „rübergegangen“ bin. Ecklingerode war der erste Ort, hier wohnte meine Verwandtschaft. Das ganze Dorf war voll von Duderstädtern. Es war ein Gewusel, eine freudige Stimmung. Eine Familie, deren Trabbi schon voll besetzt war, hat uns dann noch nach Wehnde mitgenommen. Dort haben wir gemeinsam in einem Gasthaus gefeiert. Es war überwältigend.

Was ist geblieben von dieser außergewöhnlichen Aufbruchstimmung 1989? Die heute gelebte Wiedervereinigung eines Kulturraums ist in meinen Augen ein echter Gewinn, wenn sie vielleicht auch nicht mehr so euphorisch wie damals wahrgenommen wird. Der Kontakt zwischen Duderstadt und dem thüringischen Obereichsfeld ist heute gut – das ist in anderen Regionen nicht so. Duderstadt und die alten Duderstädter Dörfer gehören auch wieder zusammen, auch wenn letztere in Thüringen liegen. Und ich empfinde es heute immer noch als sehr wohltuend, wenn ich Duderstadt von Ecklingerode oder vom Ohmberg aus betrachte. Ein Blick, den wir 45 Jahre lang nur aus dem Geschichtsbuch oder von einem Merian-Stich kannten.

Vom Hof meines Hauses erblicke ich Tag für Tag die beiden Türme der St. Cyriakus Kirche. Die Kirchenglocken – sie machen für mich den Klang der Stadt aus. Das gehört zu meinem Duderstadt-Gefühl einfach dazu. Als ich in Münster studierte, empfand ich es immer als wohltuend, wenn die Glocken der Kirchen dort am Samstag den Sonntag einläuteten. Das war mir aus meiner Kindheit in Duderstadt, wo ich oft die Schulferien verbrachte, noch sehr vertraut.

Die alten Glocken der St. Cyriakus Kirche wurden im zweiten Weltkrieg zu Waffen verarbeitet. Damit war der für Duderstadt typische Klang erst einmal Geschichte. Das Geläut von St. Cyriakus war auf jenes von St. Servatius abgestimmt. Es muss ein sehr schönes, eindrucksvolles Stadtgeläut gewesen sein. Davon berichten alte Duderstädter. Ich habe es jedoch nie gehört. Im Jahr 1951 konnten zunächst vier kleinere Glocken wieder eingesetzt werden. Die Menschen spendeten Kupfer und Geld. Aber immer noch fehlen die größten Glocken, und der Klang Duderstadts ist noch nicht wieder vollständig hergestellt.

Viele andere und ich haben die Hoffnung jedoch nie aufgegeben. Ende 2009 haben wir den Glockenbauverein gegründet. Dank sehr großzügiger Spenden können wir nun die fehlenden Glocken gießen lassen. Toll finde ich, dass selbst auf Familien- oder Trauerfeiern Geld für die Glocken gesammelt wird oder dass zu diesem Zweck eine Benefiz-CD der Duderstädter Creutzburg-Orgel entstand. Auch die barocke Orgel konnte dank gemeinsamen Engagements wiederhergestellt werden. Im November/Dezember 2011 wird das Geläut wieder im vollständigen Umfang erklingen. Der Duderstädter Klang – in Einklang mit St. Servatius – wird wieder Wirklichkeit sein.

Gemeinschaftliches Engagement sehe ich aber auch an anderer Stelle. Zum Beispiel beim Erhalt des Standorts der Bundespolizei in Duderstadt. Als ehemaliger Bundesgrenzschutz ist die Bundespolizei der zweitgrößte Arbeitgeber der Stadt. Aber auch darüber hinaus hat die Bundespolizei eine wichtige Funktion für die lokale Wirtschaft. Beamte müssen sich und ihre Familien versorgen, die Bundespolizei verbraucht Strom, Fahrzeuge müssen repariert werden, um nur einiges zu nennen. Der Erhalt der Bundespolizei stand mehrfach auf der Kippe. Es gibt sie heute immer noch in Duderstadt, und das hat vor allem damit zu tun, dass jeder den Erhalt der Bundespolizei gefordert hat.

Mit einiger Sorge verfolge ich jedoch das Vereinsleben in Duderstadt. Eigentlich ringen alle Vereine zunehmend um Mitglieder. Vor allem die jungen Menschen lassen sich kaum für das Vereinsleben gewinnen.

Warum ist das so? Das liegt sicherlich zum einen an der stärkeren zeitlichen Belastung durch die Schule. Auch wenn Jugendliche Duderstadt nach der Schulzeit für die Ausbildung oder das Studium verlassen, sind sie nicht nur für Duderstadt, sondern auch für die Vereine verloren. Die Jugendlichen haben aber heute auch einen stärkeren Drang zur Individualisierung. Sie wollen frei für sich entscheiden, was sie wann mit wem machen. Sie organisieren lieber private Feten oder gehen gemeinsam in die Disco. Diese Dinge passen vielleicht nicht mehr so gut zur traditionellen Philosophie der Vereine. Vor allem die festen Zeiten, um im Sportverein zu trainieren, um im Heimatverein historische Themen aufzubereiten oder auch mal Arbeitseinsätze zu machen, all das wirkt auf Jugendliche heute nicht sehr verlockend. Junge Leute sagen mir auch: „Wir haben keine Lust, uns mit den Älteren rumzuärgern, die sind ja sowieso nur am Mosern." Da gibt es sicherlich ein Kommunikationsproblem zwischen den Generationen. Wenn allerdings dieser Trend anhält, wird das Vereinsleben weiter geschwächt, Vereine werden sich auflösen. Schon jetzt schließen sich zum Beispiel Sportvereine auf den Dörfern zusammen, damit sie irgendwie eine spielfähige Fußballmannschaft zusammenbekommen. Es muss also etwas getan werden.

Überrascht hat mich jedoch ein Event, dass im Frühsommer 2011 so richtig Leben in die Innenstadt gebracht hat – die Duderstädter Musiknacht. Das war mal was Neues. Eine tolle Stimmung und Leben in der Stadt. Es war rappelvoll. Zur Duderstädter Musiknacht waren im Gegensatz zu anderen Zeiten, in denen die Innenstadt an den Abenden häufig leblos wirkt, überall Menschen, überall spielte Musik – in und vor den Kneipen. Der Gästestrom machte alles gleich viel lebendiger. Es waren ganz andere Geräusche als sonst zu hören. Ich habe plötzlich Menschen getroffen, die ich in letzter Zeit nur selten oder gar nicht mehr in der Innenstadt gesehen hatte. Die Leute freuten sich über dieses Event. Ich glaube zwar nicht, dass die Innenstadt nur durch solche Veranstaltungen lebendiger wird. Dazu braucht es mehr. Aber immer dann, wenn es Events vor der Oberkirche und in der Innenstadt gab – ich denke dabei an die Superfeste mit James Last, Peter Maffay, Nena, Karat, Silbermond und der Band Queensberry – war heftig was los. Und das ist gut so.

Interview und Text: Meike Caselmann und Sebastian Tränkner

BIOGRAPHISCHE ANGABEN

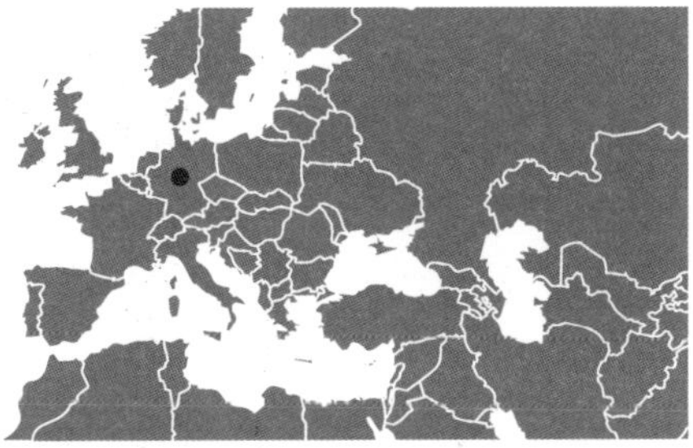

Herbert Pfeiffer, 1944 in Duderstadt geboren, wuchs bis zu seinem 13. Lebensjahr in Osterode am Harz auf, lebte dann bis zu seiner Ausbildungszeit in Duderstadt. Nach der Lehre zum Elektromechaniker am Max-Planck-Institut im eichsfeldischen Lindau diente er bei der Bundeswehr in Hann. Münden. Danach studierte er Geographie, Technik und Deutsch in Münster in Westfalen, legte dort das erste Staatsexamen ab und begann am 1.1.1973 seine Lehrtätigkeit an der Vorgängerschule der St.-Ursula-Schule Duderstadt. Nach dem 2. Staatsexamen bestand er in Göttingen die Lehramtsprüfung als Realschullehrer. An der St.-Ursula-Schule blieb er während seiner gesamten beruflichen Laufbahn.

SEBASTIAN TRÄNKNER

WOHIN GEHT DIE REISE?

PLÄDOYER FÜR MEHR KOOPERATION IM TOURISMUS

Tourismus in kleineren Städten Niedersachsens – kein Wachstumsmarkt

Städte erfreuen sich zunehmender Beliebtheit bei Reisenden und Tagestouristen. Hervorgerufen vor allem durch die positiven Entwicklungen im Geschäfts-, Messe- und Eventtourismus profitieren von den Wachstumstrends überdurchschnittlich die Städte Niedersachsens mit über 100.000 Einwohner/innen (Entwicklung der Übernachtungszahlen von 1999 – 2009: Hannover +60,3 %, Wolfsburg +67,3 %, Oldenburg +46,4 %). Dagegen konnten Klein- und Mittelstädte bis 100.000 Einwohner/innen viel weniger von diesen Trends profitieren. Sie verfügen über geringere eigene Ressourcen und Potenziale, um touristische Leuchttürme zu entwickeln, touristische Infrastrukturen bereitzustellen und Angebote schlagkräftig zu bewerben (Tourismusbarometer 2010).

ANZAHL DER ÜBERNACHTUNGEN 2009

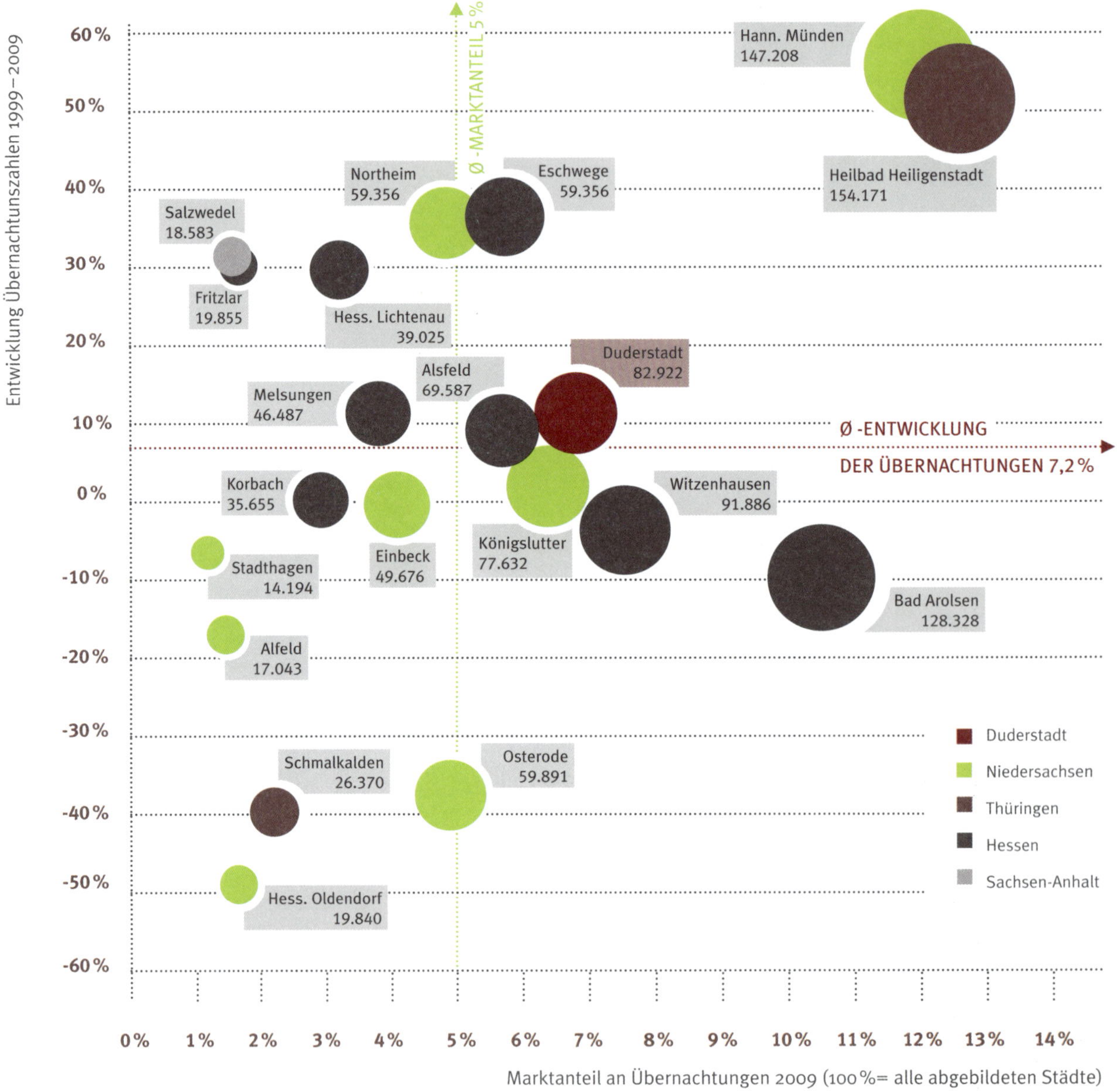

Die waagerechte Achse stellt den Marktanteil der jeweiligen Stadt, gemessen an den Übernachtungen 2009 aller im Diagramm abgebildeten Städte dar. Alle Städte des Diagramms summieren sich auf 100 % Marktanteil. Die senkrechte Achse bildet die Entwicklung der Übernachtungen in den ausgewählten Städten zwischen 1999 und 2009 ab. Der Vergleich mit der 0 %-Marke zeigt an, ob für die jeweilige Stadt ein Gewinn oder Verlust an Übernachtungsgästen vorliegt. Die gestrichelte rote Linie zeigt den durchschnittlichen Anstieg der Übernachtungen aller im Diagramm vertretenen Städte an. Die gestrichelte grüne Linie zeigt den durchschnittlichen Marktanteil aller im Diagramm abgebildeten Städte. Die Blasengröße bildet das jeweilige Marktvolumen in absoluten Übernachtungszahlen ab.

Erläuterung zur Städteauswahl:

Städte der Fachwerkstraße oder der Märchenstraße zwischen 10.000 – 30.000 Einwohner/-innen im 100-km-Radius der Großstädte Göttingen, Erfurt, Kassel und Braunschweig

Übernachtungszahlen zwischen 10.000 und 150.000 pro Jahr

Übernachtungszahlen ohne Campinganteil, für Städte in Hessen ab 2008 inkl. Camping

Ausgewählte Städte betreiben touristisches Marketing und stellen touristische Infrastrukturen wie Tourist-Informationen bereit

Marktanteile und Entwicklungstendenzen der Übernachtungen von Duderstadt im Vergleich zu ausgewählten Fachwerkstädten der Fachwerk- oder Märchenstraße zwischen 10.000 und 30.000 Einwohnern in Niedersachsen, Hessen, Thüringen und Sachsen-Anhalt. Quellen: Statistische Landesämter Niedersachsen, Hessen, Thüringen und Sachsen-Anhalt, Bearbeitung: Sebastian Tränkner)
Datengrundlage: Statistiken zu Übernachtungen in Beherbergungsbetrieben > 9 Betten der statistischen Landesämter der Bundesländer Niedersachsen, Hessen und Sachsen-Anhalt
Übernachtungszahlen für hessische Gemeinden ab 2008 inkl. Camping | Abb. 17

Eine Analyse der Übernachtungszahlen von 20 Fachwerkstädten zwischen 10.000 und 30.000 Einwohnern in Niedersachsen, Hessen, Thüringen und Sachsen-Anhalt im Zeitraum 1999–2009 unterstreicht diese Tendenz (vgl. Abb. 17). Die durchschnittliche Entwicklung der Übernachtungszahlen beträgt für diese Städte in diesen Jahren +7,2 %. Das Bild ist jedoch heterogen. Städte wie Heilbad Heiligenstadt (Kur- und Rehaklinik/Vitalbad) mit deutlichen Wachstumstendenzen stehen Städten wie Osterode (Strukturkrise des Tourismus im Westharz) mit deren starken Verlusten gegenüber. Eine individuelle Betrachtung der jeweiligen Stadt ist also unverzichtbar, wenn die Ursachen für die Entwicklungen im Städtetourismus bewertet werden sollen.

TOURISMUS IN DUDERSTADT – GUTE POTENZIALE, ABER STAGNIERENDER MARKT

Duderstadt – eine Stadt mit Charme: historische Fachwerkstadt, ca. 30 km östlich von Göttingen im Untereichsfeld, nur wenige Kilometer von der ehemaligen deutsch-deutschen Grenze zwischen Niedersachsen und Thüringen gelegen. Das touristische Kapital Duderstadts liegt vor allem in seiner historischen städtebaulichen Substanz. Das mittelalterliche Erscheinungsbild mit historischem Stadtkern, Fachwerkhäusern, Wallanlagen und dem Stadtpark ist sowohl für Tages- als auch für Übernachtungsgäste der wichtigste Grund nach Duderstadt zu kommen. Das gemütliche Flair zu genießen, Sehenswürdigkeiten anzuschauen, eine Stadtführung zu machen, die regionale Küche zu genießen, durch Einkaufsstraßen zu bummeln und Märkte zu besuchen sind die Hauptmotive der Duderstadt-Gäste (Theele 2011). Spezielle Zielgruppen werden unter anderem durch das Jugendgästehaus (Tagungen und Seminare im Themenbereich soziale Integration), das Kolping Ferienparadies (Familienfreizeiten/Spiritualität) oder die Heinz Sielmann Stiftung (Naturerlebnis/Umweltbildung) angesprochen. Vergleicht man Duderstadt mit weiteren Fachwerkstädten aus dem Einzugsgebiet der Oberzentren Kassel, Göttingen, Erfurt und Braunschweig, die nicht über Rehakliniken (wie das Heilbad Heiligenstadt im Obereichsfeld) oder bekannte touristische Leuchttürme (wie die Kur- und Festspielstadt Bad Hersfeld) verfügen und damit über einen großen Zustrom von Gästen, dann belegt Duderstadt unter den betrachteten Städten bezüglich des Marktanteils von Übernachtungsgästen im Jahr 2009 zunächst einen vorderen Rang (vgl. Abb. 17). Verantwortlich für diese vordere Stellung sind vor allem die größeren touristische Betriebe, wie das Jugendgästehaus oder das Kolping Ferienparadies. Allein diese beiden Betriebe kommen zusammen auf über 50 % der gesamten Übernachtungen in Duderstadt, bezogen auf die 15 durch die amtliche Statistik erfassten Beherbergungsbetriebe Duderstadts.

Zwischen 1999 und 2009 nahmen die Übernachtungszahlen in Duderstadt um 11,3 % zu. Damit befindet sich Duderstadt in einer Gruppe von Städten mit einer leichten Zunahme der Übernachtungen. Innerhalb dieser Zeitspanne wird jedoch eine negative Entwicklung deutlich (vgl. Abb. 18). Stiegen die Gästeankünfte und Übernachtungszahlen bis 2002 noch merklich bis auf über 107.000 Übernachtungen an, war die Entwicklung zwischen 2002 und 2009 beinahe kontinuierlich rückläufig. 2010 setzte sich dieser Trend fort. Hier wurden lediglich 78.837 Übernachtungen und damit fast der Stand von 1999 erreicht (Daten: Niedersächsisches Landesamt für Statistik).

Gleichzeitig sind die Kapazitäten der Beherbergungsbetriebe in den vergangenen Jahren stetig gestiegen. Folglich sank die Auslastung der Beherbergungsbetriebe. Sie lag 2010 durchschnittlich bei nur 21,9 % (Niedersachsen 2009 ca. 30 %), allerdings mit großen Schwankungen zwischen den einzelnen Betrieben.

Ein weiteres Indiz für die rückläufige Entwicklung im Städtetourismus in Duderstadt ist auch das nachlassende Interesse an Stadtführungen (vgl. Abb. 19). Während im Landestrend die Nachfrage seit Jahren zunimmt (Tourismusbarometer 2010), ging sie in Duderstadt in den letzten Jahren zurück (Fachdienst Tourismus der Stadt Duderstadt).

Die Ursachen für die rückläufigen Tendenzen im Übernachtungstourismus Duderstadts sind vielfältig. Der fehlende Autobahn- und Eisenbahnanschluss, ein attraktives, aber auch mit anderen Regionen vergleichbares Landschaftsbild sind Nachteile, die den Wettbewerb mit anderen Fachwerkstädten erschweren, die über größere Standortvorteile verfügen (z. B. 3-Flüssestadt Hann. Münden mit Autobahn- und Bahnanschluss, am Rand des Naturparks Münden gelegen).

Auch die politischen Rahmenbedingungen haben sich geändert. Zum Beispiel kürzen die Bundeswehr und andere Sozialträger Mittel für Seminare und Schulungen. Die organisierten und staatlich geförderten Grenzbeobachtungsfahrten – bis zur deutsch-deutschen Wiedervereinigung das Alleinstellungsmerkmal für den Duderstadttourismus mit jährlich rund 30.000 Übernachtungen – gibt es heute nicht mehr.

ENTWICKLUNG DER ÜBERNACHTUNGEN UND GÄSTEANKÜNFTE IN DUDERSTADT

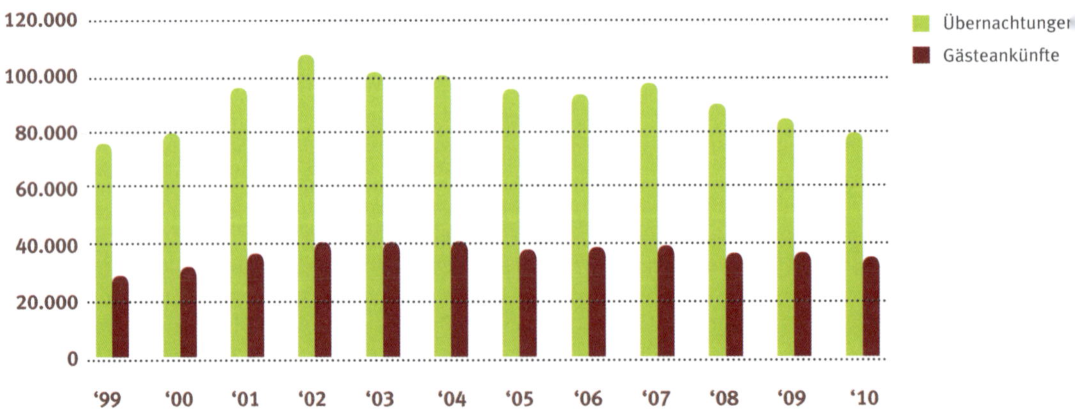

Entwicklung der Übernachtungen in Beherbergungsbetrieben (> 9 Betten) und der Gästeankünfte in Duderstadt zwischen 1999 und 2009.
Quelle: Statistisches Landesamt Niedersachsen, Bearbeitung: Sebastian Tränkner | Abb. 18

GÄSTEZAHLEN BEI STÄDTISCHEN STADTFÜHRUNGEN IN DUDERSTADT

Entwicklung der Gästezahlen bei städtischen Stadtführungen in Duderstadt zwischen 2000 und 2009.
Quelle: Fachdienst Tourismus der Stadt Duderstadt | Abb. 19

Vor allem durch die intensiven Bestrebungen der Stadt Duderstadt in der Vergangenheit konnten größere touristische Betriebe wie das Jugendgästehaus, das Kolping Ferienparadies und attraktive Freizeiteinrichtungen wie die Heinz Sielmann Stiftung oder das Grenzlandmuseum Teistungen in und um Duderstadt angesiedelt werden. Die benannten Lagenachteile Duderstadts werden durch diese jeweils auf bestimmte Zielgruppen ausgerichteten touristischen Angebote teilweise ausgeglichen. Duderstadt kann sich dadurch im Wettbewerb um Gäste im Vergleich mit anderen Fachwerkstädten aktuell behaupten (siehe Abb. 17). Die stagnierenden Gäste- und Übernachtungszahlen machen jedoch auch deutlich, dass die aktuelle Ausrichtung auf Gäste, die durch staatliche Programme oder von Verbänden nach Duderstadt kommen, kein Wachstumsmarkt mehr darstellt.

Der Tourismus Duderstadts befindet sich also seit einiger Zeit in einem Strukturwandel. Ein Orientierungsprozess zur stärkeren Ausrichtung auf lokale Potenziale und daraus abgeleiteter touristischer Angebote erscheint notwendig. Die Frage ist, wie dieser Veränderungsprozess erfolgreich gestaltet werden kann, um die Gästezahlen zukünftig wieder zu steigern.

„Vor allem die Kombination aus Stadthistorie – Naturerleben – Grenzlanderleben ist ein Potenzial, aus dem ein echtes Alleinstellungsmerkmal für Duderstadt entwickelt werden kann.“
(H. Belz, Heinz Sielmann Stiftung, Interview am 12.8.2011)

TOURISMUSORGANISATION IM EICHSFELD UND IN DUDERSTADT – EIN FLICKENTEPPICH

Tourismus ist eine Querschnittsbranche. Viele Beteiligte sind an der Produktgestaltung und Vermarktung mit eigenen Zuständigkeiten beteiligt: von der öffentlichen Hand über Vereine und Verbände bis hin zu Wirtschaftsbetrieben (Fyall/Garrod 2005). Diese Vielfalt an Institutionen und Akteuren lässt sich nicht zentral steuern. Touristische Profilierung, Angebotsgestaltung und Vermarktung können nur durch einen vernetzten und kooperativen Ansatz aller am Tourismusgeschäft Beteiligten gestaltet werden.

„Rollireisen im Eichsfeld" mit dem Paraboot am Seeburger See

Die kooperative Tourismusorganisation ist jedoch ein Ideal aus dem Lehrbuch. Die Realität sieht in Städten und Regionen häufig anders aus. Viele Institutionen auf Bundes- und Landesebene, in der Region und auf lokaler Ebene mit unterschiedlichsten räumlichen Zuordnungen betreiben mit jeweils zu geringen Ressourcen Tourismusmarketing. Verschiedene Institutionen und Akteure mit individuellen Interessen, Zielen und Handlungslogiken treffen dabei aufeinander. Werden diese nicht miteinander abgestimmt, ergeben sich daraus häufig eine fehlende Bündelung und unzureichende Koordinierung touristischer Aktivitäten. Dies sind die gravierendsten Ursachen für die fehlenden Entwicklungen im Tourismus (Tourismusbarometer 2011).

So sind auch im Eichsfeld verschiedenste Institutionen an der Tourismusorganisation beteiligt:

- der Heimat- und Verkehrsverband Eichsfeld (HVE, Eichsfeld Touristik e.V.), der zentrale Dachverband für den Tourismus der gesamten Region Eichsfeld
- der Harzer Verkehrsverbund (HVV)
- Fachverbände wie der Deutsche Hotel- und Gaststättenverband DEHOGA
- touristische Netzwerke wie die Fachwerk- oder Märchenstraße
- Regionalmarketinginitiativen wie „Eichsfeld pur"
- Großschutzgebiete wie der Naturpark Eichsfeld-Hainich-Werratal
- private Buchungsplattformen wie „Urlaub mitten in Deutschland" sowie
- thematische Netzwerke wie „Rollireisen im Eichsfeld"

Eine Koordinierung der touristischen Angebotsgestaltung und Vermarktung, die auch zwischen Niedersachsen und Thüringen bundeslandübergreifend angelegt sein müsste, besteht zwischen den Institutionen jedoch kaum. Ein Marketingausschuss beim HVE tagt nur unregelmäßig (Quelle: Interview). Ein gemeinsames Gremium für die abgestimmte touristische Angebotsgestaltung und Vermarktung der Region ist folglich nicht vorhanden.

Die Stadt Duderstadt ist der Hauptakteur im touristischen Marketing für den Standort Duderstadt. Auf lokaler Ebene sollten idealerweise folgende Aufgaben wahrgenommen werden (Tourismusbarometer 2011):

- Produkt- und Angebotsentwicklung
- Gästeservice und Betreuung, Vertrieb
- Vermarktung in Abstimmung mit Region und Landesebene
- Infrastrukturplanung, -umsetzung und -betrieb
- Interessenvertretung gegenüber der Bevölkerung, der Politik und den Tourismusorganisationen

Christian Zöpfgen, Fachdienstleiter Tourismus:
„Ich bewege in Duderstadt im Team mit unseren Damen in der Gästeinformation in erster Linie die Dinge, die für unsere Besucher und Urlaubsgäste interessant und wichtig sind."

Tourismus ist jedoch eine freiwillige Aufgabe der Kommune und daher in Zeiten schwieriger kommunaler Haushaltslagen eher von finanziellen Kürzungen betroffen, als kommunale Pflichtaufgaben. Ein eigener Etat für das Tourismusmarketing auf städtischer Ebene ist nicht vorhanden (Auskunft Fachdienst Tourismus Duderstadt). Folgende Aufgaben erfüllt Duderstadt aktuell: die Bereitstellung der touristischen Basisinfrastruktur im öffentlichen Raum wie die touristische Beschilderung in Stadt und Umland (z.B. Wanderwege) sowie die Führung einer Touristeninformation mit Gästebetreuerinnen. Mit dem aktuell von der Stadt Duderstadt durchgeführten Projekt „Erlebnisstationen einer mittelalterlichen Stadt", dass die Sanierung eines weiteren Abschnitts des Westerturmensembles, die Neugestaltung des Schützenmuseums und den touristischen Ausbau des historischen Rathauses beinhaltet, werden wichtige Rahmenbedingungen für die weitere Tourismusentwicklung geschaffen.

Darüber hinaus werden Imagebroschüren erstellt und Stadtführungen auf Anfrage angeboten. Ein Café am Westerturm hält als Servicepartner der Touristeninformation ein Info-Terminal bereit. Hoteliers und Gastronomen sind mit ihren Angeboten und Pauschalarrangements auf der stadteigenen Homepage vertreten. Direkt buchbar sind die Angebote dort indes nicht. Weiterführende touristische Links sind auf der Homepage nur eingeschränkt zu finden. Eine aktive Rolle spielt Duderstadt in Zusammenarbeit mit der Initiative „Rollireisen im Eichsfeld" bei der Entwicklung barrierefreier Angebote für Menschen mit Mobilitätseinschränkungen.

Christian Zöpfgen im Gespräch mit Sebastian Tränkner vor der Kulisse des Westerturms und dem neuen Schützenmuseum

Über den Fachdienst Tourismus hinaus bearbeiten der Treffpunkt Stadtmarketing als Vertretung des innerstädtischen Einzelhandels vor allem das Thema „Shopping und Märkte", die LNS-GmbH als 100%-ige Tochter der Stadt Duderstadt das Thema „Kultur" (z. B. Duderstädter Kultursommer, Organisation „Tag der Niedersachsen 2012") oder die Theater- und Konzertvereinigung e.V. tourismusrelevante Themen (z. B. Duderstädter Musiknacht). Eine gemeinsame Angebotsgestaltung und Abstimmung dieser Institutionen bestehen allenfalls punktuell.

„Die Kontakte zum Treffpunkt Stadtmarketing sind gut, die Zusammenarbeit könnte jedoch intensiver sein."
(Ch. Zöpfgen, Leiter Fachdienst Tourismus der Stadt Duderstadt, Interview vom 17.06.2010)

Die touristische Angebotsgestaltung und Vermarktung hat Duderstadt größtenteils an den Heimat- und Verkehrsverband Eichsfeld (HVE/ Eichsfeld Touristik e.V.) delegiert. Hier zahlt Duderstadt einen Mitgliedsbeitrag. Ziel ist es, zusammen mit dem HVE gemeinsame Angebote und Pauschalarrangements u.a. zu den Themen Städtetourismus, Aktivurlaub, Genusstouren oder Grenzlanderfahrungen zu entwickeln, die über ein Reservierungssystem buchbar sind. Eine Analyse der Homepage des HVE zeigt jedoch, dass touristische Informationen zu Duderstadt, zu speziellen Angeboten und Buchungsmöglichkeiten auch hier nur eingeschränkt abrufbar sind. Die Angebote und Aktivitäten des HVE werden überdies von Touristiker/-innen aus Duderstadt zwar als interessant und gut bewertet (Quelle: Interviews), sie fühlen sich jedoch durch den HVE, der überwiegend von Kommunen und touristischen Leistungsträgern aus dem thüringischen Obereichsfeld finanziert wird, bisher zu wenig vertreten.

Die Politik habe einen zu großen Einfluss bei tourismusrelevanten Entscheidungen. Aktuell sind es vor allem die Kommunen wie der Landkreis Eichsfeld oder die Stadt Duderstadt, Heimatvereine und Tourismusverbände, die als Mitglieder die Entscheidungsprozesse des HVE und damit auch die inhaltliche Ausrichtung bei der Angebotsgestaltung und beim Tourismusmarketing maßgeblich prägen. Touristische Unternehmen sind im HVE dagegen nicht vertreten (Analyse der Mitgliederliste des HVE, Stand November 2010). Sie können ihre Interessen lediglich indirekt über die beteiligten lokalen Tourismusverbände oder den Kreisverband Duderstadt des Deutschen Hotel- und Gaststättenverbands einbringen. Direkt können sie sich jedoch nicht in die Entscheidungsprozesse einbringen. Die Mitgestaltungs- und Mitentscheidungsmöglichkeiten für Wirtschaftsakteure werden daher auch als nicht ausreichend bewertet (Quelle: Interviews).

STADT UND UMLAND – ANGEBOTE ERGÄNZEN SICH, VERNETZUNG IST ABER AUSBAUFÄHIG

Städten der Größe Duderstadts gelingt es nur in Ausnahmefällen, genügend touristisches Potenzial aus eigener Kraft zu entfalten. Die Verweildauer von Tagesgästen in Duderstadt liegt bei ungefähr vier Stunden (Theele 2011). Bei den Städteurlauber/innen in Niedersachsen handelt es sich überwiegend um ältere Gäste, die statt Action eher Ruhe und Entschleunigung suchen und besonders die Kombination der Angebote innerhalb der Stadt mit den natur- und landschaftsbezogenen des Umlands schätzen (Touristische Ent-

v.l.n.r.: Blick von der Stadtmauer auf das Wahrzeichen Westerturm und das neue Schützenmuseum; Hotel „Zum Löwen"; Blick durch die Apothekenstraße

wicklungsstrategie Niedersachsen 2015). Dieser Befund deckt sich auch mit aktuellen Untersuchungen für Duderstadt. Der zweitwichtigste Grund, warum Gäste nach Duderstadt kommen, sind danach die ergänzenden Angebote für Kultur- und Naturerleben in der Region Eichsfeld. Als bevorzugte Besuchsziele gelten dabei insbesondere die nah an Duderstadt gelegene Heinz Sielmann Stiftung, der Seeburger See (Naturerleben/Umweltbildung) sowie das Grenzlandmuseum in Teistungen (Erinnerungskultur deutsch-deutsche Teilung). Die Heinz Sielmann Stiftung besuchten beispielsweise ca. 70 % der in einer aktuellen Untersuchung befragten Duderstadt-Gäste (Theele 2011). Insofern ergänzen sich Duderstadt und die Region mit ihren Angeboten – eine Tatsache, die eine regionale Betrachtung bei Vernetzung und Marketingaktivitäten erforderlich macht.

Abgesehen von den größeren Anbietern wie Jugendgästehaus, Kolping Ferienparadies, Franz Josef Otto GmbH (u.a. Hotel zum Löwen, Hotel zum Kronprinzen, Graf Isang) und Heinz Sielmann Stiftung ist das Angebot an Unterkünften, Gastronomie und Freizeiteinrichtungen kleinteilig strukturiert. Das erschwert grundsätzlich ein aufeinander abgestimmtes Marketing. In der Angebotsgestaltung und Vermarktung sind die touristischen Betriebe bisher kaum miteinander vernetzt. Ihre Zusammenarbeit beschränkt sich hauptsächlich auf die Weitervermittlung von Gästen, wenn eigene Kapazitäten nicht ausreichen, das Einbeziehen von Partnerangeboten zur Attraktivitätssteigerung der eigenen Angebote und wechselseitiges Auslegen von Informationsflyern.

Gleichwohl wird die Qualität der Zusammenarbeit, auch wenn sie nur punktuell stattfindet, zumindest von den führenden Anbietern als gut und eingespielt bewertet (Interviews mit Vertretern Fachdienst Tourismus, Kolping Ferienparadies, Heinz Sielmann Stiftung und Jugendgästehaus).

> „Der Draht unter den Tourismusakteuren ist kurz, der Umgang pragmatisch, die Kontakte sind eingespielt. Selbst den Bürgermeister bekommt man schnell ans Telefon, wenn es mal sein muss. Das gibt es woanders nicht."
> (M. Simmert, Jugendgästehaus Duderstadt, Interview am 11.8.2011)

Die bestehende Zusammenarbeit gerade der großen Anbieter offenbart jedoch auch ein recht geschlossenes Netzwerk. Man kennt sich und greift auf eingespielte Kontakte zurück. Zweifelsohne können dadurch gemeinsame Projekte schnell umgesetzt werden. Die Kreativität, die durch Einbeziehung neuer Akteure entstehen kann, sowie andere entscheidende Potenziale von offenen Netzwerken werden jedoch nicht genügend genutzt. Chancen auf Innovationen, wie zum Beispiel neue attraktive Angebote, gehen dabei verloren.

Zwischenfazit: Die Aufgabenverteilung in der touristischen Angebotsgestaltung und Vermarktung – sowohl zwischen Institutionen auf lokaler und regionaler Ebene als auch unter den touristischen Leistungsträgern – ist zurzeit wenig koordiniert. Der Stadtverwaltung Duderstadt, momentan dominanter Akteur im Tourismusmarketing, bei der Bereitstellung der touristischen Infrastruktur und touristischer Serviceleistungen, fehlen notwendige Ressourcen für eine Professionalisierung der eigenen Arbeit. Die Zusammenarbeit unter den touristischen Betrieben Duderstadts bei der Angebotsgestaltung und der Vermarktung wird als verbesserungsfähig eingestuft. Touristiker aus Duderstadt halten die Zusammenarbeit mit dem regionalen Dachverband HVE/Eichsfeld Touristik e.V. und seine koordinierende Funktion im Tourismusmarketing der Region für entwicklungsfähig. Der HVE wird nicht als Interessenvertretung der Wirtschaftsakteure aus dem Tourismus wahrgenommen. Ein touristisches Alleinstellungsmerkmal, das Duderstadt von seinen Konkurrenten abhebt und an den spezifischen Potenzialen von Stadt und Umland ansetzt (Kombination aus Stadthistorie – Naturerleben – Grenzlanderleben), nehmen die Fachleute aus Verwaltung und Wirtschaft zwar wahr, als strategischer Ausgangspunkt für das Tourismusmarketing wurde es aber bisher nicht ausgearbeitet. Ein wirksames touristisches Marketing für Duderstadt ist demnach aktuell sowohl auf lokaler als auch auf regionaler Ebene lediglich in Ansätzen vorhanden.

GEMEINSAM ERFOLGREICH – PLÄDOYER FÜR EINE KOOPERATIVE TOURISMUSORGANISATION

Seit den 1990er Jahren hat sich die Wettbewerbssituation im Städtetourismus verschärft. Städte und Regionen bauen ihr Image professionell auf, indem sie sich zunehmend als Produktmarke und touristische Attraktion positionieren. Städtetouristen sind anspruchsvoll: sie erwarten Abwechslung, neue Attraktionen und Events. Die Gäste verlangen verstärkt nach professionellem Service und Qualität. Gleichzeitig reagieren Touristen in Zeiten von Finanz- und Wirtschaftskrisen sensibler auf Preisschwankungen (Süddeutsche Zeitung 12.08.2011). Kommunen, deren Finanzhaushalte immer knapper bemessen sind, stehen vor der Frage, wie sie die touristische Basisinfrastruktur in Zukunft bereitstellen sollen (Tourismusbarometer 2011). Die Analysen haben gezeigt, dass die verstärkte Vernetzung und Kooperation aller in Duderstadt am Tourismus beteiligten Akteure sinnvoll und nötig ist, um im Wettbewerb gegen andere Städte bestehen zu können, über eine gezielte Vermarktung neue

Anziehungspunkt in der Innenstadt für Besucher und Gäste – der Wochenmarkt

Gäste zu gewinnen und eine wirksame Interessenvertretung der Touristiker auf regionaler Ebene zu bilden.

„Wer, wenn nicht die Tourismusorganisationen in den Orten, soll die vielen kleinen und größeren Leistungsträger betreuen, informieren, beraten und somit zur Koordinierung der Angebote vor Ort beitragen?"
(Tourismusbarometer 2011)

Die lokale Tourismusorganisation wird hier als ein Netzwerk zwischen Unternehmen, Vereinen und Verbänden, der öffentlichen Hand und engagierten Bürger/-innen verstanden, das die bestehenden Strukturen und Bemühungen zur touristischen Entwicklung ergänzt. Eine verstärkte Zusammenarbeit dieser Akteure bietet die Chance, attraktivere touristische Angebote zu schaffen, in Abstimmung mit dem regionalen Dachverband zielgruppengenau zu vermarkten und die Interessen des Tourismusstandorts Duderstadts auch gegenüber der regionalen Ebene wirksam zu vertreten.

Eine intensivere Kooperation der Touristiker auf lokaler Ebene brächte zweifelsohne viele Vorteile für den Tourismusstandort Duderstadt und die beteiligten Unternehmen:

- Vielfältige Vorstellungen der Akteur/innen im Tourismus würden im Diskurs zu gemeinsamen Zielen zusammengeführt, Alleinstellungsmerkmal und touristische Schwerpunktthemen könnten vereinbart werden.
- Im offenen und häufigen Austausch fließen Informationen schnell hin und her. Kreative Potenziale werden so besser genutzt. So können beispielsweise Ideen zum Thema Shopping in der Innenstadt Duderstadts als strategisches Element von Einzelhandel- und Tourismusmarketing oder zu besonderen touristischen Winterangeboten entwickelt werden.
- Werden Leistungen gebündelt, erhöht das die Qualität des touristischen Angebots und die Aufmerksamkeit für Gäste. Zum Beispiel könnte der Weihnachtstreff, aktuell vom Treffpunkt Stadtmarketing organisiert, durch Einbezug weiterer Akteure aus Wirtschaft und Bürgerschaft zu einem attraktiven überregional bedeutsamen Weihnachtsmarkt ausgebaut werden.

- Arbeiten Akteure aus Verwaltung, Wirtschaft und Vereinen eng zusammen, lassen sich touristische Projekte realisieren, die von der öffentlichen Hand allein kaum gemeistert werden können (z. B. Organisation von Events, Ressourcen für Tourismusmarketing und für die Koordinierung des touristischen Netzwerks).

Unsere Workshops und Interviews haben gezeigt, dass die touristischen Leistungsträger grundsätzlich bereit sind, stärker miteinander und für den Tourismusstandort Duderstadt zu arbeiten. Für die Verwirklichung einer engeren Kooperation und eines höheren Engagements nennen die Akteure allerdings folgende Voraussetzungen:

- gegenseitiges Vertrauen und weniger Konkurrenzdenken
- eine moderierte Plattform für den regelmäßigen Austausch untereinander aber auch mit weiteren Akteuren – möglichen Projektpartnern und anderen am Tourismus Beteiligten – um gemeinsame Themenfelder und Projekte zu entwickeln, die allen Teilnehmenden einen Nutzen bringen (Win-win-Situation)
- eine effektivere Vertretung der Interessen der Touristiker/innen aus dem Untereichsfeld durch die regionalen Tourismusorganisationen, vor allem durch den HVE
- bessere Möglichkeiten, sich an Entscheidungen, die die touristische Entwicklung betreffen, auf lokaler und regionaler Ebene aktiv beteiligen zu können sowie neue Formen der Beteiligung: Bürgerinnen und Bürger sollten stärker in die Tourismusentwicklung einbezogen werden.

Die Koordination eines lokalen Netzwerks von Tourismusakteuren aus Wirtschaft, Verwaltung, Politik und der Bürgerschaft kann nicht parallel zum Tagesgeschäft laufen. Dazu bedarf es eines Netzwerkkoordinators. Ressourcen hierfür könnten zukünftig aus projektbezogenen Kofinanzierungen, aus Mitgliedergebühren der beteiligten Unternehmen und aus Fördergeldern kommen. Durch gemeinsam erfolgreich durchgeführte Projekte kann das Vertrauen in eine erfolgreiche Zusammenarbeit wachsen.

„Wenn wir nichts tun, dann plätschert der Tourismus in Duderstadt zukünftig so dahin."
(J. Ley, Kolping Ferienparadies, Interview am 11. August 2011)

Letztlich muss ein arbeitsteiliges Netzwerk, in dem Politik, Verwaltung, lokal ansässige Vereine und Verbände sowie touristische Leistungsträger gemeinsam Angebote erarbeiten und vermarkten, von den Beteiligten gewollt sein. Dies betrifft sowohl die Bündelung von Ressourcen und die Schaffung geeigneter Strukturen für den Austausch und die Moderation des Netzwerks auf lokaler Ebene als auch eine Öffnung von Entscheidungsstrukturen und effektive Mitgestaltungsmöglichkeiten auf der Ebene des regionalen Dachverbands HVE. Auf dieser Basis können innovative touristische Angebote entwickelt werden, die über die bestehenden touristischen Schwerpunkte hinausgehen. Eine effektive Arbeitsteilung in der Angebotsgestaltung und im Tourismusmarketing zwischen Stadt und Region kann entstehen. Es sind Prozesse, die einen langen Atem und die Offenheit bei allen Beteiligten voraussetzen. Als attraktives Reiseziel kann Duderstadt auf diese Weise jedoch langfristig eine Chance im Wettbewerb um Gäste haben.

LITERATUR

Bieger, Th. (2002): Management von Destinationen. R. Oldenbourg Verlag. München. | **Fyall, A; Garrod, B. (2005):** Tourism Marketing. A Collaborative Approach. | **In: Aspects of Tourism:** 18. Channel View Publications. Clevedon. | **Tourismusbarometer 2010 und 2011 Sparkassenverband Niedersachsen:** Sparkassen-Tourismus Niedersachsen – Jahresberichte 2010 und 2011. Hannover. | **Theele, T. (2011):** Tourismus in peripheren Räumen. Eine Studie zum Tourismus im Eichsfeld am Beispiel der Stadt Duderstadt. Masterarbeit am Geographischen Institut der Georg-August-Universität Göttingen.

Ulrich Thiele (58 Jahre, Astronom, bei Granada/Spanien)

Heimat – Erinnerungen, die sich gut anfühlen

Duderstadt – meine Heimat. Wenn ich an Duderstadt denke, fällt mir spontan das alte Rathaus ein, denn ich bin direkt gegenüber im Hause meiner Eltern in der Marktstraße aufgewachsen. So verbindet mich mit diesem Gebäude natürlich ein besonderes Gefühl. Überhaupt sind mir die ganze Marktstraße mit ihren beiden Kirchen, den Fachwerkhäusern und auch die Wochen- und Jahrmärkte in lebendiger Erinnerung geblieben. Die St.-Cyriakus-Kirche und das Gymnasium für Jungen haben mich in besonderer Weise geprägt. Die Kirche, da ich eine katholische Erziehung genoss und der Kirchenbesuch daher ein fester Bestandteil im Wochen- und Jahresablauf war. Und das Gymnasium für Jungen, dessen teils recht konservative Lehrer uns das Leben schwer machten. Aber es gab natürlich auch andere, jung und engagiert. Im Rückblick ist die Erinnerung an die Schulzeit insgesamt doch positiv.

In meiner Kindheit und Jugend haben mich darüber hinaus zahlreiche Schauplätze in Duderstadt und Umgebung geprägt. Orte, die lebhafte Erinnerungen in mir wecken.

Unsere regelmäßigen Sonntagsausflüge führten uns unter anderem zum Garten am Sandwasser, zum Wall mit seinen Anlagen, zu den Warten und den „Bergen" Duderstadts: Sulberg, Pferdeberg und Euzenberg. Aber vor allem der Leeren bleibt mir in Erinnerung, wo ich zusammen mit meinem Freund wohl mehr Zeit verbracht habe als irgendwo anders. Diese Nähe zur Natur war das, was ich am meisten an Duderstadt schätzte. Ein weiterer wichtiger prägender Ort, wenn gleich im negativen Sinne, war die innerdeutsche Grenze – die Zonengrenze. Es ist heute nur noch schwer vorstellbar, dass für uns Kinder knapp zwei Kilometer hinter Duderstadt die Welt endete.

Besonders geprägt haben mich natürlich meine Eltern und Geschwister, dann meine Lehrer. In sehr guter Erinnerung sind mir dabei die Lehrer Bernd und Schäfer aus der Volksschule, Studienassessor Schur und Studienrat Kracht vom Gymnasium für Jungen in Duderstadt geblieben. Sie verstanden es, uns Kindern nicht nur Wissen, sondern auch Spaß am Lernen zu vermitteln. Wichtig waren damals auch die Jugendfreunde, die mich neben den Eltern und der Schule natürlich am meisten beeinflussten. Sie sind allerdings heute leider in alle Winde verstreut.

Ulrich Thiele (Foto: privat)

In meiner Kinder- und Jugendzeit, die ich in Duderstadt verbrachte, habe ich alles Nötige für das weitere Leben mit auf den Weg bekommen – vor allem aber, dass eine intakte Familie etwas unschätzbar Wertvolles ist.

Duderstadt zu verlassen, war kein eigener Entschluss. Nach der Lehre bei der Landkreisverwaltung bin ich zur Bundeswehr einberufen worden. Der Wehrdienst dauerte damals noch 18 Monate und führte mich zunächst in die Eifel, dann nach Göttingen und schließlich nach Osterode. Es klingt seltsam, aber die Zeit bei der Bundeswehr hat tatsächlich mein Leben völlig umgekrempelt. Ich arbeitete, vielmehr, ich saß auf der Schreibstube und der Tagesablauf war so schrecklich langweilig, dass ich beschloss, nebenher etwas Vernünftiges zu tun und das Abitur auf dem Abendgymnasium nachzuholen. Dabei habe ich angefangen, mich auch für die Astronomie zu begeistern. Nach dem Ende der Bundeswehrzeit und der Abendschule studierte ich dann Physik und Astronomie in Göttingen. Die Arbeitsmöglichkeiten als Astronom waren damals jedoch begrenzt. Als ich das Angebot bekam, am Calar-Alto-Observatorium in Südspanien zu arbeiten, griff ich begeistert zu. Dort lebe und arbeite ich heute noch immer.

Meine Familie verbindet mich heute mit Duderstadt. Meine Eltern leben zwar nicht mehr, aber meine Geschwister mit Kindern und Enkeln wohnen zum überwiegenden Teil noch. Spanien ist recht weit weg, sodass wir uns nur alle ein bis zwei Jahre sehen. Aber wenn wir in die Heimat kommen, dann treffen wir uns häufig in unserer Heimatstadt. Die Jugendbekanntschaften haben sich dagegen leider verloren.

In den Gesprächen mit der Familie bekomme ich auch immer wieder mit, was sich gesellschaftlich in Duderstadt bewegt. Mein Eindruck ist, dass es eine Menge Engagement gibt. Ich denke da an die Lebenshilfe, die sich um die Integration geistig Behinderter kümmert und in der meine Familie engagiert ist, an kirchliche Aktivitäten wie zum Beispiel das Emmaus Jugendzentrum. Und das Projekt ‚DUDERSTADT2020', für das ich interviewt wurde, ist sicher auch ein Beispiel.

Wenn ich darüber nachdenke, was sich in Duderstadt in den letzten Jahren verändert hat, dann ist mein Eindruck, dass doch vieles noch so ist, wie es früher war. Natürlich gibt es auch Veränderungen. Der Wegfall der Grenze, wenngleich schon eine Weile her und für die Duderstädter zur Normalität geworden, macht sich für mich bemerkbar, vor allem durch die Möglichkeit, nun auch Orte zu besuchen, die vorher nicht zugänglich waren. Auch das Stadtbild hat sich verändert – zum Positiven. Die Fußgängerzone finde ich sehr gelungen, die ganze Stadt macht einen gepflegten Eindruck und wenn ich in der Stadt bin, schlendere ich gerne durch ihre Nebenstraßen und Grünbereiche.

Eine Rückkehr nach Duderstadt ist für mich und meine Frau aktuell nicht wahrscheinlich. Wir fühlen uns seit 28 Jahren in Spanien ausgesprochen wohl. Wenn es aber aus irgendeinem Grunde doch zu einer Rückkehr nach Deutschland käme, so wäre Duderstadt für uns natürlich die erste Wahl. Erstaunlich ist, dass meine beiden Kinder, die in Spanien aufgewachsen sind, zum Studieren nach Göttingen gingen, obwohl diese Deutschland nur von wenigen Besuchen her kannten. In Zukunft werden wir wohl öfter ins Eichsfeld und nach Duderstadt kommen.

Interview:
Susanne Möhl,
Text:
Meike Caselmann und Sebastian Tränkner

BIOGRAPHISCHE ANGABEN

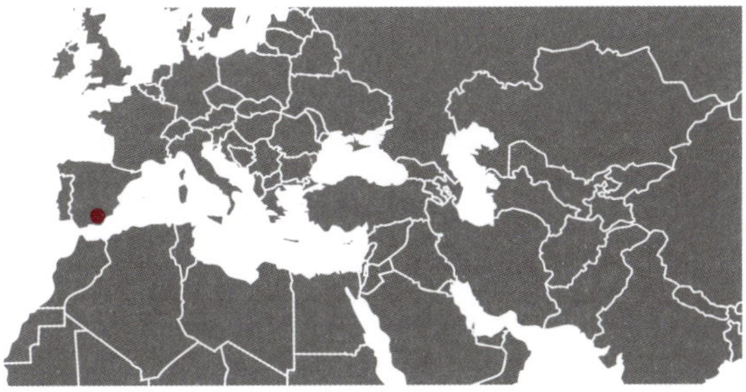

Ulrich Thiele wurde 1952 in Duderstadt als letztes von vier Kindern geboren. Von der katholischen Knabenvolksschule ging er nach der vierten Klasse auf das Gymnasium für Jungen. Nach der 10. Klasse begann er eine Lehre als Verwaltungsangestellter beim Landkreis Duderstadt. Nach dem Abschluss wurde er zur Bundeswehr einberufen. Hier entdeckte er sein Interesse für Astronomie. Nach der Abendschule und seinem Studium in Göttingen nahm er eine Stelle am Calar-Alto-Observatorium in Südspanien an, an dem er heute noch tätig ist. Er lebt mit seiner Familie in Andalusien in der Nähe von Granada in einer renovierten Wassermühle. Auf dem Hektar Land bauen er und seine Frau Wein an, den sie auch selbst verarbeiten.

ANKE KASCHLIK, ASTRID WITTE

KUNST UND KULTUR IN DUDERSTADT

Ein breites Kunst- und Kulturangebot ist ein wichtiger Standortfaktor auch oder gerade für kleine Städte.

Dabei geht es auch um den Nutzen für die Entwicklung der regionalen Wirtschaft, mehr noch aber um die Steigerung der Attraktivität und der Vielfältigkeit des städtischen Lebens. Einige Kreativen in Duderstadt haben sich zusammen gefunden und erste Aktionen durchgeführt. Diese wertvolle Entwicklung gilt es zu erhalten und auszubauen.

Vorstellung der Arbeitsgruppe Kontura im Kophus des historischen Rathauses zum Gartenmarkt 2010

Der Schützenbrunnen von R. Pabel vor der Oberkirche

STÄDTISCHES LEBEN BRAUCHT KUNST UND KULTUR

Kunst und Kultur sind heute vor allem in Metropolen wie Hamburg, Berlin oder Wien ein wichtiges Thema der Stadtentwicklung. Zumeist steht dabei der Wirtschaftsfaktor im Vordergrund des Interesses. Laut einem Gutachten des Bundesministeriums für Wirtschaft und Technologie (BMWi 2009) erreichte die Kultur- und Kreativwirtschaft mit einer Bruttowertschöpfung von 61 Mrd. in 2006 2,6 % des gesamten Bruttoinlandsproduktes und stand damit nur wenig hinter der Automobilindustrie (71 Mrd., 3,1 %). In diesem Gutachten werden der Kultur- und Kreativwirtschaft weitere Steigerungen vorausgesagt. An verschiedenen Universitäten und Hochschulen ist Kulturwirtschaft mittlerweile ein anerkannter Studiengang. Auch kleinere Großstädte wie Kassel erarbeiten Konzepte zur Förderung der Kulturwirtschaft (vgl. z. B. kulturtopografie-kassel.de), um damit positive Effekte für die Stadtentwicklung zu erzielen.

Von künstlerischen und kulturellen Interventionen erhofft man sich in den Städten aber auch Aufwertungen im öffentlichen Raum durch Interaktionen, Partizipation, Bespielung von Leerständen, Bündelung von Kräften und Aufmerksamkeit auch zur Verbesserung des Images von Stadtteilen und vieles mehr. Diese (erhofften) Effekte sind Anlass für zahlreiche kulturpolitische Initiativen auf EU-, Bundes- oder Landesebene. Beispielsweise ist es Ziel des EU-Strukturfonds für Kunst und Kultur, durch die Förderung von Kunst und Kultur in ihren jeweiligen regionalen Ausprägungen die wirtschaftliche Entwicklung von Städten und Regionen voranzutreiben. Forschungsprojekte, wie beispielsweise eines im Auftrag der Gruppe Wohnbauforschung und der Stadtforschung der Stadt Wien, haben Interaktionen zwischen dem städtischen Raum und der Stadtöffentlichkeit auf der einen Seite sowie Kunst und Kultur auf der anderen systematisch analysiert und dabei diese Hoffnungen in vielerlei Hinsicht bestätigt. Neben unmittelbaren Effekten wurden aber auch tiefgreifende Effekte für die Stadtentwicklung durch Kulturarbeit festgestellt: Diskurse wurden stimuliert, die Netzwerkbildung begünstigt oder auch die Identifikation der Bewohner/innen mit ihrem Stadtteil gestärkt. Somit sind Kunst und Kultur in der Lage, Verständnis für aktuelle gesellschaftliche Veränderungen zu befördern und die Handlungsmöglichkeiten der Menschen zu erweitern (Wien o. J.). Sie können also, über den wirtschaftlichen Nutzen hinaus – wie er beispielsweise vom Senat Berlin offensiv zu nutzen und zu fördern versucht wird (vgl. SenStadt 2008) – einen bedeutenden Beitrag für die zukunftsfähige Stadtentwicklung leisten.

Eichsfeld Festival 2010

Dies schlägt sich sowohl in der wissenschaftlichen Debatte – beispielsweise einer Tagung der Kulturpolitischen Gesellschaft e. V. unter dem Titel „Kultur als Motor der Stadtentwicklung" in 2006 – als auch in aktuellen Aktivitäten der Kunst- und Kulturförderung im Rahmen von Stadtentwicklungsprojekten nieder. „Die IBA Hamburg setzt auf die Kraft und Stärke von Kunst und Kultur für die Gestaltung von urbanen Räumen, die Schaffung von Teilhabe, Bildung und Ausbildung sowie die Stärkung von Toleranz und Offenheit im gesellschaftlichen Miteinander", so der Geschäftsführer der Internationalen Bauausstellung IBA Hamburg, Uli Hellweg (2008: 2).

Selbstverständlich sind die Kunst- und Kulturszene und damit auch ihre Potenziale für die Stadtentwicklung in größeren Städten ausgeprägter, auch zieht großstädtisches Leben Kunst- und Kulturschaffende mehr an. Im (internationalen) Wettbewerb um die „creativ class" stehen sich Metropolen gegenüber und versuchen diesen durch die Förderung kreativer Milieus und kreativer Orte für sich zu entscheiden. In diesem Wettbewerb können Kleinstädte oder ländliche Regionen nur in Ausnahmefällen bestehen (Künstlerkolonien). Trotzdem oder gerade deshalb ist die Unterstützung von Kunst und Kultur auch in kleinen Städten wie Duderstadt wichtig und für die künftige Entwicklung wertvoll. Gerade für die kleinstädtische Entwicklung kann ein abgestimmtes Agieren von Politik sowie Kunst- und Kulturschaffenden positive Effekte für die Lebensqualität vor Ort, aber auch für die touristische Attraktivität der Stadt hervorbringen.

Dafür bieten sich auch in Duderstadt letztlich zwei Wege: Zunächst sollten Kunst- und Kulturschaffende vor Ort aktiv unterstützt werden. In einem offenen Kommunikationsprozess mit Kunst- und Kulturschaffenden müssen deren Ideen, Wünsche und Bedürfnisse erkundet und gemeinsam nach Umsetzungswegen gesucht werden. Derartige Kommunikationsprozesse können nur in seltenen Fällen von einzelnen Künstler/innen initiieren und dauerhaft erhalten werden; es ist Unterstützung erforderlich. Daneben sollten Anreize verstärkt werden, auswärtigen Künstler/innen, aber auch Kunst- und Kulturinteressierten die Qualitäten Duderstadts näherzubringen. Dazu können einmalige Events wie große Konzerte, wiederkehrende Events wie Mittelalterfeste, die Unterstützung einer lokalen Kunst- und Kulturszene, aber auch die Förderung des (temporären) Zuzugs von einzelnen Personen, die beispielsweise in einem Künstlerhaus über einen bestimmten Zeitraum wohnen, arbeiten und ausstellen, beitragen.

Kunst und Kultur sehen wir als wertvolle Potenziale, die neben wirtschaftlichen Erfolgen den Zusammenhalt der Stadtgesellschaft und damit die Zukunftsfähigkeit der Stadtentwicklung befördern können.

UMFANGREICHES KULTURANGEBOT IN DUDERSTADT

Duderstadt verfügt über ein für Kleinstädte breit aufgestelltes und umfangreiches kulturelles Angebot:

Die Theater- und Konzertvereinigung Duderstadt e. V. (TKV), die Landesausstellung Natur im Städtebau 1994 GmbH (LNS GmbH) und auch die Stadt Duderstadt organisieren ganzjährig ein breites Programm an Konzert- und Schauspielveranstaltungen für verschiedene Alters- und Interessengruppen. Diese Veranstaltungen bilden einen wichtigen Kernpunkt des kulturellen Lebens in Duderstadt, die nicht nur von der Duderstädter Bevölkerung besucht werden, sondern auch Gäste anziehen. Ergänzt wird dieses überwiegend öffentlich geförderte Veranstaltungsprogramm durch kommerzielle Veranstaltungen wie beispielsweise das Programm der Film-Fabrik Duderstadt, die Märkte des Treffpunkts Stadtmarketing e. V. oder die Eichsfelder Highlandgames. Weniger regelmäßig führt beispielsweise die Sparkasse Duderstadt Veranstaltungen und Ausstellungen in ihren Räumen zu unterschiedlichen Themen durch.

Ähnlich aktiv wie in anderen Bereichen ist das Vereinsleben Duderstadts auch im kulturellen Bereich. Diverse Heimatvereine, Karnevalsvereine, Musik- und Gesangsvereine sowie die Ortsheimatpfleger/innen sind in den Ortsteilen aktiv. Dem Austausch und der Verständigung zwischen unterschiedlichen Kulturen haben sich Einrichtungen wie das Café Grenzenlos, der Kontaktladen oder der Internationale Garten Talwiese verschrieben. Mit hohem zivilgesellschaftlichem Engagement tragen diese Initiativen zur Bereicherung der lokalen Kultur bei.

Aufwändige und beispielhafte Sanierungen von Fachwerkgebäuden in der Altstadt – wie beispielsweise dem historischen Rathaus, dem Westerturm-Ensemble oder aktuell dem Schützenmuseum sowie von vielen privaten Wohngebäuden – sind wichtige Zeugen der Baukultur in Duderstadt. Diese gilt es weiterzuführen und zu unterstützen, wie das mit der Vermarktung innerhalb der Initiative Deutsche Fachwerkstraße und den Bemühungen um die erneute Aufnahme in die Städtebauförderung derzeit geschieht (vgl. auch Kapitel Modernes Wohnen in der Altstadt).

Diese Darstellung kultureller Aktivitäten in Duderstadt ist sicher nicht vollständig. Zudem wird sie permanent durch Einzelaktionen ergänzt, wie beispielsweise die Austellung und Auktion von 100 Bildern für Haiti in 2010. Die Gemälde wurden auf Initiative von Christiane Mosler in Kooperation mit dem Jugendfreizeitheim geschaffen. Insgesamt zeigt sich ein eindrucksvolles Bild der Vielfalt des kulturellen Lebens in Duderstadt.

Die Breite des Kulturangebots der Stadt wird aber von den Duderstädter/innen nur eingeschränkt wahrgenommen (vgl. ‚Duderstadt 2020‘ 2011). In unserer Befragung gab knapp

Kontura stellt sich vor: im Kophus des historischen Rathauses, v.l.: Barbara Richard-Anhalt, Christiane Mosler, Käthe-Charlotte Sablotzki-Weise, Dr. Lüder Mosler

ein Drittel der Befragten an, dass ihnen Kultur und Freizeitangebote fehlen [1]. In der Auflistung möglicher störender oder fehlender Angebote wurden Kultur- und Freizeitangebote am zweithäufigsten genannt nach der Verkehrsanbindung (knapp 40%). Bei weiterem Nachdenken der Antwortenden über die Stadt und ihre Vor- und Nachteile im weiteren Verlauf des Fragebogens fällt die Beurteilung des Kultur- und Freizeitangebots dann jedoch recht positiv aus. Differenziert nach Altersgruppen sind jeweils mindestens die Hälfte der Befragten mit dem Kultur- und Freizeitangebot zufrieden: Die Haushalte mit Kindern sind unzufriedener als die ohne, jüngere Menschen sind unzufriedener als ältere. Mangelnde Angebote für Jugendliche waren auch Thema auf der Jugendzukunftswerkstatt im Juni 2010. Auch bei der Nennung gewünschter zusätzlicher Angebote in unserer Befragung dominieren solche für Jugendliche. Unter anderem der Schließung von Angebotslücken in diesem Bereich widmen sich verschiedene Jugendarbeitsgruppen (vgl. Kapitel Jugend in Duderstadt).

1 Selbstverständlich umfasst das Kultur- und Freizeitangebot auch über direkte kulturelle Angebote hinausgehende Angebote; es lassen sich aus den Antworten zu Freizeitangeboten und Freizeitverhalten aber Tendenzen auch für die Bewertung des kulturellen Angebots Duderstadts erkennen.

Auch auf der anderen Seite, der Angebotsseite von Kunst und Kultur, gibt es Bewegung. Einige Künster/innen und Kunsthandwerker/innen haben sich zur Arbeitgruppe KONTURA zusammengeschlossen, um ihre bisher eher im kleinen Rahmen bekannten Werke einem breiteren Publikum vorzustellen.

KUNST UND KUNSTHANDWERK NEU ORGANISIERT: KONTURA

Als Bereicherung des künstlerischen Lebens Duderstadts ist bereits jetzt, nach nicht einmal einem halben Jahr ihres Bestehens, die Arbeitsgruppe KONTURA zu betrachten. Hervorgegangen aus einer kleinen Gruppe Künstlerinnen hat sich eine ca. 30 Personen starke Gruppe zusammengefunden. Nach einer Kennenlern-Phase hat diese Arbeitsgruppe bereits konkrete Projekte ins Auge gefasst. So sollen neben Kunstausstellungen besonders Mitmachaktionen im Vordergrund stehen. Ziel ist es, das eigene Werk öffentlich zu präsentieren und auf diesem Weg das Kulturangebot in Duderstadt zu bereichern, aber auch mit der eigenen Begeisterung für Kunst und Kunsthandwerk weitere Künstler/innen zur Mitarbeit zu motivieren. Das ‚Duderstadt2020'-Team hat diese Arbeit 2011 begleitet. Zur Außendarstellung hat sich der Arbeitskreis den Namen KONTURA gegeben. Weiterhin wurde ein Logo für KONTURA entwickelt, welches bei öffentlichen Auftritten der Gruppe verwendet werden kann. Im Namen KONTURA spiegelt sich ein grundlegendes Element der künstlerischen und handwerklichen Arbeit wider: die Kontur! Symbolisch hierfür steht der grüne Rahmen. In den Schaufenstern der Stadt weist dieser Rahmen mit der charakteristischen Farbe auf Veranstaltungen von KONTURA hin.

Bereits im Mai 2011 hat KONTURA den Gartenmarkt in der Innenstadt von Duderstadt als Anlass genutzt, ausgewählte Werke von Künstler/innen der Arbeitsgruppe und auch die Arbeitsgruppe selbst erstmalig einem breiten Publikum vorzustellen. Künstler/innen aller Stilrichtungen stellten ihre Werke im Kophus des historischen Rathauses aus. Unterstützt wurde KONTURA vom Treffpunkt Stadtmarketing Duderstadt e. V., welcher Veranstalter des Gartenmarktes ist.

Eine weitere Ausstellung der Arbeitsgruppe fand im Juni 2011 statt. In Kooperation mit der der LNS GmbH im Rahmen des 17. Duderstädter Kultursommers wurden Kunst und Kunsthandwerk in leer stehenden Immobilien in der Stadt ausgestellt. Etwa 30 Künstler/innen und Kunsthandwerker/innen haben leer stehende Gebäude und Ladenlokale in Duderstadt aus dem Dornröschenschlaf geweckt. Sie präsentierten auf einer Fläche von ca. 600 qm Kunst und Kunsthandwerk aus der Region auf der sogenannten Duderstädter Kunstmeile mit verschiedenen Stationen. Ein umfangreiches Rahmenprogramm mit Live-Musik, Mitmach-Aktionen, Getränken und leckeren Snacks untermalten dieses bunte Wochenende.

Zukünftig bieten sich beispielsweise die gut eingeführten Marktveranstaltungen als Termin für weitere Kunstausstellungen und -aktionen an. Dadurch würden auch die Märkte selbst aufgewertet und noch attraktiver auch für Besucher von außerhalb.

KULTUR UND KUNST ALS IMPULSGEBER FÜR DIE KÜNFTIGE STADTENTWICKLUNG

Die Auseinandersetzung mit Kunst und (fremden) Kulturen befördert Offenheit in der Gesellschaft. Aber Akzeptanz und Verständnis für Kultur und Kunst entstehen nicht von allein; es bedarf der intensiven Auseinandersetzung und des Dialogs. Kunst und kulturelle Veranstaltungen sind Möglichkeiten, Menschen anzusprechen, zu beteiligen, ihnen Teilhabe am gesellschaftlichen Leben zu ermöglichen und somit insgesamt ein wertvolles Mittel zur Verbesserung der Kommunikation in der Stadt. Kunstprojekte und Kulturarbeit tragen so über Kommunikation und Diskursstimulierung zur Produktion sozialer Räume, Identitäten und Netzwerke bei. Sie bündeln lokale und regionale Kräfte und können Räume attraktiver gestalten. Wenn unterschiedlichste soziale, politische und kulturelle Gruppen in einen offenen Dialog miteinander treten, erweitert dies die Perspektiven für ein vertrauensvolles Miteinander grundlegend (vgl. Kapitel Freiwilliges Engagement).

In diesem Sinne können Kunst und Kultur Impulsgeber einer zukunftsweisenden Stadtentwicklung sein bzw. werden. Dafür gilt es, bestehende Aktivitäten mit neuen zu verknüpfen, kulturelle mit solchen aus anderen Lebensbereichen, temporäre Events mit Dauereinrichtungen. Kunst und Kultur sind somit als Teil eines integrierten Stadtentwicklungsmanagements zu verstehen.

Säulen am historischen Rathaus

Die temporäre Aneignung kann ganz spezifische Möglichkeitsräume schaffen und diese wiederum können zu dauerhaft wirksamen Prozessen führen. In diesem Sinne können auch schon kleine lokale Aktionen, wie die Bespielung des Leerstandes durch KONTURA, positive Entwicklungen begünstigen. Erfahrungen aus anderen Städten zeigen, dass auch langjährige Leerstände durch künstlerische Aktionen in das Bewusstsein der Bevölkerung geholt und längerfristig auch wieder genutzt werden. Dass derartige Aktivitäten nicht nur in großen Städten wie Leipzig oder Bremerhaven erfolgreich sind, zeigen beispielsweise die Ausstellungen im Rahmen von „Kunst im Leerstand“ in Neunkirchen im Saarland. Das Citymanagement und die Wirtschaftsförderungsgesellschaft haben gemeinsam mit dem Künstlerkreis Neunkirchen diese Initiative gestartet. In leer stehenden Ladenlokalen werden nun regelmäßig unterschiedliche Ausstellungen gezeigt, und so wird nicht nur ein breiteres Publikum für die Kunst gewonnen, sondern auch die Innenstadt belebt. Ziel ist es, einem Imageverlust der Gebäude durch Leerstand vorzubeugen und insgesamt eine Attraktivitätssteigerung der City zu erreichen. In diesem Sinne ist eine Fortführung der begonnenen Aktivitäten in Duderstadt wie die o. g. Duderstädter Kunstmeile wünschenswert. Ein einmaliges Ereignis, auch wenn es großes und positives Echo gefunden hat, wird zur Unterstützung einer positiven Entwicklung sicher nicht ausreichen.

Auch überregional bedeutsame temporäre Events wie der „Tag der Niedersachsen“ können positive Impulse setzen. Er kann ein zusätzliches Element sein, um die Stadt voranzubringen und überregional bekannt zu machen. Dafür bedarf es eines umfassenden Konzepts und einer tragfähigen Kommunikationsstruktur, die sicherstellt, dass weder Aufmerksamkeit noch finanzielle Ressourcen von anderen Projekten abgezogen werden und dass dieses Großereignis in den Diskurs in anderen Feldern eingebunden wird.

Die Akteur/innen von Kunst und Kultur agieren mit unterschiedlichem, nicht nur künstlerischem, sondern auch wirtschaftlichem Interesse. Öffentlich geförderte Projekte stehen neben wirtschaftlichen oder zivilgesellschaftlich getragenen. Viele Aktivitäten sind in den Übergangsbereichen dieser Felder angesiedelt und somit sind Interessenkollisionen und Konflikte nicht auszuschließen. Diese bedürfen oftmals des Blicks evtl. auch einer Moderation von außen: Auch eine gute Kunst- und Kulturszene braucht Moderation.

CHRISTIANE MOSLER – EINE BUTTON-MASCHINE MIT GROSSER WIRKUNG

Besagte Button-Maschine brauchte ich dringend und man sagte mir, so etwas gäbe es im „JuFi", genauer gesagt im Jugendfreizeitheim in Duderstadt. Aber nicht nur eine Button-Maschine gibt es im JuFi, sondern auch engagierte Mitarbeiter/innen, die so begeistert von ihrer Arbeit mit den Jugendlichen erzählten, dass ich spontan Lust bekam, mitzumischen. Malen mit Kindern, das wollte ich schon immer; und hier gab es alles: Kinder, Platz, Betreuung; nur Farbe, Pinsel und Maluntergrund mussten noch her.

Für das nächste Ferienfreizeitprogramm gestaltete ich nicht nur das Programmheft, sondern lieferte auch gleich einen Programmpunkt: experimentelles Malen.

Es blieb nicht bei dem einen Mal, wie die Wände des Jugendfreizeitheimes belegen: Ein ganzes Aquarium ziert eine Wand, Blütenpracht eine weitere. Und es gab viel nach Hause mitzunehmen: Acrylgemälde, Mosaiktabletts, bemalte Pappteller, Schweinchen, Bilderrahmen, Schatztruhen... Das Ergebnis hat nicht zuletzt mich selbst immer wieder erstaunt. Inzwischen sind auch Erwachsene dazugekommen und seit der Einrichtung des kindgerechten privaten Ateliers wird auch dort oder im angrenzenden Garten gemalt. Die Sicht- und Malweisen der Kinder und Jugendlichen faszinieren mich! In meinen Malgruppen geht es viel mehr um Konzentration und Kontemplation als um Ästhetik und Bedienung der üblichen Kunstgenres.

Das bislang größte Projekt waren 100 Acryl-Gemälde, gemalt und versteigert, um den Menschen Haitis nach der Erdbebenkatastrophe zu helfen. Dieses Projekt war eine der spannendsten Erfahrungen meines Lebens: Innerhalb von nur zwei Monaten haben wir es geschafft, 100 Gemälde zu den Elementen Feuer, Erde, Wasser, Luft, Holz und Metall zu erstellen. Die Stimmung während des Malens war das ganz Besondere: Eine Pädagogin sagte zu mir: „Wenn Du hier mit den Kindern malst – dann hat das etwas Heiliges – sprich Heilendes!" Zum Schluss waren am 12. Juni 2010 im Duderstädter Rathaus alle Bilder verkauft.

„Was ist als nächstes dran?" werde ich immer wieder angesprochen. Es gibt viele neue Ideen und neue Projekte sind bereits in Planung.

Wie bin ich zum Malen gekommen? Mein Großvater war Kunstmaler und hat mich früh inspiriert und ermutigt. Später lernte ich grafische Zeichnerin, was sowohl Beruf als auch Berufung für mich ist. Die Malerei ist mir dabei mehr als ein Ausgleich, eine Freizeitbeschäftigung. Die Malerei stellt für mich eine Erweiterung der persönlichen Kommunikation, des gesellschaftlichen Diskurses, der spirituellen Entfaltung dar.

Ich bin Christiane Mosler und wohne seit fast 10 Jahren in Duderstadt.

Ich bewege in Duderstadt ... die Welt der Farben.

LITERATUR

BMWi – Bundesministerium für Wirtschaft und Technologie (2009): Gesamtwirtschaftliche Perspektiven der Kultur- und Kreativwirtschaft in Deutschland. Kurzfassung eines Forschungsgutachtens im Auftrag des Bundesministeriums für Wirtschaft und Technologie; Forschungsbericht Nr. 577; Berlin | **‚Duderstadt2020' (2011):** Ergebnisse der Befragung der 18- bis 65-jährigen Duderstädter/innen; http://duderstadt2020.de/content.php?nav_id=1095 | **Hellweg, Uli (2008):** Kunst und Stadtentwicklung – ein (un)vereinbarer Gegensatz?; in: Internationale Bauausstellung Hamburg: IBA-Labor Kunst und Stadtentwicklung. Das Betreiben eines vegetarischen Restaurants mit einer Horde Kannibalen; IBA_Hamburg | **SenStadt – Senatsverwaltung für Stadtentwicklung, Planen, Bauen, Wohnen, Natur und Verkehr (Hg.)(2008):** Kreativräume in der Stadt. Integration von Kunst, Kultur und Co. in die Berliner Stadtentwicklung; Berlin | **Stadt Wien (o. J.):** Kunst macht Stadt?! Forschungsprojekt im Auftrag der Gruppe Wohnbauforschung (MA 50) und der MA 18 – Stadtforschung http://www.wien.gv.at/stadtentwicklung/grundlagen/stadtforschung/sozialraum/kunstmachtstadt/index.html; letzter Zugriff 15.7.2011

Stefan Koch (45 Jahre, Korrespondent in Berlin)

Viel Dynamik in alten Mauern

Duderstadt. Dunkelgrüne Mannschaftswagen des Bundesgrenzschutzes gehören mit zu den ersten Kindheitserinnerungen, die ich mit Duderstadt verbinde. Meine Mutter Eva-Maria unterrichtete Ende der 1960er Jahre auf dem Euzenberg und überließ mich in dieser Zeit kurzerhand einigen Beamten, die mich beim Spielen auf dem großen BGS-Gelände im Auge behielten.

Duderstadt lag im Schatten der innerdeutschen Grenze und konnte sich nur schwer gegen die wirtschaftlichen Folgen dieser Randlage stemmen. Die Präsenz des BGS gehörte zu den wenigen guten Seiten dieser Entwicklung. Für mich als Kind war das eine tolle Sache: Die jungen Leute gaben sich alle Mühe, gute Spielkameraden zu sein.

Denke ich an die späten 60er Jahre zurück, wandern die Gedanken aber vor allem in die Industriestraße – meine Großeltern Maria und Kurt Brückner hatten sich dort ein Wohn- und Geschäftshaus gebaut. Für meine Brüder Thilo und Thomas und für mich waren das Warenlager und der Garten ein großer Abenteuerspielplatz. Wenn meine Urgroßmutter Anna Schäfer, die ebenfalls mit an die Industriestraße gezogen war, von ihrem früheren Haus an der Obertorstraße erzählte, erschienen uns diese Geschichten unendlich weit zurückzuliegen. Sie erzählte von meinem Urgroßvater, der schwer verwundet aus dem Ersten Weltkrieg zurückgekehrt war und später an diesen Kriegsfolgen verstarb, und von meiner Großmutter, die als junge Frau so manchen Tanzabend in der Gaststätte unter dem Sonnenstein verbrachte. Diese Episoden gaben mir zum ersten Mal ein Gefühl dafür, wie eng die eigene Familie mit dieser Stadt verbunden ist.

Daran erinnerten mich später auch einige Gymnasiallehrer, die bereits meinen Vater Lothar unterrichtet hatten – damals noch an dem alten Schulstandort. Meine Zeit am Eichsfeldgymnasium spielte sich dagegen größtenteils in dem Neubau Auf der Klappe ab. Nur hin und wieder zog ich mit meinen Mitschülern quer durch die Stadt, um am alten Gymnasium noch den einen oder anderen Unterricht zu erhalten.

Heike Slansky und Stefan Koch mit Sohn Maximilian Karl (Foto: privat)

Seit Schülergenerationen spielt sicherlich auch der Stadtwall eine gewisse Rolle. Was vor Jahrhunderten zur Verteidigung diente, wurde in jüngster Vergangenheit vormittags zur Wettkampfstrecke für den Sportunterricht und abends zum idealen Treffpunkt für ein erstes Rendezvous.

Später, als junger Journalist beim Eichsfelder und Göttinger Tageblatt, lernte ich die eigene Heimat noch einmal durch eine ganz andere Brille kennen. Dass ich den Fall des Eisernen Vorhangs ausgerechnet im Eichsfeld beruflich begleiten konnte, empfinde ich noch heute als Glücksfall. Duderstadt war wie von einem Albtraum befreit. Das spüre ich bis heute: So gehört es auch 20 Jahre nach dem Mauerfall für meine Eltern und mich zu einem Ritual, jeweils zum Weihnachtsfest Spazierfahrten durch Duderstadt und die ehemals dazugehörigen Dörfer zu unternehmen, die mittlerweile in Thüringen liegen. Für meinen Vater, zumal als Ehrenbürgermeister, ist es dabei selbstverständlich, mich auf all die Veränderungen in der Stadt mit Nachdruck hinzuweisen.

Doch aus der Ferne betrachtet, erscheint mir meine Heimat wie ein Synonym für das Konstante im Leben. Sicherlich lässt sich so etwas leichter sagen, wenn man nicht mehr Tag für Tag im Eichsfeld verbringt und die Entwicklungen vor Ort nicht mehr hautnah verfolgt. Aber für mich zählt das Beständige in dieser Region tatsächlich zu den Besonderheiten.

Dazu gehören für mich in erster Linie die privaten Beziehungen. Das Netz der großen Familie ist über die gesamte Region gesponnen. Hinzu kommen alte Freundschaften wie zu Michael Degenhardt, Nicola Füllgraf, Jürgen Hoppe und Andrea und Hans-Stefan Wenker. Kontakte, die auch 25 Jahre nach dem Abitur noch lebendig sind. Oder der besondere Draht zu Helmut Mecke, bei dem ich seit 20 Jahren regelmäßig auf der Autorenliste stehe.

Ein Stück Heimatgefühl gibt mir auch Eva Christina Nolte, deren Büro in Berlin-Mitte nur wenige Schritte von meinem Arbeitsplatz entfernt ist. Ich habe den Eindruck, dass sie sich in Berlin ebenfalls sehr wohl fühlt. Und doch gilt es ihr als ebenso selbstverständlich wie mir, enge Verbindungen ins Eichsfeld zu halten.

Duderstadt, das ist eben mehr als nur Vergangenheit. Wieviel Dynamik in den Mauern der alten Stadt steckt, erlebe ich sogar in den USA. Da meine Frau Heike für einige Jahre beruflich in Washington tätig ist, besucht unser Sohn Maximilian Karl dort den Kindergarten. In der Klasse für Kinder mit Handicaps ist die Firma Otto Bock ein fester Begriff, der für hohe Qualität in der Rehabilitationstechnik steht. Mehrere dieser „special needs kids“ nutzen Hilfsmittel aus Duderstadt, die ihnen den Alltag erleichtern. Und wie es der Zufall will, stieß ich erst vor wenigen Wochen in der „Washington Post“ auf einen Artikel, der von mehreren amerikanischen Irak-Veteranen handelt, die Dank des „C-Legs“ den Kilimandscharo in Afrika besteigen. Diese Hightech-Beinprothesen sind ebenfalls Otto-Bock-Produkte.

Es ist ein gutes Gefühl, dass die alte Heimatstadt noch heute in meinem Alltagsleben eine aktive Rolle spielt.

Text: Stefan Koch

BIOGRAPHISCHE ANGABEN

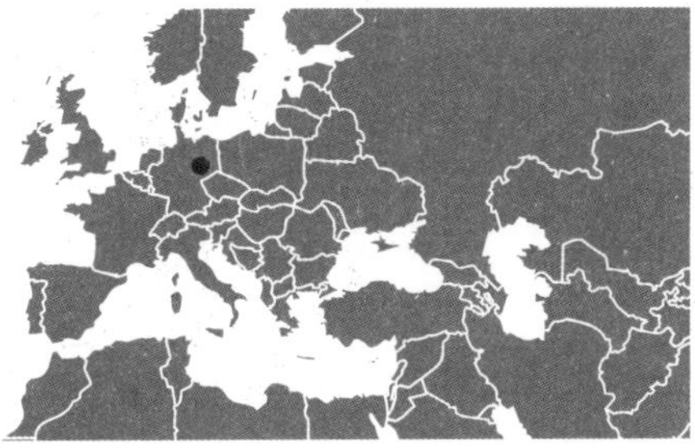

Stefan Koch, aufgewachsen in Langenhagen bei Duderstadt, entstammt einer alteingesessenen Eichsfelder Familie. Der Journalist ging direkt nach dem Mauerfall in das Obereichsfeld und baute eine kleine Lokalzeitung für Nordthüringen auf. 1994 wechselte er zur Hannoverschen Allgemeinen Zeitung, um im Schwerpunkt über die Entwicklung in Osteuropa zu berichten. Seit 2007 ist Koch in Berlin tätig. Als innenpolitischer Korrespondent der Mediengruppe Madsack (zu der unter anderem das Eichsfelder Tageblatt zählt) schreibt der 45-Jährige auch für seine alte Heimat.
Dass Koch zurzeit auch regelmäßig aus den USA berichtet, hat einen speziellen Hintergrund: Seine Frau Heike Slansky ist ZDF-Korrespondentin in Washington, sein Sohn Maximilian Karl besucht dort den Kindergarten.

ALEXANDRA ENGEL

JUGEND IN DUDERSTADT

Duderstadt muss Kindern und Jugendlichen in ihrer frühen Lebensphase zur Heimat werden, indem wir sie aktiv einbinden!

Jugendzukunftswerkstatt am 11.06.2010

KINDER UND JUGENDLICHE DÜRFEN WACHSEN IN DUDERSTADT

Entscheidend für das Thema Zukunft Duderstadt sind meines Ermessens nicht die viel zitierten Zahlen der Bevölkerungsentwicklung, entscheidend sind die Kompetenzen der Jugendlichen, ihr Alltag, ihre Lebensentwürfe und damit verbunden die Frage, was Duderstadt für sie bedeutet und unter welchen Umständen Duderstadt die Stadt ihres Lebensentwurfs ist – auch als Erwachsene.

Duderstadt ist eine Art räumliches „Zentrum" für Jugendliche: Hier finden sich Schulen und auch Freizeiträume. Jugendliche sind in Bewegung – sie eignen sich Räume an, auch jenseits der geografischen Räume: Räume neben der Familie mit Freundeskreis und Cliquen, Räume in der virtuellen Welt mit Schüler-VZ, WKW, Facebook und ähnlichen social networks sowie ihren Mobiltelefonen und Computern. Zu diesen Räumen gehören auch das Jugendfreizeitheim und das Emmaus-Jugendzentrum, die kirchliche Jugendarbeit in den Gemeinden oder auch die Sport- und Musikvereine. Wir als Erwachsene begleiten unsere Jugendlichen in unterschiedlichen Rollen: als Eltern, Lehrer/innen, Übungsleiter/innen, Sozialarbeiter/innen oder einfach nur als Nachbar/innen. Wir wünschen unseren Jugendlichen, dass ihnen die Welt offen steht und dass sie erfolgreich sein werden. Wir sind stolz, wenn sie ihren Weg gehen und machen uns Sorgen, wenn sie ihre Wege nicht gehen können, keinen Schulabschluss erreichen, nicht die gewünschte Lehrstelle finden oder das Studium abbrechen.

Jugendliche und Erwachsene – zwei Generationen mit unterschiedlichen Kompetenzen und Sichten auf das Leben. Wir als Erwachsene sind Teil eines gewordenen Lebens: mancher Lebensentwurf hat geklappt, manches ist anders gekommen als gedacht. Jugendlichen steht die Welt offen und sie wissen genau, dass sie irgendwann Entscheidungen treffen müssen und dürfen. Chance und Druck zugleich. Hand aufs Herz: Möchten Sie mit heutigen Jugendlichen tauschen?

Wenn Erwachsene auf Jugendliche schauen, haben sie meist genau diese Brille auf: Welche Entscheidungen werden die Jugendlichen zu ihrer Berufswahl treffen, was wird aus ihnen werden? Darauf fokussiert ein großer Teil des Engagements, gerade vor dem Hintergrund von Diskussionen um Fachkräfteentwicklungen und Fachkräftemangel.

Dürfen Kinder heute Kinder sein und Jugendliche einfach Jugendliche? Dürfen sie das Leben „ausprobieren" – in einem geschützten Rahmen?

JUGENDLICHE BRAUCHEN ORIENTIERUNG, SIE MÜSSEN ABER AUCH AUSPROBIEREN DÜRFEN!

Was ich mich regelmäßig frage, wenn ich über Jugendliche nachdenke, ist, ob ich überhaupt wirklich weiß, was Jugendliche beschäftigt, womit sie sich auseinandersetzen, was beispielsweise Duderstadt für sie bedeutet: Jugend ist eben auch die Phase, in der Erwachsene nicht mehr alles wissen und daher auch nicht mehr alles verstehen können. Erwachsene müssen darauf vertrauen, dass ihre Kinder wissen, was gut für sie ist und Erziehung Früchte trägt. Und wir wissen auch: Jugend ist die Phase des Ausprobierens, des Testens von Grenzen und des Erwerbens von Kompetenzen der Eigenständigkeit.

Diese Phase ist notwendig, wichtig und unterstützenswert. Und die örtliche Jugendarbeit bietet einen Rahmen dafür. Daher hat das Team von ‚Duderstadt2020' mit vielen örtlich agierenden Sozialarbeiter/innen Jugendliche zu einer Jugendzukunftskonferenz eingeladen: Was ist schwierig in Duderstadt, wie sehen Jugendliche Duderstadt, was wünschen sie sich, was möchten sie entwickeln und welche Kompetenzen haben sie dafür? Eine nach Alter, Wohnort, Geschlecht und Schulform repräsentative Gruppe Jugendlicher zwischen 14 und 19 Jahren hat sich einen Tag lang mit Duderstadt beschäftigt.

Ergebnisse der Jugendzukunftskonferenz: Was wünschen sich Jugendliche in Duderstadt?

- Jugendliche wünschen sich mehr Bewegung, auch durch Sport: neue Sportarten, Sportarten für Mädchen und Jungen.
- Mehr Freizeitmöglichkeiten sind wichtig. Das Freibad ist sehr beliebt und gerade im Sommer zentrales Thema: Eine Renovierung wäre schön, damit das Bad mehr Erlebnischarakter erhält.

An diesem Beispiel wird ein Bedürfnis der Jugendlichen deutlich: Sie nutzen Räume anders als Kinder, Kinder brauchen eine Anleitung, ein Programm zum Spielen. Jugendliche brauchen Räume, in denen sie aufeinandertreffen, und eine Anleitung, wie sie die Räume nutzen können. Das Ziel ihres Treffens und den Weg dorthin möchten sie aber selbst gestalten. Das wird auch an der Kritik der Jugendlichen deutlich, dass es aus ihrer Sicht zu wenige gestaltbare Treffpunkte in Duderstadt gibt. Da beziehen Jugendliche auch die Räume in den Schulen mit ein: Mensen, Schulhöfe, Pausenhallen – all das sind Räume, die Jugendliche gern in Besitz nehmen möchten.

Zentraler Raum für Jugendliche ist die Innenstadt; hier vermissen sie Geschäfte und Produkte, die auf sie als Jugendliche zugeschnitten sind: Gastronomie, Bekleidung, Medien.

Jugendliche haben einen differenzierten Blick auf ihre Lebenssituationen: Einerseits fordern sie, andererseits schauen sie auch auf ihre eigenen Entwicklungspunkte; den Umgang miteinander beispielsweise sehen sie als zentrale Aufgabe. Hier wünschen sie sich Besserung: Ziel ist, dass sie sich in einer freundlichen Umgebung sicher fühlen. Das hat immer mehrere Dimensionen: Das eigene subjektive

Gefühl von Sicherheit und Angst und Formen des kommunikativen Miteinander-Umgehens. Lächeln, mehr lachen, sich sicher fühlen können, mit bedrohlichen Situationen umgehen können: Das ist einerseits erlernbar, andererseits Ausdruck eines Lebensgefühls.

Deutlich wird das am Busfahren: Gerade die jüngeren Jugendlichen beklagen massiv Rangeleien und Genervtheiten im Bus. Das Problem ist erkannt: Busscouts kümmern sich, sind gut begleitet und angeleitet dabei. Doch das Busfahren bleibt eine Schlüsselsituation für Jugendliche: Hier kommt auf engstem Raum das zusammen, was Jugendliche prägt: Sie müssen Busfahren – haben keine Wahl, müssen die Busse nehmen, wie sie kommen – sie können keinen Einfluss darauf nehmen, ob die Busse überfüllt sind oder nicht. Sie kommen aus der Schule, erschöpft, mit dem Bedürfnis nach Pause und vielleicht hungrig, mit Enttäuschungen oder Bestätigungen aus dem Schulvormittag: Ein idealer Nährboden für Konflikte. Busse werden damit zum Symbol: Dort entlädt sich Macht und Ohnmacht und niemand kann sich dem entziehen. Mobilität wird damit zu einer hohen Anforderung an alle Beteiligten und gleichzeitig ein Charakteristikum des ländlichen Raums. Jeder Erwachsene, der früher Schulbus gefahren ist, trägt diese Erlebnisse mit sich und weiß um das schöne Gefühl auf andere Art mobil zu sein: selbstbestimmter.

Mobilität ist Symbol ländlichen Raums, nicht nur Anforderung. Mobilität ist für Jugendliche selbstverständlich: Sie bewegen sich virtuell sehr breit und geschickt, sind dort unabhängig – sofern sie zu den Glücklichen gehören, die in Duderstadt eine schnelle Datenautobahn im Haus haben. Jugendliche sind gedanklich und oft in Verbindung mit ihren Familien in der Welt zuhause. Sie haben die Kompetenzen dazu, mitunter fehlen ihnen nur Verkehrsmittel und die Mittel dafür, sie zu benutzen. Das erleben sie als starke Einschränkung in ihrer jugendlich wachsenden Selbstbestimmtheit, gerade die älteren Jugendlichen. Sie würden wahrscheinlich eine wesentlich positivere Einstellung zu ihrem ländlichen Raum entwickeln, wenn sie das Gefühl der Mobilitätseinschränkung minimieren könnten.

Mobilität und damit auch der öffentliche Personennahverkehr sind damit nicht nur faktisches, sondern auch symbolisch zentrales Thema.

v.l.n.r.: In fortlaufenden Arbeitsgruppen werden die Ergebnisse der Jugendzukunftskonferenz bearbeitet; In der AG Jugend und Einzelhandel zeigen die Jugendlichen, dass sie sich in die Anforderungen der Einzelwirtschaft eindenken können und viele gute Ideen für die örtlichen Einzelhandelsgeschäfte haben

KANN ICH MICH ENTWICKELN ODER STOSSE ICH AN MEINE GRENZEN? JUGENDLICHE BRAUCHEN FAKTEN, UM GUTE ENTSCHEIDUNGEN TREFFEN ZU KÖNNEN – UND NICHT IMAGES

Entwicklung und Begrenzung ist das Thema der Jugend: Jugendliche sind auf der Suche und Jugend ist die Phase des Entwickelns, des Überwindens von Begrenzungen, des Eroberns der Welt. Ergebnis kann sein, dass sie in der globalisierten Welt zuhause sind, Ergebnis kann aber auch sein, dass sie ihre Heimat definieren und in Duderstadt sehen. Das entscheiden Jugendliche. Dafür brauchen sie gute Informationen.

Exemplarisch haben wir in einer der Arbeitsgruppen der Zukunftswerkstatt gefragt: 21 von 25 Jugendlichen gingen dort davon aus, Duderstadt verlassen zu müssen, um eine Ausbildung machen zu können. Ist das so? Ist das ein „Image“ oder ist das Realität? Wollen Jugendliche weg oder glauben sie, dass sie weg müssen? Werden hier Fakten transportiert und ausgetauscht? Kennen Jugendliche die Chancen der lokalen Wirtschaft und kennen umgekehrt die Arbeitgeber die Potenziale der Jugendlichen? Oder verlassen wir uns zu sehr auf das „Hörensagen“?

Räumliche Identität hat einerseits mit Raumaneignung zu tun, andererseits mit konkreter Teilhabe: Jugendliche wünschen sich konkrete wirtschaftliche Teilhabe.

BEISPIEL FÜR GUTE INFORMATION UND TEILHABE: FERIENJOBS

Ferienjobs beispielsweise erfüllen mehrere Bedürfnisse: Jugendliche suchen sie und brauchen Zugang dazu unabhängig von ihren familiären Netzwerken, Jugendliche brauchen das Geld für ihr Gefühl von Unabhängigkeit und nicht selten auch für konkrete Mobilität – Ferienjobs helfen Jugendlichen, die Welt zu erobern. Damit erobern Jugendliche aber gleichzeitig auch die Welt der heimischen Wirtschaft: Sie lernen, wie das Leben im Betrieb funktioniert, erweitern ihre Netzwerke und bekommen konkrete Informationen für ihre weitere berufliche Entwicklung und ihre Entscheidungen. Gleichzeitig können Arbeitgeber ihre Kontakte zur nächsten Generation erweitern und lernen die Potenziale mit eigenen Augen kennen und einschätzen, sehen auch die Entwicklungsbedürfnisse und können sich Lösungen dafür überlegen. Im Ferienjob fühlen sich Jugendliche ernst genommen.

DAS GEFÜHL DER „SELBSTWIRKSAMKEIT“
ist nach familiärer und sozialer Herkunft ungleich verteilt. Jugendliche aus oberen sozialen Schichten (ca. 36 %) werden gestützt, was ihr Selbstbewusstsein zusätzlich stärkt. Jugendliche aus mittleren Schichten, ca. 30 % (Mittelschicht) und 24 % (untere Mittelschicht) sind pragmatisch, haben aber immer mal wieder Zweifel und fühlen sich manchmal angreifbar oder verletzlich. Sie könnten mit bestätigenden Maßnahmen sehr gestützt werden, haben viele Potenziale.

Insofern sind Ferienjobs Mittel zum Zweck für Jugendliche und zeitgleich eine wichtige Sozialisationsinstanz. Die heutige Generation Jugendlicher ist eine pragmatische Generation: Sie schätzt es, Dinge zu tun, mit denen alle zufrieden sind und von denen alle etwas haben, das macht sie zufrieden (vgl. dazu Shell Deutschland Holding 2010: 190 ff.). Jugendliche investieren in schulische, berufliche und hochschulische Bildung, weil sie Teil der Gesellschaft und Wirtschaft sein möchten: Je früher wir die Jugendlichen integrieren, desto eher können sie Orientierung bekommen und auch erfahren, welche Potenziale ihnen Duderstadt bietet, wenn sie nach einer Ausbildung oder einem Studium zurückkehren möchten.

Dafür sind die sozialen Bindungen ausschlaggebend und die entwickeln Jugendliche neben der Familie und Freunden auch in weiteren Netzwerken, also auch in der heimischen Wirtschaft. Ferienjobs könnten also nicht nur einen kurzfristigen Effekt der Zuarbeit haben, einen sozialisatorischen Effekt und Nebenverdienst, sondern auch ein positives Element einer lokalen Zukunftssicherung sein.

FERIENJOBS KÖNNEN HELFEN, DASS WENIGER JUGENDLICHE GESELLSCHAFTLICH „ABGEHÄNGT“ WERDEN UND DER ENTSCHEIDENDE „PUSH“ FÜR GUTE ENTWICKLUNGEN SEIN!

Es ist lange bekannt und die 16. Shell-Jugendstudie in 2010 führt es uns einmal mehr vor Augen: Beruflicher Erfolg bleibt eine Frage der Herkunft.

Jugendliche aus unteren Schichten glauben zunehmend weniger an ihren beruflichen Erfolg: Waren es 2002 noch 56 %, die glaubten, sich beruflich verwirklichen zu können, sind es 2010 nur noch oder – vor dem Hintergrund der medialen Diskussion um Hauptschulen – immerhin noch 41 % der Jugendlichen aus unteren Schichten, die an ihren beruflichen Erfolg glauben. 75 % der Jugendlichen aus niedrigen sozialen Schichten haben Angst, keinen Ausbildungsplatz zu finden. Die Jugendarbeitslosigkeit sinkt derzeit, sodass man hoffen kann, dass sich diese Ängste der jungen Menschen nicht immer bestätigen, jedoch sind die Anforderungen an Auszubildende von Seiten der Wirtschaft auch definiert.

Jugendliche insgesamt sind auffällig krisenfest, werden gut und engmaschig von ihren Eltern unterstützt – mental und finanziell.
Das gibt ihnen Zuversicht. Die Minderheit, die diese Unterstützung nicht erfährt, ist deutlich verunsicherter (ca. 10 % der Jugendlichen).

Bei Jugendlichen aus niedrigen sozialen Schichten ist der Pessimismus am höchsten, sie sind am häufigsten skeptisch. Der alterstypische pragmatische Optimismus kommt ihnen häufig abhanden. Sie erleben am häufigsten Ohnmacht und Frustration, sie wissen, dass es eine realistische Chance gibt, zu den Abgehängten zu gehören. Das kann sich durch abweichendes Verhalten äußern. Die Medien überbetonen jedoch diese Phänomene: Die große Mehrheit der „abgehängten“ Jugendlichen hält sich an gesellschaftliche Regeln.

Sie fühlen sich manchmal von den komplexen wirtschaftlichen und gesellschaftlichen Lebensumständen überrollt und schaffen es dann mitunter nicht, ihre Kraft am richtigen Punkt vernünftig einzusetzen und damit ihre Lebensziele und Absicherung zu erreichen. Wenn diese Jugendlichen Unterstützung bekommen, können sie Potenziale aktivieren, die zu einer stärkeren gesellschaftlichen Integration und Lebenszufriedenheit führen. Erfolgreich sind laut Shell-Jugendstudie die Maßnahmen, die in der Schule praxis- und berufsbezogene Arbeiten und damit wirtschaftliche Realität statt passivem Unterricht fördern.

Dabei ist es wichtig, geschlechterreflexiv zu handeln: Mädchen scheint es derzeit besser zu gelingen als Jungen, sich aus misslichen Lagen und schlechten Perspektiven zu befreien, Mädchen können ihre gute schulische Bildung aber nach wie vor weniger gut in berufliche Erfolgsperspektiven umsetzen als Jungen.

Zentral für eine Prävention gesellschaftlicher Spaltung sind Investitionen in Bildung. Zu diesen Investitionen gehört auch, dass die Wirtschaft lokal im Dialog transparent macht, was sie von Auszubildenden erwartet und das Jugendlichen im direkten Kontakt (Praktika, Ferienjobs) vermittelt, ihnen aber auch Sicherheit gibt im Sinne von positiver Orientierung und Beziehungen aufnimmt.

Für die 10 bis 15 % der sozial schwächeren Jugendlichen ohne Rückhalt in der Familie und ohne gute Schulbildung wäre wichtig, dass sie andere Partner finden, die ihnen Orientierung geben, helfen, Kräfte zu bündeln, motivieren und die ein oder andere Tür öffnen. Auch das ist eine Investition in Bildung: im Sinne der Hilfe zur Selbsthilfe. Hier können Mentor/innenprogramme aus der Wirtschaft Sinn machen. Mentor/innen können Chef/innen von Betrieben ebenso sein wie Mitarbeiter/innen und auch Auszubildende: zentral ist, dass sie ein Herz für die Jugendlichen haben und Lust darauf, verborgene Potenziale herauszukitzeln, dabei die Wünsche der Jugendlichen ernst nehmen und als Ausgangspunkt berücksichtigen: Das kann auch die Frustrationstoleranz erhöhen.

Auf Basis dieser vor allem der Shell-Jugendstudie 2010 sowie den Ergebnissen der Jugendzukunftskonferenz am 1. Duderstädter Zukunftstag entnommenen Befunde über gesellschaftliche Ausgangslagen wäre es wünschenswert, dass sich die lokale Wirtschaft Duderstadt zusammenschließt und die zivilgesellschaftlichen Potenziale stärkt, indem sie durch Ferienjobs die Jugendlichen frühzeitig an die Region bindet und damit „Mentorin" wird. Das kann auch den Fachkräftebestand in der Region sichern und vor allem für benachteiligte Jugendlichen die Entwicklungschance sein. Wir gehen davon aus, dass ca. 200 Jugendliche auf der Suche nach Ferienjobs sind!

IN BEWEGUNG BRINGEN: AKTIONEN ALS ERGEBNIS DER JUGENDZUKUNFTSKONFERENZ ZUR VERBESSERUNG DER LEBENSWELT JUGENDLICHER IN DUDERSTADT

Jugendliche aus Duderstadt treffen sich seit September 2010 regelmäßig, um an für sie zentralen Themen zu arbeiten. Moderiert werden diese Treffen von Sozialarbeiter/innen sowie ehrenamtlich Mitarbeitenden.

Ziel der Arbeit ist die Verbesserung der Infrastruktur für Jugendliche, aber auch die Sozialisation in demokratische Prozesse vor Ort und in Prozesse der Willensbildung untereinander, Stärkung von agency – Handlungsmöglichkeiten und -kompetenzen – sowie die Bindung an die Region. Arbeitsgruppen mit vielen Jugendlichen arbeiten zu Themen, die Jugendlichen am Herzen liegen:

v.l.n.r.: Das ehrenamtliche Organisationsteam der monatlichen Jugenddisco in der Musikwerkstatt; Alltag an den Schulbussen. Die Busscouts unter Leitung von Dierk Falkenhagen vermitteln, schlichten und engagieren sich für stressfreiere Schulwege: Danke an alle, die hier jeden Tag zusammen arbeiten.

Freizeit und Sport
Sportmöglichkeiten und -angebote in Duderstadt (auch Thema Freibad!)
Moderation: Günter Lutterberg, Kinder- und Jugendbüro Stadt Duderstadt; Helga Steininger, Landkreis Göttingen
Hier geht es um Fragen der Partizipation: Wie sollen Räume aussehen und wie sollen sie gestaltet sein? Gerade das Freibad liegt den Jugendlichen am Herzen.

Wo kann ich meine Sachen kaufen?
Läden und Gastronomie für Jugendliche Wie kann man das Angebot für Jugendliche verbessern?
Moderation:
Astrid Witte, Team ‚Duderstadt2020'
Was hält Jugendliche davon ab, in der Duderstädter Innenstadt zu shoppen? Was können Einzelhändler/innen unternehmen, um ihre Angebote besser auf die Bedürfnisse von Jugendlichen auszurichten? Das sind die Ausgangsfragen für einen gemeinsamen Arbeitskreis von Jugendlichen und Einzelhändler/innen. Der Impuls kam von den Jugendlichen. Sie äußerten im Rahmen der Jugen dzukunftswerkstatt 2010 Kritik an der Attraktivität des Einzelhandels in Duderstadt. Während der ersten Treffen merkten sowohl die Jugendlichen als auch die Einzelhändler/innen, dass sie nicht dieselbe Sprache sprechen und Vorurteile auf beiden Seiten bestehen. Sich kennenzulernen und die jeweiligen Bedürfnisse zu verstehen, waren daher die Ziele der ersten Treffen. In weiteren Gesprächen griffen die Händler die Kritik der Jugendlichen auf. Mit „Dress a Window! – Jugendliche gestalten Schaufenster" ist nun ein spannendes Projekt entstanden. Im September 2011 wird das Ergebnis sichtbar sein: Wird sich das Erscheinungsbild der Stad durch „jugendliche" Schaufenster verändern?

Jugendräume, Jugendcafé, Jugendplätze
Moderation: Philipp Rösener, Landkreis Göttingen; Gabi Müller, Schulsozialarbeit Gieboldehausen.
Es gibt eine Jugenddisco!!! Das ist der Verdienst dieser Arbeitsgruppe. Sichere und wundervoll durchtanzte Abende für die Jugendlichen in und um Duderstadt. Ein wunderbares Beispiel dafür, dass Ideen in Duderstadt erfolgreich umgesetzt werden können, wenn sich die richtigen Partner finden! Ein großes Dankeschön an die engagierten Jugendlichen, an Gabriele Müller und Philipp Rösener sowie an das hervorragend arbeitende Netzwerk der Sozialarbeiter/innen und Jugendarbeiter/innen in Duderstadt! Denn Polizei, das Kinder- und Jugendbüro der Stadt, Schulsozialarbeiter/innen und Jugendreferent/innen sorgen dafür, dass die Veranstaltungen einen sicheren Rahmen haben.

Duderstädter Datenautobahn?!!! Schneller Internetanschluss
Moderation: Elvira Hornemann, Emmaus-Jugendreferentin.
Ein guter Internetanschluss ist nicht nur für Unternehmen ein Standortvorteil: auch Schüler/innen sind zunehmend darauf angewiesen. Ein Markt, der sich ständig bewegt: Die Jugendlichen wissen nun, wie in Duderstadt wer angebunden ist und wie die Planungen für die Zukunft aussehen!

Wie kann Schule besser werden? Coaching zum Umgang mit und für Veränderung in der Schule
Moderation: Dr. Meike Caselmann und Susanne Möhl, Emmaus-Jugendreferentinnen.
Aus dieser Arbeitsgruppe heraus und im weiteren Dialog mit Schulleitungen und Kitaleitungen, der Stadt Duderstadt sowie der Polizei wurde die Idee geboren, PAC – Prävention als Chance, ein niedersächsisches Programm zur Stärkung des sozialen Miteinanders und der Kriminalitätsprävention – in Duderstadt anzusiedeln. Diese Maßnahme wird derzeit sehr ernsthaft diskutiert: denn Jugendliche wünschen sich eine angstfreie und lachende Stadt – ein zentrales menschliches Bedürfnis. Und die brauchen sie auch, um sich gut entwickeln zu können! Schön ist, dass sie in Duderstadt so viele Partner/innen finden, die sie in diesem Wunsch unterstützen.

Mobilität und Sicherheit
Moderation: Dierk Falkenhagen, Polizei Duderstadt.
Die Duderstädter Polizei hat mit ihrem großen Engagement in der Präventionsarbeit und den vielfältigen Projekten auch in Kooperation mit dem Landkreis Göttingen und der Stadt Duderstadt sowie den Schulen die Sicherheit von Kindern und Jugendlichen fest im Blick: und das sehen die Jugendlichen, darüber freuen sie sich. Eine große Rolle dabei spielen die Busscouts! Das ist ein Ergebnis der Arbeitsgruppe zum Thema Sicherheit. Die Mobilität ist ein wesentlich vielschichtigeres Problem: Gerade in den Ortsteilen wohnende Jugendliche fühlen sich immobil. Hier gibt es keine fertigen Konzepte, die schnell umgesetzt werden könnten. Eine Herausforderung, die erkannt ist und auch Bürgermeister Wolfgang Nolte am Herzen liegt, der zu diesem Thema alle beteiligten Institutionen jüngst um einen Tisch versammelt hat. Für die Jugendlichen wäre es schön, flexibler und vor allem am Wochenende mobil sein zu können! Damit die selbstorganisierten Fahrten am Wochenende weiter sicher bleiben, sind die „Schutzengel“ in Duderstadt aktiv: Hier übernehmen Jugendliche Verantwortung für sich selbst und mit dem Verein „Sei ein Schutzengel“ in Duderstadt wird ihnen dabei der Rücken gestärkt.

WIR BLEIBEN GEMEINSAM IN BEWEGUNG: VIER AUSGEWÄHLTE MASSNAHMEN

Es ist deutlich geworden, dass das Engagement für Jugendliche in Duderstadt Früchte trägt. Auch jenseits von ‚Duderstadt2020‘ sind jüngst beispielsweise mit der Eröffnung des Emma Jugendcafés, den Angeboten für Kinder im Rahmen des Kultursommers oder auch der Initiierung intergenerationaler Spielenachmittage des Jugendfreizeitheims und des Seniorenservicebüros Angebote ins Leben gerufen worden, die die Attraktivität Duderstadts für Familien deutlich unterstützen. Dies ist ein wichtiger Faktor für die Zukunftsfähigkeit der Stadt, der sie lebendig hält.

Neben anderen Einzelprojekten wird ‚Duderstadt2020' sich in den kommenden Monaten auf vier Projekte konzentrieren, die mittel- und langfristig Kinder und Jugendliche in Duderstadt in ihren Stärken unterstützen sollen:

- Mikrofonds zur Stärkung der Selbstorganisationskompetenzen Jugendlicher und zur Initiierung von Maßnahmen im Gemeinwesen
- Intensivierung von Kontakten zwischen Jugendlichen und der Wirtschaft
- Die Etablierung von PAC, einem Programm zur Stärkung des sozialen Miteinanders
- Facebook-Plattform: DU-machst-DUDERSTADT.

Jugendliche bewegen mit dem Jugendfond

DUmachstDUDERSTADT ist das Motto des Jugendfonds, einem Kooperationsprojekt der Stadt Duderstadt, der LNS GmbH und ‚Duderstadt2020'. Ziel ist die Stärkung von sozialem Miteinander, Inklusion und Partizipation durch agency. Agency meint kurz gesagt, die Handlungskompetenzen und Handlungschancen der Jugendlichen in Duderstadt zu erhöhen. Jugendliche sollen selbst in die Lage versetzt werden, Vorhaben zu konzipieren und durchzuführen.

Gefördert werden sollen:

- Projekte in Duderstadt, für Duderstadt, mit Duderstädter/innen
- Gemeinnützige Zwecke (lt. Abgabenordnung) und Projekte, die keine andere Finanzierungsbasis haben können
- Die Projekte müssen geeignet sein, das soziale Miteinander in Duderstadt positiv zu beeinflussen, sie müssen von Kindern und Jugendlichen durchgeführt werden und sollen Kinder und Jugendliche in Duderstadt positiv repräsentieren.
- Die Projekte sollen dazu führen, dass Kinder und Jugendliche sich ihren Raum aneignen.

Die Förderhöhe für die Mikroprojekte soll in der Regel nicht höher sein als 300 €.

Die Mittel sollen vergeben werden durch ein Gremium, das je zur Hälfte von Jugendlichen und Erwachsenen besetzt ist.

Die jugendlichen Mitglieder (6) sollen durch je eine/n Vertreter/in aus den Schulen gestellt werden. Beraten werden die antragstellenden Kinder und Jugendlichen vom Kinder- und Jugendbüro der Stadt.

Jugend in die Wirtschaft: Ferienjobs und mehr

Ziel ist hier eine stärkere Partnerschaft zwischen Wirtschaft und Jugendlichen. Die Duderstädter Jugendlichen sollen möglichst früh, nachhaltig und adäquat in die reale lokale Wirtschaftswelt eingebunden werden. Jugendliche erarbeiten sich die Welt durch eigenes Erleben, sie entwickeln in dieser Lebensphase Bindungen neben der Familie und der Peergroup. Sie suchen Orientierung für ihre Zukunft.

In Zeiten von Fachkräftemangel und starken Abwanderungen Jugendlicher aus ländlichen Räumen zu Ausbildungs- und Studienzwecken und darüber hinaus macht es für Wirtschaft und Jugendliche Sinn, frühzeitig Bindungen miteinander aufzubauen. Dazu dienen vor allem Praktika und Ferienjobs.

Ferienjobs sind, so ein Ergebnis der Duderstädter Jugendlichen in der Jugendzukunftswerkstatt des 1. Duderstädter Zukunftstags im Juni 2010, ein starker Wunsch von Jugendlichen. Dazu benötigen sie eine Ferienjobbör-

Dierk Falkenhagen, Günter Lutterberg, Philipp Rösener, Susanne Möhl, Astrid Witte, Gabi Müller, Dr. Meike Caselmann, Prof. Dr. Alexandra Engel, nicht auf dem Bild: Elvira Werner, Helga Steininger, Sabine Tegtmeier

se, da nicht alle Jugendlichen aus dem Elternhaus heraus Kontakte zur Wirtschaft haben und auch nicht alle Wirtschaftsbetriebe Kontakte zu Jugendlichen. Hier sollte ein Konzept erarbeitet werden, die Wirtschaft und Jugendliche verbindlich in Verbindung zu bringen.

„Mehr Lachen in Duderstadt" PAC-Prävention als Chance – und: Kinder und Jugendliche brauchen klare Regeln!

Die Jugendlichen in Duderstadt wünschen sich ein freundlicheres Miteinander – inter- und intragenerational. Ein gutes Klima ist nicht nur Voraussetzung für Wohlfühlen und Identitätsbildung vor Ort, sondern kann auch ein Standortfaktor sein. Begegnungskultur ist ein Stichwort dazu, interkulturelle Kompetenz, Engagement gegen gesellschaftliche Spaltung – kurzum: Jeder soll nach seinem Gefühl glücklich werden und respektvoll mit anderen umgehen.

Diese Bewegung in die Breite bringen, an einem Strang ziehen für eine gute kommunikative Kompetenz und Atmosphäre: Das ist eine sinnstiftende Aufgabe für Duderstadt vor allem an dem Punkt der Gemeinsamkeit. Duderstadt hat eine Vielfalt an Kindertageseinrichtungen, Grundschulen und weiterführenden Schulen. Alle diese Kinder und Jugendlichen leben in einer Stadt, besuchen die gleichen Vereine, Kirchen und Freizeiteinrichtungen.

Kinder und Jugendliche brauchen verlässliche Orientierung: Es tut ihnen gut, wenn sie wissen, wer was von ihnen verlangt, welche Regeln gelten. Gewaltfreie Problemlösungsstrategien sind medial Mangelware: Lernen durch Beobachten und von Vorbildern dürfte an diesem Punkt erschwert sein. Gerade weil Kinder aktuell die längste Zeit ihres Tages in Kitas und Schulen verbringen, macht eine Intervention genau an diesem Punkt Sinn: darauf aufbauend auch im Gemeinwesen und in den Familien.

Insofern ist es sinnvoll, in Sachen Kommunikationsstrategien und sozialer Zusammenhalt gemeinsam ein Konzept zu verfolgen. PAC könnte dieses Konzept heißen: Prävention als Chance. Ziel ist die Förderung sozialer Kompetenzen, die Verbesserung der Schul-, Gruppen- und Klassenklimata sowie die Reduzierung von Regelverletzungen.

Zu diesem Zweck hat das Landeskriminalamt Niedersachsen mit dem Gemeinde-Unfallversicherungsverband und dem Niedersächsischen Kultusministerium ein evaluiertes und erprobtes Konzept entwickelt. Jugendliche und ihre Bezugspersonen in einem sozialen Raum sollen durch ein breites Netz an Maßnahmen gefördert und trainiert werden: Soziales Lernen steht in den Schulen und Kitas auf dem Stundenplan, Eltern bekommen Tipps

PAC: PRÄVENTION ALS CHANCE

Präventionsarbeit – besonders im Jugendbereich – wird in und um Duderstadt seit Jahren geleistet. Duderstadt soll daher vierte Modellregion für das Pac-Präventionsprogramm werden.

für den Erziehungsalltag, Lehrkräfte haben die Chance, sich coachen zu lassen, Peer-Mediation als Strategie der Konfliktlösung wird etabliert und Patenschaften durch Wirtschaft oder Peers für Schüler/innen runden das Programm ab.

PAC vernetzt die schon bestehenden Maßnahmen vor Ort in einem Verbund, in dem viele Akteur/innen an einem Strang ziehen. Hier sei ausdrücklich erwähnt, dass in PAC alle schon bestehenden Projekte der Schulen Eingang finden und auch das große Engagement der Polizei vor Ort integriert wird.

Der Ansatz, dass vom Kindergarten über die Grundschulen und die weiterführenden Schulen bis hin zu berufsbildenden Schulen gemeinsam ein Ziel verfolgt wird, ist der Vorteil des PAC-Programms.

Die Notwendigkeit für eine Kommune, soziales Miteinander und Gewaltprävention zur vorrangigen Aufgabe zu erklären, leitet sich auch daraus ab, dass zwischenmenschliche Gewalt Kosten verursacht in Höhe von 0,5% des Bruttoinlandsprodukts (nach Angaben der WHO). Umgerechnet auf Duderstadt bedeutet das – als theoretische Schätzung – Kosten von 3 Millionen Euro auf kommunaler Ebene pro Jahr. Hinzu kommen direkte Kosten wie Heilbehandlungen sowie Strafjustiz und -vollzug.

Gespräche mit Leitungen der Kindertageseinrichtungen, der Grundschulen und weiterführenden Schulen haben ein großes Bedürfnis und auch eine große Offenheit gezeigt, das Thema soziale Kompetenzen und Gewaltprävention miteinander angehen zu wollen. Grundsätzlich muss jede Kita und jede Schule selbst entscheiden, an diesem Programm teilzunehmen. Gerade die Einbeziehung der Ganztagskräfte in die Kommunikationskultur der Schulen ist ein großes Anliegen der Leitungen der Grundschulen.

An diesem Punkt leistet die Stadt Duderstadt eine offensive Unterstützung und nimmt die Bedürfnisse der Kitas und Grundschulen sehr ernst, indem sie sich – vertreten durch Herrn Bürgermeister Nolte und die zuständigen Mitarbeiter/innen der Stadtverwaltung – frühzeitig und vorausschauend mit der Finanzierungsfrage beschäftigt und im engen Dialog mit dem Landkreis Göttingen aktiv in den Willensbildungsprozess gestaltend einbringt.

Den größten Wirkungsgrad wird das Programm haben, wenn auch die Kindertageseinrichtungen und Grundschulen aus dem Einzugsgebiet der weiterführenden Schulen Duderstadts am Programm partizipieren.

Erforderlich ist an diesem Punkt, dass Jugendarbeit, Jugendhilfe, Kitas, Schulen, Wirtschaft und Politik an einem Strang ziehen. In Erweiterung des Programms des Landeskriminalamts wäre es wünschenswert, wenn in Duderstadt auch die Vereine und Kirchen an dem Programm teil hätten und sich eine Finanzierungsbasis dafür finden ließe.

Facebook-Plattform: Du-machst-Duderstadt
Über 8.000 Zugriffe gab es bislang auf die Facebookseite DU-machst-DUDERSTADT!
Grund genug, die ursprünglich als Plattform für das Jugendengagement von ‚Duderstadt2020' gedachte Seite für alle zu öffnen – für die Jugendlichen selbst und für die, die für Jugendliche in Duderstadt aktiv sind. DU-machst-DUDERSTADT in Facebook soll zur Plattform werden für alle Termine, News, Themen, die für Jugendliche in Duderstadt wichtig sind. Deshalb sind alle Jugendlichen und diejenigen, die für und mit Jugendlichen ar-

Spiele alt und neu: Spielenachmittag des Jugendfreizeitheims Duderstadt gemeinsam mit dem Seniorenservicebüro der Caritas Duderstadt

beiten – Vereine, Kirchengemeinden, Schulen eingeladen: Nutzen Sie diesen öffentlichkeitswirksamen und zielgerichteten Auftritt und posten Sie Ihre Informationen!

Das Engagement für Kinder und Jugendliche in Duderstadt ist so vielseitig: Das sollte sichtbar gemacht werden!

Duderstadt muss Kindern und Jugendlichen in ihren frühen Lebensphasen zur Heimat werden, indem wir sie aktiv einbinden!

Wir schreiben hier aus der Sicht Erwachsener: Streng genommen müsste dieser Aufsatz von Jugendlichen geschrieben werden! Menschen mit Behinderung sagen seit vielen Jahren: „Nichts über uns ohne uns". Das muss auch das Motto der Jugendarbeit sein.

Deswegen die Jugendzukunftskonferenz und daher auch die Gründung von 6 Arbeitsgruppen, die versuchen, aus den Ergebnissen der Jugendzukunftskonferenz konkrete Verbesserungen zu erzielen für Jugendliche in Duderstadt.

Die Aufgabe der Erwachsenen in diesen Arbeitsgruppen soll sein, zu moderieren, Informationen zu geben, Wege zu erklären, Netzwerke zu bilden: Gestalten und Ziele zu definieren ist Zuständigkeit der Jugendlichen selbst. So können und sollen sich Jugendliche Räume aneignen. Dann ist auch der Weg das Ziel und der Weg ist manchmal steiniger, bergiger oder kurviger und dauert daher etwas länger oder kostet mehr Kraft als die Autobahn. Aber jeder von uns kennt das wunderschöne Gefühl, wenn wir einen solchen Weg bewältigt haben, und die Energie und Motivation, die das freisetzt.

Eine solche „Erlebnisenergie" wird nicht frei, wenn Jugendliche ein sorgfältig vorbereitetes Freizeit- oder Sportangebot konsumieren und jemand anders damit eine Dienstleistung für sie erbringt.

Und dennoch bewegen wir uns hier in einem großen Spannungsfeld, das vor allem das Leben der vielen Vereine mit aktiver Jugendarbeit bestimmt: Jugendliche leiden unter ähnlicher Zeitknappheit wie die engagiert arbeitende Bevölkerung, ebenso unter ähnlichem Leistungsdruck. Wir Erwachsenen haben oft das Bedürfnis, den Jugendlichen Freizeit und Sport so zuzuschneiden, dass sie eine Teilhabechance haben und Ausgleich finden. Dafür nehmen wir in Kauf, dass sie weniger Eigenverantwortung übernehmen, nicht lernen, wie man Turniere selbst organisiert oder woher das Geld kommt oder Ähnliches: Effektivierung der Jugendzeit. Jugendliche sind sehr aktiv, das ehrenamtliche Engagement allerdings stagniert oder geht leicht zurück, so die statistischen Befunde aus der langfristigen Beobachtung im Auftrag der Bertelsmannstiftung (vgl. Picot 2011). Das ist nicht auf ein Desinteresse von Jugendlichen zurückzuführen – im Gegenteil:

Kinder an Kunst heranzuführen ist ein Schwerpunkt der pädagogischen Arbeit des Jugendfreizeitheims Duderstadt

Die Engagementbereitschaft Jugendlicher ist gestiegen. Wir müssen also adäquate und gezielte Formen des Ansprechens Jugendlicher stärken! Insofern die klare Botschaft an alle, die ehren- oder hauptamtlich mit Jugendlichen arbeiten: Trauen Sie sich, Jugendliche zu partizipativen Wegen einzuladen und sie ihnen zuzutrauen!

Es mag sein, dass Jugendliche wegen Zeitknappheit aufgrund schulischer Eingebundenheit hin und wieder absagen. Aber sie wissen dann: Wir Jugendlichen sind gefragt und können Sie ansprechen, wenn die Zeit dafür vorhanden ist. Damit erhalten wir die Chance, unsere Organisationskompetenzen für das Gemeinwesen weitergeben zu können. Je mehr Jugendliche durch Engagement „Heimatgefühl“ durch aktives Gestalten entwickeln, desto besser unsere Zukunftschancen. Wir müssen aktiv unterstützen, dass es Raum und Zeit für die Gestaltung des Gemeinwesens durch Jugendliche gibt und ihnen dazu die Handlungsstrukturen bieten. Das wird nicht von selbst passieren, dazu ist ein zielgerichtetes Netzwerk zwischen Politik, Schulen, Vereinen und sozialer Arbeit nötig, das Ermöglichungsstrukturen schafft.

Diesen Schatz haben wir im Prozess ‚Duderstadt2020‘ an vielen Stellen gemeinsam mit vielen Akteur/innen weiterentwickelt und das ist sichtbar geworden: Herzlichen Dank an alle, die dabei mitgemacht haben! Wir machen weiter: Weder Jugendliche noch diejenigen, die für die Jugendlichen arbeiten, sind in Duderstadt Einzelgänger/innen! Gemeinsam wird hier Zukunft geschaffen.

LITERATUR

Shell Deutschland Holding (2010): 16. Shell Jugendstudie | **Picot, Sybille (2011):** Jugend in der Zivilgesellschaft. Freiwilliges Engagement von 1999 bis 2009, Kurzbericht; | **Gütersloh:** Bertelsmann Stiftung (Hg.), Broschüre und http://www.bertelsmann-stiftung.de/bst/de/media/xcms_bst_dms_33702_33705_2.pdf

Janina Much (36 Jahre, Arzthelferin, Sydney/Australien)

Grenzen sind nicht okay

Duderstadt – der Ort meiner Kindheit. Ich bin morgens aus dem Haus gegangen und abends zum Abendbrot wieder zurückgekommen. Man wusste, dass man zum Abendbrot wieder da sein musste. Da hat sich keiner Gedanken gemacht. Ich erzähle unseren Kindern immer, was wir in den Sommerferien gemacht haben, zum Beispiel gezeltet, die ganzen sechs Wochen lang. Das finden sie immer ganz toll. Und das sind halt Dinge, die in einer großen Stadt wie Sydney so einfach nicht gehen. Das finden die Kids schon ein bisschen schade. Obwohl sie direkt im Nationalpark stehen. Wenn sie aus dem Haus rauskommen, haben sie nicht diese Freiheiten, die ich damals in Duderstadt hatte. Besondere Orte, an denen ich früher sehr viel Zeit verbracht habe und an die ich mich sehr gern erinnere, sind für mich die z. B. Heinz Sielmann Stiftung. Die Kids liebten es, dort herumzulaufen und die Natur zu „begreifen". Der Seeburger See, dort bekam man so vieles geboten: vom Spielplatz, Freibad, über Bootfahren, einfach nur Spazierengehen bis hin zur „Esmeralda", was das Highlight eines jeden Ausfluges war. Und vor allem der Stadtwall und die Gartenanlagen Duderstadts. Auch Westerode ist so ein besonderer Ort für mich. Dort leben meine Großeltern. Besonders meine Großmutter war und ist auch immer noch eine wichtige Person für mich. Nach dem Kindergarten habe ich jeden Nachmittag bei meinen Großeltern verbracht. Im Alter von drei bis sechs Jahren bin ich mehr oder weniger bei ihnen groß geworden. Bevor wir nach Australien gegangen sind, haben wir am Wall gewohnt. Wir konnten immer spazieren gehen und Kastanien sammeln. Das war schon schön. Unser Garten auf dem Sulberg – das war unser kleiner Urlaubsort.

Schließlich fällt mir noch der Anreischke ein, das Nonplusultra für jeden Duderstädter. Unsere Kids erinnern sich selbst heute noch an ihren „Nickemann" – weil der Anreischke, wenn er aus dem Fenster im Rathaus schaut, eben immer nickt. Ich erinnere mich auch noch, wie ich meine Mutter früher damit „quälte", dass wir entweder um 11, um 13, um 15 oder um 17 Uhr zum Anreischke mussten. Das war bei meinen Kindern nicht anders. Die ungeraden Stunden waren die, wo man in der Stadt sein musste.

v.l.n.r.: Joshua Much (10), Ann-Merle Much (11), Timon-Elias Much(8), Janina Much (36) und Thomas Much (41) (Foto: privat)

Besondere Erinnerungen verbinde ich mit meiner Schulzeit. Nach der Realschule bin ich 1992 für das Fachabitur nach Göttingen auf die Berufsbildende Schule III gegangen. Auf dem Eichsfeld-Gymnasium rechnete ich mir keine besonderen Chancen aus. Hinter vorgehaltener Hand galt die Regel, wenn man nicht mit einem absoluten Einser-Schnitt von der Realschule kommt, schafft man es auf dem Eichsfeld-Gymnasium nicht. In Göttingen angekommen, galt ich schnell als Klassenstreber. Als ich mich in meiner Klasse in Göttingen vorstellte, hieß es: „Die Eichsfelder haben ja die schwersten Schulen." Ob das nun stimmt oder nicht, ich habe das Abi in Göttingen ohne großen Aufwand geschafft. In Duderstadt dagegen haben die meisten in meiner Wahrnehmung gelernt, gelernt und gelernt.

Wer im Eichsfeld geboren ist, bleibt auch sehr oft da. Zwischen den Ortschaften zieht man schon hin und her, aber nicht gerne weg. Das ist mein Eichsfeld-Gefühl. Für mich stand jedoch schon früh fest, dass ich nach der Schule als Au-pair-Mädchen ins Ausland wollte – und zwar nach Australien. Ich erinnere mich, dass ich von meinen Eltern zum bestandenen Abi einen Reisegutschein bekam, auf dem stand: „Für eine Entspannungsreise für zwei Wochen". Leider war diese nicht bis nach Australien gedacht. Obwohl bei mir und meinem Mann Thomas, der bei Otto Bock arbeitet, der Wunsch bestand, gemeinsam auf Dauer nach Australien zu gehen, mussten wir uns noch paar Jahre gedulden. Ich begann ein Studium, unsere Kinder wurden geboren. Es war schließlich Prof. Hans Georg Näder, der meinem Mann eine berufliche Perspektive in Australien eröffnete. So gingen wir im Jahr 2005 zusammen mit unseren drei Kindern nach Sydney. Viele Menschen, denen wir erzählten, dass wir nach Australien gehen würden, fanden das zwar gut, konnten es jedoch überhaupt nicht nachvollziehen.

Ich habe mich in Duderstadt wohlgefühlt. Ich hatte meine Freunde hier und hatte eine schöne Kindheit. Irgendwann wurde mir Duderstadt jedoch zu klein. Denn jeder hier kennt jeden. Das kann definitiv Vorteile haben. Wenn zum Beispiel eines meiner Kinder in der Stadt verloren gegangen wäre, hätte ich mir keine Sorgen machen müssen, weil mich jeder kannte. Meine Kinder kannte jeder. Da wäre immer einer gekommen und hätte gesagt, wo mein Kind gewesen wäre. Ebenso erdrückend empfand ich jedoch, dass jeder über jeden Bescheid wusste. Jeder wusste, was man selbst gemacht hatte, bevor man es gemacht hat. Gestört hat mich auch, dass ein großer Teil der Dinge in Duderstadt so laufen mussten, wie es von einem erwartet wurde. Der Grund: Weil man es über Generationen hinweg schon immer so gemacht hat und man nichts daran ändern durfte. Wenn man dann, wie wir, an einen Ort geht, wo einen keiner kennt, hat niemand so große Erwartungen an dich.

Duderstadt lag dicht an der ehemaligen Grenze zur DDR. Als Kind durfte man z. B. nie auf den Grünstreifen an der Grenze auf dem Pferdeberg gehen. Als ich 13 Jahre alt war, wurde die Grenze geöffnet. An dem Tag hatten wir in der Schule in den ersten beiden Stunden Sport. Unser Sportlehrer hat mit uns einen Lauf zur Grenze gemacht, damit wir alle an diesem Ereignis teilnehmen konnten. Niemand ist zurück zur Schule. Wir sind einfach alle dort geblieben und haben, wie so viele andere auch, zugesehen, wie die Menschenmassen in Richtung Duderstadt geströmt sind. Mein Vater, der zu dem Zeitpunkt auf einem Seminar war, konnte es kaum fassen, als er wieder nach Duderstadt kam und die ganze Stadt ein Parkplatz voller Trabants war. Meine beste Freundin und ich sind mit dem Fahrrad nach Ecklingerode geradelt und waren ganz peinlich berührt, als die Menschen in der Bäckerei nicht einmal zehn Pfennig für zwei Brötchen nehmen wollten. Sie meinten, es sei viel zu viel!

Hier in Australien wollen Freunde und Bekannte immer ganz genau wissen, was damals passiert ist und wie es überhaupt zur Wiedervereinigung gekommen ist. Sie finden es unheimlich faszinierend.

Gesellschaftliche und politische Grenzen haben mich geprägt. Grenzen sind aber nicht okay. Jeder kann das machen oder sollte das machen können, worauf er Lust hat. Mein Motto: Du solltest etwas nicht machen, weil ich es gut finde, sondern weil du selber es gut findest. Mach es aber auch, wenn ich es nicht gut finde. Das ist es, was ich in meiner Zeit in Duderstadt gelernt habe. Unseren Kindern versuche ich deshalb heute zu vermitteln: Lebe dein Leben, so wie du es magst, mit allen Konsequenzen, und lebe nicht mein Leben oder was ich oder andere von dir erwarte(n)!

Kontakt habe ich heute vor allem zur Familie und zu einigen Freunden. Mein Mann Thomas ist beruflich ein Mal im Jahr in Duderstadt. Das letzte Mal mit der ganzen Familie waren wir im Jahr 2007 in Duderstadt. Mit der ganzen Familie häufiger zu kommen, das ist einfach zu teuer. Wenn mein Mann von seinen Duderstadt-Besuchen zurückkommt, erzählt er mir immer die Neuigkeiten. Ansonsten lese ich regelmäßig das Eichsfelder Tageblatt in der Onlineausgabe. Hier verfolge ich, was sich in der Innenstadt tut; dass sich viele Geschäfte verändert haben, welche geschlossen wurden oder neu aufgemacht haben. Oder dass die Feilenfabrik, die ich nur als Ruine kenne, nun ein Einkaufspark geworden ist. Besonders in der Samstagsausgabe des ET schmökere ich, um zu schauen, wer Kinder bekommen hat, wer geheiratet hat und wer gestorben ist. So bleibe ich beim Duderstädter Klatsch und Tratsch auf dem neuesten Stand.

Aktuell könnte ich mir nicht vorstellen, nach Duderstadt zurückzukehren. Obwohl wir darüber oft nachdenken. Ich glaube aber nicht, dass ich mich dort wieder wohlfühlen würde. Als unsere Kinder klein waren, da war Duderstadt super. Es war sehr behütet, um unsere Kinder mussten wir keine Angst haben. Jeder kannte jeden. Das geht hier in Sydney natürlich nicht, das ist viel anonymer. Hier ist auch alles viel weitläufiger, da können unsere Kids sich nicht einfach mal aufs Fahrrad schwingen und ihre Freunde besuchen. Allerdings sind die Angebote in der Großstadt auch viel größer. Unsere Kinder können ihre unterschiedlichen Interessen komplett ausleben.

Wenn ich anderen Menschen in Australien von meiner Heimatstadt erzähle, gerate ich häufig ins Schwärmen. Wir machen sehr viel „Werbung" für Duderstadt. In Duderstadt aufzuwachsen oder als Tourist in die Stadt zu kommen, ist wunderwunderschön. Duderstadt hat so viel zu bieten. Lange muss man nicht suchen. Man geht in die Stadt und es ist einfach da, es ist unheimlich präsent.

Die Fachwerkgebäude, das Rathaus, die Stadttore oder der Westerturm. Die ganzen Geschichten, die damit verbunden sind. Wie sich der Teufel auf dem Westerturm gedreht hat oder wie der Anreischke mit dem Wall verbunden ist. Dieser geschichtliche Hintergrund der Stadt, das ist etwas, was es hier in Australien nicht gibt. Wenn wir Australiern von Duderstadt erzählen, sind sie immer ganz begeistert und fasziniert. Kaum einer kann sich vorstellen, wie alt Duderstadt ist. Wir haben Freunde, die einen Europa-Trip gemacht haben, nach Duderstadt geschickt. Die fanden das unheimlich toll, weil Geschichte da ist. Sie waren total begeistert und fasziniert vom Befestigungswall, von den Stadttoren und vom Rathaus. Der Tourismus könnte gerade bei jungen Nationen wie zum Beispiel Amerika oder Australien mit seiner Geschichte punkten. Etwas anderes ist es, in Duderstadt zu leben. Es mag ein Stück besser geworden sein durch die Grenzöffnung, aber zum Einkaufen muss man doch oft woandershin fahren. Auch wenn ich es nicht super fand, wir hatten damals immerhin zwei Discos zur Auswahl. Heute ist es nur noch eine. Und die soll, so sagen uns Jugendliche, mit denen wir noch in Kontakt stehen, auch nicht so gut sein. Sie fahren lieber nach Göttingen oder lassen sich von ihren Eltern dorthin fahren.

In einem Punkt vermisse ich in Duderstadt Konsequenz. Die Schließung oder besser gesagt die Nicht-Schließung der Fußgängerzone war mir bereits ein Dorn im Auge, als ich noch in Duderstadt wohnte. Obwohl es Fußgängerzone heißt, konnte ich trotzdem nie meine Kinder frei herumlaufen lassen. Vielmehr ist es eine Busse-können-da-noch-ständig-durchfahren-Zone und Taxen-können-da-noch-ständig-durchfahren-

Zone und Jeder-der-will-kann-da-noch-ständig-durchfahren-Zone. In Göttingen parken die Menschen auch weiter weg und schleppen ihre Taschen, ohne sich darüber zu beschweren. Ich finde es schade, dass sich die Duderstädter damit so schwertun und sich nicht dafür einsetzen, dass die Fußgängerzone zugemacht wird, bis auf bestimmte Lieferzeiten, z. B. am Morgen und am Abend.

Mein Fazit: Duderstadt ist eine wunderschöne Stadt für Kinder und Touristen. Aber für mich wäre das Leben im Moment hier schwer vorstellbar.

Interview:
Susanne Möhl,
Text:
Meike Caselmann und
Sebastian Tränkner

BIOGRAPHISCHE ANGABEN

Janina Much wurde 1975 in Duderstadt geboren, wo sie ihre Schulzeit bis 1992 verbrachte. Zum Abitur ging sie zur BBS3 nach Göttingen. Hier studierte sie bis zur Geburt ihrer Tochter Anglistik und Germanistik auf Lehramt. Im Januar 2005 ging ihr Mann nach Australien und Janina folgte mit den drei Kindern im Juni des gleichen Jahres. In Sydney ist ihr Mann für Otto Bock tätig. Sie selbst arbeitet als Rezeptionistin (Arzthelferin) in einer Arztpraxis.

Friederike Jendrysik (20 Jahre, Argentinien)

In Duderstadt für das Leben gelernt

Mal etwas Anderes sehen, andere Leute kennenlernen und eine weitere Sprache besser zu können – das waren für mich die Auslöser, um im Sommer 2010 nach dem Abitur für ein Freiwilliges Soziales Jahr bei „Don Bosco Volunteers" nach Argentinien zu gehen. In dem Städtchen Villa Regina in Patagonien arbeite ich heute in einem Tageszentrum der katholischen Kirche mit Kindern und Jugendlichen aus einem armen Stadtviertel. Die Arbeitstage sind oft ausgefüllt. Wir bieten den Kindern und Jugendlichen etwas zu essen, machen mit ihnen Hausaufgaben, geben Computer- und Englischunterricht und basteln, nähen und tischlern mit ihnen. Durch eine Spende des Eichsfeldgymnasiums konnten wir die Öffnungszeiten verlängern und durch eine weitere Privatspende konnten wir auch ein Radioprojekt starten, das von den Kindern und Jugendlichen gestaltet wird.

Die Arbeit mit Kindern hat mir schon immer viel Spaß gemacht. Bei meiner Arbeit hier in Argentinien hilft es mir sehr, dass ich in der kirchlichen Jugendarbeit bei St. Cyriakus und EMMAUS viele Erfahrungen sammeln konnte. Häufig denke ich an die vielen schönen Aktionen, an die netten Menschen und an die vielen, vielen Stunden Spaß, die wir da zusammen hatten. Wichtig waren für mich vor allem die Messdiener und die Kapläne, so Kaplan Timm, der uns durch Aktionen sehr motiviert hat. Viel Zeit habe ich in Messdienerrunden, in Gruppenstunden und bei den Sternsingern verbracht, zunächst als Teilnehmerin; hier habe ich gelernt, wie man eine Gruppe leitet, viele Dinge vorbereitet. Später konnte ich als Gruppenleiterin selbst viel mitgestalten. Das ist alles noch so präsent und hilft mir im Moment sehr, wenn ich mit den Kindern hier vor Ort arbeite.

Zum Aufwachsen fand ich Duderstadt toll. Wir konnten als Kinder mit Kreide auf der Straße malen und überall hinlaufen, ohne Angst zu haben. Duderstadt ist sehr hübsch, sehr klein, und ein bisschen langweilig. Für Leute in meinem Alter ist es nicht so der Hit. Aber ich habe es überlebt. Nach der 11. Klasse wollte ich etwas anderes sehen. Und jetzt sitze ich weit weg am anderen Ende der Welt, nicht weit weg von der Pampa. Und ja, die deutsche Pampa ist ja um Duderstadt. Als ich in der deutschen Botschaft in Buenos Aires eine Postkarte mit einer Deutsch-

Friederike Jendrysik mit Melani, Maria und Flo in einem Tageszentrum der katholischen Kirche in Villa Regina/Patagonien (Foto: privat)

landkarte sah, war genau da, wo Duderstadt ist, nichts. Nur Gegend, keine einzige Straße, nichts. Das war schon zutreffend. Ich hätte Duderstadt aber schon gerne darauf gesehen, denn eigentlich kann man es schon erwähnen.

Wenn ich heute an Duderstadt denke, dann denke ich zunächst erst einmal an ein verschlafenes Nest, wo nicht so viel los ist. Aber es ist halt auch mein Zuhause. Hier bin ich aufgewachsen und immer relativ zufrieden gewesen. Meine Heimat, meine Familie, das wird es immer bleiben. Daher habe ich auf jeden Fall ein gutes Gefühl, wenn ich an Duderstadt denke. Wenn ich im August nach Duderstadt zurückkehre, freue ich mich schon darauf, mal wieder durch die Altstadt und die Fußgänger-Zone zu laufen und ein Eis zu essen. Und darauf, die ganzen Leute wieder zu treffen, die man mal sieht und denkt: Mensch, dich habe ich schon ewig nicht mehr gesehen. Dass sich viele Leute in der Stadt treffen, ist gut für die Stadt. Man trifft immer irgend jemanden, den man kennt. Wenn ich zum Beispiel mit meiner Mutter einkaufen gehe, dauert das generell lange, weil sie auch 500 Leute trifft. Deshalb ist Duderstadt für mich ein kleines Dorf, es ist wie eine Duderstadt-Familie.

Ich hätte mir als Jugendliche gewünscht, dass mehr und Attraktiveres für die Jugend getan worden wäre. Eine tolle Disko hätte ich mir gewünscht. Es gibt zwar eine Kneipe, die allerdings sehr teuer ist, eine Alternative, wie man sie in Großstädten findet, fehlt mir aber. Festivals, wie zum Beispiel mit Peter Maffay, sind zwar cool, ziehen aber nicht die Jugend. Ich wünsche mir, dass es mehr Flippigeres und Lustigeres geben müsste, das gezielt Jugendliche anspricht. Aber eigentlich habe ich damit abgeschlossen, dass es da in Duderstadt noch mal was gibt.

Nach zwölf Monaten Abstinenz freue ich mich, wieder nach Duderstadt zu kommen. Allerdings wird der Besuch nur von kurzer Dauer sein, da ich Oktober 2011 zum Studieren wahrscheinlich nach Mainz gehen werde. Ich habe 19 Jahre in Duderstadt gelebt, das reicht. Ich brauche nun ein bisschen Großstadt. Weil man dort besser einkaufen kann, weil immer was los ist: coole Konzerte, tolle Diskos, Kneipen, Bistros. Es ist einfach ein bisschen cooler als Duderstadt. Aber Duderstadt hat ja auch nicht genügend Einwohner, da kann es auch nicht so viele Angebote geben. Ein weiterer Aspekt ist für mich auch, durch die Stadt gehen zu können, ohne gleich erkannt zu werden.

Vom aktuellen Zeitpunkt aus kann ich mir nicht vorstellen, nach Duderstadt zurückzukommen. Ich träume davon, in Hamburg oder Köln zu unterrichten. Aber auch zukünftig werde ich regelmäßig nach Duderstadt kommen. Zwischen vier und viereinhalb Stunden Fahrzeit sind okay, nicht zu nah dran und nicht zu weit weg. Dann kann ich immer mal schnell für ein Wochenende nach Hause fahren.

Hier von Argentinien aus will ich immer wissen, was in Duderstadt passiert. Meine Mama sagt immer: „Es gibt nichts Neues in Duderstadt, alles so wie immer."

Interview:
Susanne Möhl,
Text:
Meike Caselmann und
Sebastian Tränkner

BIOGRAPHISCHE ANGABEN

Friederike Jendrysik wurde 1991 in Duderstadt geboren und lebte bis zu ihrem 19. Lebensjahr in ihrer Geburtsstadt. Sie war im Emmaus Dekanatsjugendzentrum der katholischen Kirche aktiv. Nach dem Abitur verließ sie Deutschland, um mit Jugendlichen in einem Zentrum der katholischen Kirche in Villa Regina in Patagonien zu arbeiten. Nach ihrem Auslandsaufenthalt möchte sie zurück nach Deutschland kommen, um ihr Studium in einer Großstadt aufzunehmen.

ALEXANDRA ENGEL

FREIWILLIGES ENGAGEMENT

Engagement ist gelebte Demokratie und ein Kitt, der Duderstadt lebens- und liebenswert macht. Warum soll ich mich in und für Duderstadt engagieren? Engagement in Duderstadt? Das gehört dazu! Eine beeindruckende Leistung. Dabei spielen traditionelle Formen von Ehrenamt genauso eine Rolle wie neue Formen von Projekten der Freiwilligenarbeit.

WIR MACHEN UNS DIE WELT, WIE SIE UNS GEFÄLLT

Unsere Gesellschaft wandelt sich. Daher stellt sich durchaus die Frage nach der Zukunft dieses starken Engagements. Engagement ist in aller Munde und wird politisch gefordert und gefördert: Weiß man doch mittlerweile, wie stark das zivilgesellschaftliche Engagement für den notwendigen Kitt in unserer Gesellschaft sorgt!

Viele meiner Gespräche in Duderstadt in den vergangenen zwei Jahren drehten sich immer wieder um die Fragen: Warum soll ich mich in Duderstadt engagieren? Lohnt sich das? Kann ich etwas bewirken? Was sind die Erwartungen an dieses Engagement? Wie wird mir als engagierter Person begegnet?

Duderstadt hat Zukunft, und zwar vor allem wegen des Engagements in dieser Stadt!

Engagement ist einer der großen Schätze hier am Ort, daher möchte ich im Folgenden einige Fragen diskutieren, wie dieser Schatz bewahrt und in die Zukunft transportiert werden kann.

Dabei geht es mir vor allem darum, diejenigen zu stützen, die Duderstadt mit ihrem Engagement bereichern.

WARUM ENGAGIERE ICH MICH ÜBERHAUPT? WEIL ES EINE HERZENSANGELEGENHEIT IST UND ICH EIN KONKRETES ZIEL VERFOLGE.

An diesem Punkt finde ich es zentral, Position zu beziehen: Menschen engagieren sich, weil sie dazu aus eigenem Antrieb heraus motiviert sind. Engagement ist eine Herzensangelegenheit. Das weisen auch Studien nach, die sich mit den Motivationen zum bürgerschaftlichen Engagement befassen:

Corsten, Kauppert und Rosa gehen davon aus, dass Engagierte durch konkretes Tun vom „Ichling“ zum „Wirling“ werden. Sie nennen das die Entwicklung von „Wir-Sinn“ und weisen nach, dass „Wir-Sinn“ immer eine Anbindung zur Biographie haben muss, um dauerhaft zu bestehen (vgl. Corsten et al. 2008: 32ff.): Ich sehe etwas in meinem Leben, das mein Herz positiv berührt oder das mich stört. Dann frage ich mich: Habe ich die Chance, es zu verändern? Wenn ich glaube, dass ich etwas ändern kann, engagiere ich mich. Wenn ich dann meine Engagementziele erreiche, bleibe ich dabei.

Zusammenfassend: Engagierte Menschen möchten, dass ihre Ideen umgesetzt und integriert werden, dass sie in Entscheidungen eingebunden und erfolgreich sind und aus dem Engagement auch wieder neue und kreative Ideen entstehen.

ZUM ENGAGEMENT GIBT ES VIELE BEGRIFFE:

Bürgerschaftliches Engagement ist ein Sammelbegriff. Als Ehrenamt bezeichnetes Engagement findet eher in traditionellen Vereinsstrukturen statt, ist meist stark lokal gebunden. Die Begriffe Freiwilligenarbeit und Selbsthilfe betonen hingegen stärker die Unabhängigkeit der Engagierten mit ihren individuellen Motiven (vgl. dazu Olk 2005: 178, Rauschenbach 2005: 352).

Leitbild bürgerschaftlichen Engagements ist, dass die Zukunft des Gemeinwesens nicht vorrangig vom Staat und seinen Institutionen abhängig sein soll, sondern durch Bürgerinnen und Bürger gestaltet wird. Dabei-Sein und Dagegen-Sein mit Bürgerengagement gehört zur Demokratie und macht die Produktivität und Innovationskraft unseres Gemeinwesens aus. Ziel von Engagement ist gelebte Solidarität jenseits sozialer Unterschiede, die Förderung lebendigen Zusammenlebens, das Einüben von Verantwortungsbereitschaft sowie Toleranz und Rücksichtnahme (vgl. Olk 2005: 178).

71 % der Bevölkerung in Deutschland zeigen irgendeine Form zivilgesellschaftlichen Engagements. Das Engagement ist in der Bevölkerung breit verteilt und wächst seit Erhebung dieser Daten leicht (vgl. BMFSFJ 2010: 4).
Wenn wir in Zukunft noch besser darauf achten, dass auch Menschen mit Migrationshintergrund und niedrigem sozialen Status Engagementchancen erhalten, dann geht es uns gut. Projekte wie Café Grenzenlos oder die internationalen Gärten in Duderstadt haben hier nach wie vor bundesweiten Vorbildcharakter!

Es ist empirisch bewiesen, dass bürgerschaftliches Engagement in Vereinen tatsächlich die Kompetenzen der Bürger stärkt, es stärkt die politische Partizipation: Wer engagiert ist, lernt organisieren, diskutieren, stärkt seine Konfliktfähigkeit und sein Selbstbewusstsein (Braun 2005). Engagement ist lebenslanges Lernen und fördert die soziale Eingebundenheit. Einige Sozialforscher, beispielsweise Anheier und Toepler (2002: 38), bewerten das bürgerschaftliche Engagement als Ausdruck einer souveränen Gesellschaft. Die Bürger haben, so Anheier und Toepler, die Fähigkeit, ihre Gesellschaft selbst zu gestalten und auch ein großes Vertrauen darin. Diese Einschätzung basiert auf dem Konzept der Zivilgesellschaft. Eine Zivilgesellschaft setzt eine freiheitlich demokratische Grundordnung voraus und bewertet die Zunahme informeller Formen von Engagement als positives Zeichen für die Struktur der Gesellschaft (vgl. Hillmann 1990).

Engagierte Bürger/innen sind kompetenter und besser informiert und somit eher in der Lage, staatliches Handeln zu beurteilen. Damit ist auch eine Schutzfunktion für unsere demokratischen Prinzipien und Bürgerrechte gegeben (Braun 2001: 104).

ENGAGEMENT LÄSST SICH NICHT „VERORDNEN", ES STÜTZT UNSERE DEMOKRATIE DURCH SEINE PLURALITÄT

Die Motive und Ziele engagierter Menschen sind so unterschiedlich wie Haltungen, Einstellungen und Meinungen in unserer Gesellschaft sein können. Und genau das ist die Kraft von Engagement: Sie bildet Gesellschaft in all ihrer Pluralität ab. Engagement ist Teil unseres Demokratie und umgekehrt: demokratische Prinzipien sind Teil unseres Engagements: Erst die Demokratie ermöglicht und unsere moderne Lebensform, in der wir die Freiheit haben, individuell entscheiden und handeln und Verantwortung übernehmen zu können. Sie ga-

SPRECHEN SIE MITEINANDER!

Mein Tipp: Es geht nichts über das gute alte persönliche Gespräch. So einfach wie zentral: Wenn Sie denken, jemand teilt ihre Engagementziele und hätte vielleicht Lust, mitzumachen, dann sprechen sie ihn oder sie persönlich an! Sprechen Sie über Motivationen und Ziele, suchen sie aktiv nach Partnerinnen und Partnern: dann kann zusammen kommen, was zusammen Sinn macht.

rantiert unsere individuelle Gleichheit vor Recht und Gesetz und schützt Minderheiten. Und Demokratie ermöglicht zahllose Formen gesellschaftlicher Vereinigungen: Gemeinsames, gemeinschaftliches und solidarisches freiwilliges Handeln ist eine Grundlage, die durch Demokratie geschützt wird (vgl. Schubert, Klaus/Martina Klein: Das Politiklexikon. 4., aktual. Aufl. Bonn: Dietz 2006).

Das Recht auf bürgerschaftliches Engagement ist ähnlich wie Medienfreiheit Grundlage für Demokratisierungsprozesse.

WIE KÖNNEN WIR ENGAGEMENT FÖRDERN?

Engagement ist eine ganz persönliche Angelegenheit, in ihren Auswirkungen aber politisch: der „Kitt" für unsere demokratische Gesellschaft. Deswegen ist es wichtig, Engagement politisch zu fördern. Was aber nicht funktioniert ist, Menschen zu Engagement zu „überreden" oder moralisch zu verpflichten: Das entspricht nicht der Individualität intrinsischer Engagementmotivationen und wäre es auch nicht im Sinne unser pluralen Demokratie.

Wenn also die Bundesregierung durch vielseitige Programme Engagement von Bürgerinnen und Bürgern fördert, dann tut sie gut daran, Menschen nicht funktionalisieren zu wollen, etwa zur Bewältigung von Pflegenotständen. Es ist besser, sie schafft Rahmenbedingungen und Handlungsstrukturen, in denen Menschen das Gefühl haben: Hier habe ich Platz mit meiner Engagementmotivation und meinen Ideen, hier kann ich erfolgreich sein.

Was heißt das konkret? Wie geht das? Meine Position ist, dass Engagementförderung von „unten" nach „oben" stattfinden muss. Vieles können Sie und ich selbst in die Hand nehmen, das werde ich im Folgenden ausführen. Für anderes brauchen wir gute politisch und gesellschaftlich verankerte Strukturen, darauf werde ich am Ende des Beitrags eingehen.

OFFENER DIALOG SCHAFFT KLARHEIT

Neu engagierte Menschen in einem Verein brauchen Aufmerksamkeit im Dialog über Motivationen, Ziele und Erwartungen. Sie sind keine Auftragnehmer und sie müssen die Spielregeln kennenlernen. D. h., man muss über die gute Sache, aber auch über die gegenseitigen Erwartungen offen sprechen, vor allem die gemeinsame Vorgehensweise klar verabreden.

- Was sind eigentlich die Ziele des Vereins, der Gruppe, des Engagements?
- Sind die Ziele wirklich allen klar?
- Geht es darum, eine Tradition und Kultur zu leben oder möchten wir etwas Neues?
- Welche Bedeutung hat das soziale Miteinander?

Es ist wichtig, hin und wieder innezuhalten im gemeinsamen Engagement des Vereins, Verbands oder der Gruppe und zu überlegen:

- Wo stehen wir? Was machen wir gut?
- Wo haben wir „Luft nach oben"?
- Wo wollen wir hin?
- Welchen Weg sollen wir dafür gehen?

Solche Momente sind wichtig für die Reflexion des eigenen Engagements, sie geben aber auch neuen Gruppenmitgliedern Gelegenheit, zum

Offenes Singen der Seniorenbegegnungsstätte im Lorenz-Werthmann-Haus auf dem 1. Duderstädter Zukunftstag

festeren Bestandteil der Gruppe zu werden und ihr Engagement auszuweiten. Solche Besprechungen helfen auch, Generationenwechsel zu bewältigen.

MACHEN SIE IHRE ENGAGEMENTS UND ENGAGEMENTZIELE POSITIV SICHTBAR!

Derzeit finden wir in Zeitungen häufiger Überschriften wie: „Auch hier fehlt der Nachwuchs". Einer solchen Überschrift fehlt der Aufforderungscharakter, sie sprechen zwar ein Problem an, aber sie führen nicht dazu, dass Menschen Initiative ergreifen und „zum Nachwuchs werden".

Wenn ich Menschen motivieren möchte, sich in meinem Verein oder meiner Gemeinde zu engagieren, dann muss ich das positiv motivierend und konkret kundtun: Beispielsweise können wir über Filme im Internet, Podcasts, Zeitungsartikel oder andere Medien Aufmerksamkeit erreichen und mitteilen: Hier können Sie mit uns das Ziel erreichen!

Entscheidend ist also, dass ich konkret sage, was ich mir wünsche und warum.

Das Engagement selbst und die Orte für Engagement müssen sichtbar sein! Wer engagierte Menschen gewinnen möchte, muss positiv über seine Engagementziele sprechen und den Nutzen der geleisteten Arbeit sichtbar machen.

Also: Tue Gutes und rede darüber! Lade konkret ein mitzumachen und sage, warum das wichtig und gut ist.

ENGAGEMENT IST GESELLSCHAFTLICH WERTVOLL UND SOLL SPASS MACHEN, AUSEINANDERSETZUNGEN GEHÖREN DAZU.

Jede/r hat es bereits erlebt: Im geliebten Verein gab es Krach. Es schwelte schon länger die Unzufriedenheit und dann bricht der Konflikt auf: Es kommt zu Beschimpfungen und am Ende braucht es Wochen, bis sich die Wogen geglättet haben – und doch bleibt der Konflikt ein Teil des gemeinsamen oder eben nicht mehr gemeinsamen Engagements.

Solche Konflikte liegen in der Natur der Sache: Wenn Engagement eine Herzensangelegenheit ist und ich mich persönlich mit aller Kraft einbringe, dann bin ich verletzt, wenn mich jemand kritisiert, noch mehr fordert, mit meinen Wegen nicht einverstanden ist. Eigentlich erwarte ich doch, dass man mir „Danke" sagt für mein Engagement und eben nicht, dass ich mich rechtfertigen oder auseinandersetzen muss. Engagement vermittelt Kompetenzen, vor allem im sozialen Miteinander. Es fordert aber eben auch genau diese Kompetenzen heraus.

Engagement braucht den Dialog, die Verständigung über Ziele und adäquate Formen des miteinander Umgehens, damit Engagement lebendig bleiben kann.

WAS KÖNNEN WIR KONKRET TUN FÜR ENGAGEMENT, DAS SPASS MACHT?

- Regelmäßig innehalten und Motive, Ziele und Vorgehensweisen gemeinsam klären.
- Ansprechen, wenn ich mich überlastet fühle, und gemeinsam nach Lösungen suchen.
- Gemeinsam Dinge zu bewegen braucht Zeit: Unter Zeitdruck zu arbeiten zieht oft Konflikte und Überforderungen nach sich; insofern: Stress reduzieren.
- Ich kann Menschen, von denen ich denke, dass sie meine Ziele teilen, aktiv ansprechen und fragen, ob sie mitmachen wollen.
- Das soziale Miteinander braucht „Pflege“. Es „menschelt“ überall, niemand ist perfekt. Engagement braucht Toleranz. Wenn ich mich in einer Gruppe engagiere, in der über Fehler oder Misserfolge nach dem ersten Schrecken auch gemeinsam gelacht werden kann und das Problem anschließend auf anderem Wege zusammen angepackt wird, dann macht Engagement Spaß und schweißt zusammen.

Viele Duderstädter übernehmen Verantwortung in Vereinen, Gemeinden und Gruppen: Es ist ihr tagtägliches Werk, Engagement zu leben. Daher macht es an dieser Stelle Sinn, kurz auch theoretisch zu reflektieren, auf welcher Basis menschliche Bedürfnisse stehen. Denn wer versteht, wie wir „ticken“, dem fallen auch immer wieder kreative Problemlösungen in schwierigen Situationen ein. Gestatten Sie mir also einen kurzen Exkurs:

WAS BRAUCHT EIN MENSCH, DAMIT ER ODER SIE SICH GEWINNBRINGEND ENGAGIEREN KANN?

Der humanistische Psychologe Abraham Maslow hat in seiner viel zitierten Bedürfnispyramide, die eigentlich eine Bedürfnishierarchie ist, treffend zusammengefasst, was Menschen eigentlich brauchen, um (gut) leben zu können. Er hat diese Pyramide entwickelt, um Menschen, die sich um andere Menschen kümmern, einen Leitfaden an die Hand zu geben: Darauf kann ich achten, um gutes Engagement zu erreichen.

- Grundlegendes und wichtigstes physiologisches Bedürfnis ist, dass Hunger und Durst gestillt sind, ich schlafen und atmen kann.
- Ein darauf aufbauendes zweites unersetzbares Bedürfnis ist, dass ich Sicherheit brauche: Schutz, Angstfreiheit, Struktur, Behaglichkeit, Ordnung, Gesetz, Grenzen.
- Darüber hinaus brauche ich zum Leben ein gutes soziales Miteinander und Zugehörigkeit: Kontakt, Liebe, Zugehörigkeit, sozialen Anschluss, Gemeinschaftsgefühl. Aus diesen Bedürfnissen heraus engagieren wir uns in und für unsere GesellschaftWenn in diesen drei Ebenen Defizite vorliegen, sind elementare Lebensbedürfnisse nicht erfüllt. Ein gutes Engagement für andere wird dann nicht oder nur erschwert möglich sein. Wobei auch Defizite Motivation für Engagement sein können mit dem Ziel, dieses Defizit abzuschaffen. Wenn es also „menschelt“ in meiner Gruppe Engagierter, dann muss ich zunächst schauen, ob einzelne dieser Bedürfnisse bei einigen Menschen nicht erfüllt werden:

Hat jemand Angst? Wenn Kinder beispielsweise Angst haben in Schule, Verein oder Jugendgruppe, dann können sie sich nicht entwickeln! Fühlt sich jemand ausgeschlossen oder benachteiligt? Funktioniert die Kommunikation miteinander? An diesem Punkt spielt die Bewältigung sozialer und materieller Ungleichheiten eine Rolle: Bin ich auch als ärmerer Mensch akzeptiert und kann ich mithalten, weil die gemeinsamen Aktionen sich am Budget dessen, der am wenigsten Geld besitzt, orientieren? Mit Diversitäten umgehen ist keine „Zusatzaufgabe" im Engagement, sondern eine Grundvoraussetzung für das Erreichen von Zufriedenheit!

Gerade die Faktoren Angst und sozialer Ausschluss sind häufig Auslöser für Konflikte. Wenn ich weiß, dass die Lösung dieser Konflikte elementare Lebensbedürfnisse sind, weiß ich, dass ich handeln muss und kann. Manchmal sind solche Aufgaben komplizierter zu lösen, gerade unter Erwachsenen.

Bei Kindern ist es oft einfacher: Wenn meine Gruppe nicht mehr richtig funktioniert, braucht es häufig eine Pause, wenn ein Kind quengelt, hat es oft nur Hunger oder Durst. Wenn meine Gruppenstunde immer einen ähnlichen Ablauf hat und immer die gleichen Verhaltensregeln gelten, ist es für die Kinder einfacher, sich zu orientieren.

Wenn diese ganz einfachen Bedürfnisse erfüllt sind, dann sind wir zufrieden, wobei diese Bedürfnisse eben auch immer neu befriedigt werden müssen. Und die Erfüllung dieser Bedürfnisse ist die Grundlage dafür, dass „Glück" entsteht. Das heißt aber auch, dass Glücklichsein im Engagement immer nur dann stattfinden kann, wenn Konflikte oder auch andere Mangelerscheinungen aktiv geklärt werden konnten.

Bedürfnispyramide nach Abraham Harold Maslow (1908–1970)

DIE ERFÜLLUNG VON WACHSTUMSBEDÜRFNISSEN MACHT GLÜCKLICH: ACHTUNG UND SELBSTVERWIRKLICHUNG

Neben den Bedürfnissen der Existenzsicherung gibt es Faktoren, an denen ich als Mensch wachsen kann: Leistung zeigen zu dürfen, Anerkennung durch andere zu bekommen, Erfolge zu sehen, Autonomie auch im Sinne von Selbstwirksamkeitsüberzeugung zu erlangen und Kreativität zeigen zu dürfen. Deswegen lieben wir unseren Fußball oder unsere Kunstgruppe so sehr! Das ist einfach „on top" – hier geht es nicht nur um die tägliche Existenzsicherung, sondern um die Sahne auf der heißen Schokolade. Um das, was das kleine große Wort „Glück" beschreibt.

Ich muss nicht glücklich sein, um überleben zu können: Aber wenn ich beispielsweise über Engagement dieses kleine Glück finde, dann habe ich auch biologisch Vorteile davon. Maslow beispielsweise geht davon aus, dass ich dann besser schlafe, weniger krank bin und auch gelassener sein kann, ich traue mir mehr zu und habe eine höhere Überzeugung, etwas Gutes zu schaffen (vgl. Maslow 2002, Boeree 2006).

Wenn also in meiner Gruppe

- aktive Teilnahme, Spaß
- Abwechslung, eigene Wahl/Auswahl
- gute Teamarbeit, gegenseitige Beratung, Fehlertoleranz
- eine Überzeugung des Lernens durch Fehler, eine gute Feedback-Kultur
- auch die Messung von Erfolg, das Bewältigen adäquater Herausforderungen

geleistet werden und diese Leistung gegenseitig und von Dritten anerkannt wird: Dann sind wir glücklich mit unserem Engagement. Und genau aus dieser Situation entsteht dann weitere Engagementmotivation und „sozialer Kitt" (vgl. Spitzer 1996: 46ff).

Ich glaube, dass das Wissen um die Reihenfolge von Bedürfnissen und deren Befriedigung wichtig ist, um herauszufinden, an welchem Punkt meine Gruppe, mein Verein steht und was ich tun kann, damit wir gemeinsam glücklich werden!

v.l.n.r.: Gemeinsam für konfliktfreies Busfahren: Busscouts und Busfahrer im Dialog; Diese Mädchen schätzen das ehrenamtliche Engagement der Teamer in der Emma: dort kümmern sich Haupt- und Ehrenamtliche gemeinsam um Kinder und Jugendliche; Gabi Müller und Philipp Rösener beraten und begleiten Jugendliche in der Organisation der monatlichen Jugenddisco in der Musikwerkstatt

GLÜCKLICHES ENGAGEMENT BRAUCHT GUTE RAHMENBEDINGUNGEN UND FÖRDERUNG

Neben den oben genannten kommunikativen und strukturellen Aspekten, die ich selbst als engagierter Mensch beachten kann, gibt es gesellschaftsstrukturelle Aspekte, die unsere Gesellschaft und mein Engagement vor besondere Herausforderungen stellen, beispielsweise:

- Zunehmende soziale Ungleichheit und gesellschaftliche Diversität.
- Der Mangel an Zeit durch Erwerbstätigkeit und auch insbesondere zunehmende Erwerbstätigkeit von Frauen.
- Abwanderung junger Menschen und starke Mobilität (Zu- und Fortzüge, Berufspendeln)
- Zunehmende zeitliche Belastung von Schülerinnen und Schülern durch Ganztagsschulen und Schulzeitverkürzung und dadurch abnehmende Engagementchancen.

Wenn Menschen sich z. B. in Duderstadt engagieren, um diese Herausforderungen anzugehen, ist das ein Weg zur Lösung der Probleme. Hier stärkt das kleine, private, lokale Handeln unsere Gesellschaft und löst ganz pragmatisch Probleme, die auf großer Ebene schwieriger zu lösen sind. Entsprechend selbstbewusst darf sich Engagement präsentieren. Und Engagement hat ein Recht darauf, gefördert zu werden.

Engagementförderung in Deutschland ist aktuell sehr stark diskutiert und zeichnet sich durch eine Vielfalt an Programmen aus. Gerade durch den aktuellen Wegfall der Wehrpflicht bekommt die Förderkulisse neue Programmbestandteile. Die umfangreichen Fördermöglichkeiten können an dieser Stelle nicht ausführlich erläutert werden. Einen guten Überblick dazu gibt der kostenlos downloadbare Band des Bundesnetzwerks Bürgerschaftliches Engagement (BBE) zur Engagementpolitik. Einige Sozialforscher kritisieren an derzeitigen politischen Haltungen, dass sie Bürgerengagement nur als Mobilisation von Potenzialen betrachten. Wenn mehr Mitverantwortung gefordert sei, benötige es auch eine größere Mitbestimmungsmöglichkeit durch Bürger/innen (vgl. Sachße 2002, Evers/Olk 2002).

Mir ist bei Engagementförderung wichtig, dass sie die Teilhabechancen benachteiligter Menschen stärkt: vor allem Kinder und Jugendliche, Migrant/innen, Menschen ohne Arbeit.

Und ein weiterer Punkt ist mir ganz wichtig: Meist werden – gute – Projekte der Engagementförderung als zeitlich befristete Projekte ausgeschrieben. Bekannte und aktuelle Beispiele dafür sind Mehrgenerationenhäuser oder, wie in Duderstadt, das Seniorenservicebüro. Hier engagieren sich Menschen gern und im Laufe der Zeit entstehen wertvolle Vernetzungen, beispielsweise die intergenerationalen Spielenachmittage zwischen Senior/innen und Kindern aus dem Duderstädter Jugendfreizeitheim. Solche Programme sind nützlich, wenn sie eine Chance haben, dauerhaft gute Beziehungs- und Engagementstrukturen aufzubauen. Wenn sie jedoch mit hohem Engagement aufgebaut werden und nach einigen Jahren wieder mangels finanzieller Ausstattung von der Bildfläche verschwinden, haben sie einfach keinen langfristigen Wert. Aber genau diese langfristigen Werte sind so wichtig für unsere Gesellschaft, weil Engagement doch auch Heimat ist.

Diese Situation wird aus Sicht der Kommunalpolitik und in der sozialen Arbeit als ein starkes Dilemma wahrgenommen: Nutzt man die Programme nicht, hat man noch weniger Chancen, gute Dinge zu bewegen. Nutzt man sie, muss man sich schon auf der Hälfte der Strecke dem Thema Abschied und Überleitung widmen. Dann sind die Maslowschen Grundbedürfnisse – siehe oben – nicht gedeckt und somit werden die Akteure weder zufrieden, noch glücklich mit ihrem Handeln.

Das Dilemma werden wir nicht endgültig lösen können, es sei denn, wir schaffen es auf dem politischen Weg, die Förderkulisse zu verändern (auch eine mögliche Motivation für Engagement in der Politik).

KOMMUNEN BRAUCHEN IHRE EIGENE FÖRDERSTRUKTUR FÜR ENGAGEMENT – EINE, DIE IHREN EIGENEN ZIELEN FOLGT.

Der Wunsch ist also eine finanziell dauerhaft geförderte Grundausstattung zur vernetzten Engagementförderung für alle Kommunen – und die Kommunen selbst sollen entscheiden dürfen, welche Engagementförderstrukturen sie als geeignet betrachten. Welchen Nutzen diese hätte, ist deutlich geworden.

Bis dieses Ziel erreicht wird, stellt sich jedoch die Frage: Wie können wir die Programme nutzen und einen Wert daraus ziehen und uns trotzdem langfristig zufrieden und glücklich engagieren? Wir können Bedingungen schaffen, die uns zu einem kreativeren Umgang mit dieser misslichen Fördersituation befähigen: Auch das hat wieder mit Zieldefinitionen zu tun. Es macht einen Unterschied, ob eine Kommune eine eigenständige, autonome Zieldefinition vornimmt und auf dieser Basis dann geeignete Förderprogramme in Anspruch nimmt, die mit den Zielen der Kommune übereinstimmen – oder ob die Programmziele der Kommune „aufgedrückt" werden.

Es macht Sinn, dass es eine Stelle gibt, die die Chancen, Ziele und auch Nöte aller Organisationen, die sich in Duderstadt engagieren, kennt und einerseits Services und Beratungen für alle Engagierten bietet, andererseits strategisch gemeinsame Ziele entwickelt und dafür sorgt, dass entsprechend geeignete Förderprogramme genutzt werden.

Gerade den gesellschaftlichen Wandel zu begleiten und hier Lösungen zu suchen beispielsweise für den Umgang mit sozialer Ungleichheit und zunehmender gesellschaftlicher Diversität im Ehrenamt und die Integration Ju-

Sabina Mitschke, Seniorenservicebüro Duderstadt
„Engagement braucht Informationen und konkrete Ansprache. Ein schönes Beispiels dafür ist das Seniorenservicebüro in Duderstadt, in dem Sabina Mitschke ältere Menschen unterstützt, ein sinnstiftendes Engagement zu finden."

gendlicher in das Engagement könnte eine Aufgabe für eine solche Stelle sein.

Es würde ganz pragmatisch Sinn machen, gemeinsame Workshops für Engagierte zu veranstalten zu Themen wie:

- Soziale und kommunikative Kompetezen zur Herstellung eines guten Miteinander
- Erkennen und Formulieren eigener Grenzen und Wünsche im Engagement
- Interkulturelle Bildung und Kommunikation
- Integration durch gezieltes Ansprechen von Neubürger/innen, sozial schwächeren Personen, Menschen mit Migrationshintergrund
- Formen der Anerkennung im Engagement.

Denn Menschen, die sich engagieren sollten, nicht nur Anerkennung für ihre Leistungen erhalten, sondern auch Fortbildungsangebote. Wir alle wissen heute, wie wichtig „lebenslanges Lernen" ist und wie sehr es uns im Alltag weiterhilft, wenn wir das richtige Werkzeug benutzen können. Oft fehlt uns die Zeit, aber oft auch die Gelegenheit zur Weiterbildung.

„WIR BEWEGEN DUDERSTADT" – DAS ZENTRALE ZUKUNFTSPOTENZIAL

Duderstadt hat anders als kleinere Städte in peripherer gelegenen ländlichen Räumen eine große Chance: Wirtschaftliches Arbeiten und soziales Leben prägen die Stadt recht ausgewogen. Für beides lohnt sich Engagement und beides braucht einander. Und beides braucht Kultur und Bildung. Und wo wir hinsehen: Das Engagement für all diese Lebensbereiche ist vorhanden.

Sabina Mitschke, Seniorenservicebüro in Duderstadt

An den Ausführungen zu Bedeutung und Chancen von Engagement für unsere Gesellschaft und damit auch für Duderstadt ist deutlich geworden, welchen zentralen Stellenwert ein gutes soziales Miteinander und zivilgesellschaftliches Engagement für die Stadtentwicklung haben. Die Förderung dessen sollte die gleiche Bedeutung haben wie andere strukturelle Förderaufgaben und vor allem „aus einem Guss" und in vernetzter Form stattfinden. Zentral ist, dass eine Organisation zur Engagementförderung nicht allein arbeitet: Stadtmarketing, Tourismusförderung, Wirtschaftsförderung, Kinder- und Jugendbüro und ähnliche Organisationen haben ähnliche Aufgaben und Ziele, brauchen ähnliche Kompetenzen und wirken in der Innen- wie in der Außenentwicklung der Stadt.

Duderstadt ist an diesem Punkt sehr kreativ: Die Zusammenarbeit funktioniert in Duderstadt bereits jetzt, weil viele Aktive vor allem informell sehr gut kommunizieren und mit viel Herz und Motivation arbeiten.

Wenn wir an diesem Punkt weiterhin an einem Tisch sitzen und gemeinsam Strategien für die Gestaltung des gesellschaftlichen Wandels entwickeln, Grenzen öffnen und kreative Ideen entwickeln, könnten wir Engagementförderung für die Engagierten in dieser Stadt noch intensivieren.

Gemeinsame Projekte und Aktionen werden Duderstadt immer wieder zu Duderstadt machen: In Abwandlung des Liedes von Pippi Langstrumpf:

Wir machen uns die Welt, wie sie uns gefällt! Und genau das ist ein positives, authentisches und gesundes Aushängeschild der Stadt!

SUSANNE MÖHL UND ELVIRA WERNER: JUGENDREFERENTINNEN

„Unsere Zusammenarbeit und unser Engagement in der EMMA mit den ehrenamtlichen Jugendlichen und Erwachsenen kann nur gelingen, weil wir ihnen zeigen, dass die Emma ohne ihr Engagement nicht bestehen könnte. Jeder und jede Jugendliche kann sich nach seinen Fähigkeiten und Möglichkeiten einbringen und Gestaltungsvorschläge machen, die mit unserer Unterstützung umgesetzt werden können, was jedoch nicht ohne gegenseitiges aufeinander verlassen gelingen kann. So erfahren die Jugendlichen das Gefühl gebraucht zu werden und mit ihren Bedürfnissen und Fähigkeiten ernst genommen zu werden. Das große Engagement in der Zusammenarbeit mit den Ehrenamtlichen schenkt uns viel Mut weiter zu machen und freut uns, mit der Emma einen Ort für Kinder und Jugendliche geschaffen zu haben, wo sie gerne sind."

LITERATUR

Anheier, Helmut K./Stefan Toepler (2002): Bürgerschaftliches Engagement in Europa; in: APuZ – Aus Politik und Zeitgeschichte 9/2002, S. 31–38 | BMFSJ – Bundesministerium für Familie, Senioren, Frauen und Jugend (2010)(Hg.): Hauptbericht des Freiwilligensurveys 2009, München; http://www.bmfsfj.de/RedaktionBMFSFJ/Broschuerenstelle/Pdf-Anlagen/3. Freiwilligensurvey-Zusammenfassung,property=pdf,bereich=bmfsfj,sprache=de,rwb=true.pdf; letzter Zugriff: 1.6. 2011 | Boeree, C. George (2006): Persönlichkeitstheorien; Shippensburg University; http://www.social-psychology.de/do/PT_maslow.pdf; letzter Zugriff 1.6.2011 | **Braun, Joachim/Stefan Bischoff (1999):** Bürgerschaftliches Engagement älterer Menschen: Motive und Aktivitäten. Engagementförderung in Kommunen – Paradigmenwechsel in der offenen Altenarbeit; Band 184 der Schriftenreihe des Bundesministeriums für Familien, Senioren, Frauen und Jugend, Stuttgart | **Braun, Sebastian (2001):** Bürgerschaftliches Engagement – Konjunktur und Ambivalenz einer gesellschaftspolitischen Debatte; in: Leviathan 29/2001, S. 83–108 | **Braun, Sebastian (2005):** Sozialkapital und Bürgerkompetenz; Bielefeld, http://www.soziologie.uni-rostock.de/Sozialstruktur/tagungen/sektion/netzwerke/praes/Braun_Netzwerke_Praesentation_Nov_2005.pdf; letzter Zugriff am 20.3.2008 | Corsten, Michael/Michael Kauppert/Hartmut Rosa (2008): Quellen bürgerschaftlichen Engagements. Die biographische Entwicklung von Wir-Sinn und fokussierten Motiven; Wiesbaden | **Evers Adalbert/Thomas Olk (2002):** Bürgerengagement im Sozialstaat – Randphänomen oder Kernproblem; in: APuZ – Aus Politik und Zeitgeschichte 9/2002, S. 6–14 | **Grunwald, Klaus/Elke Steinbacher (2008):** Ehrenamt; in: Maelicke, Bernd (Hg.): Lexikon der Sozialwirtschaft; Baden-Baden, S. 275–279 | **Hillmann, Karl-Heinz (2007):** Wörterbuch der Soziologie; 5. Aufl. Stuttgart | **Maslow, Abraham H. (2002):** Motivation und Persönlichkeit; Reinbek | **Olk, Thomas (2005):** Bürgerschaftliches Engagement; in: Kreft, Dieter/Ingrid Mielenz (Hg.): Wörterbuch Soziale Arbeit; 5. überarb. und erg. Aufl., Weinheim und München, S. 178–182 | **Rauschenbach, Thomas (2005):** Ehrenamt; in: Otto, Hans-Uwe/Hans Thiersch (Hg.): Handbuch Sozialarbeit Sozialpädagogik; 3. Aufl. München und Basel | **Sachße, Christoph (2002):** Traditionslinien bürgerschaftlichen Engagements; in: APuZ – Aus Politik und Zeitgeschichte 9/2002, S. 3–5 | **Schubert, Klaus/Martina Klein (2006):** Das Politiklexikon; 4., aktual. Aufl. Bonn: Dietz | **Spitzer, Manfred (1996):** Geist im Netz: Modelle für Lernen, Denken und Handeln; Heidelberg

Zum Weiterlesen:

BBE – Bundesnetzwerk Bürgerschaftliches Engagement (2010)(Hg): Engagementpolitik im Dialog, Berlin; Download möglich unter: http://www.b-b-e.de/index.php?id=14483; letzter Zugriff 18.7.2011

Helmuth Franz Artmann (62 Jahre, Immobilien- und Vermögensverwalter, Kronberg i. Taunus/Duderstadt)

Dornröschen schläft – Engagement für Duderstadt aus Familientradition

Als 5-jähriger Junge bin ich mit meinen Eltern von meiner Geburtsstadt Duderstadt nach Karlsruhe gezogen, wo mein Vater einen Betrieb meiner Großeltern übernahm. In meinem ganzen Leben hat Duderstadt für mich eine sehr große Rolle gespielt, da das Wirken meiner ganzen Familie sich dort entwickelte.

Meine Großeltern, Franz und Minna Hollenbach, haben mit der Errichtung der Hollenbachwerke in Duderstadt im Jahre 1909 für regionalen Aufschwung und für Arbeitsplätze gesorgt. Der damalige Stellenwert der Hollenbachs für Duderstadt ist dem von Otto Bock heutzutage gleichzusetzen. Engagement für die Stadt, für ihre Mitarbeiter und für die Menschen in der Region waren für meine Großeltern stets Pflicht und eine Herzensangelegenheit, und in diesem Geist bin ich auch erzogen worden.

Als mein Onkel Helmuth Hollenbach 1944 in Italien im Krieg fiel, setzten ihm meine Großeltern mit der Hollenbach-Stiftung, einem Alten- und Pflegeheim, ein Denkmal. Über die Jahrzehnte Heimat und Zufluchtsort für viele alte und pflegebedürftige Menschen aus der Region ist die Stiftung fester Bestandteil Duderstadts geworden. Ich habe es mir auf die Fahne geschrieben, das Werk meiner Großeltern fortzuführen, und wie Sie selbst sehen können, ist nach dem Anbau des Dr.-Hans-Waldemar-Hauses und der Renovierung der ursprünglichen Gebäude ein sehenswertes und voll belegtes Alten- und Pflegeheim entstanden, das auch zum Stadtbild passt. Heute leben hier 85 Menschen.

Aber das ist nur ein Baustein von vielen. Das Engagement meiner Großeltern kannte kaum Grenzen. Den Bau des VfL-Fußballplatzes und die Stiftung des Stadtgartens neben der TV-Jahn Turnhalle sollte man noch von den vielen Zuwendungen an die Region und speziell an Duderstadt nennen. Meine beiden Großväter waren übrigens beide Mitbegründer der Genossenschaftsbank (heutige Volksbank) in Duderstadt.

Helmuth Franz Artmann (Foto: N. Grüning)

Familie wurde und wird nicht nur in meiner Verwandtschaft gelebt, sondern ist typisch für diese Region.

Nachnamen, dann weiß man, zu welchem Clan jemand gehört. Typische Nachnamen wie Nolte, Borchardt, Kayser, Kellner, Wüstefeld, Preis, Faßhauer oder Herrmann finden wir hier in unserem Umfeld. Wenn man das auf meine Familie projiziert, kann man ganz klar sagen, dass die Familien Hollenbach und Artmann hier vor Ort immer eine Rolle gespielt haben, und das hat mich auf meinem gesamten Lebensweg geprägt.

Mit viel Abstand zu der Region fällt heute positiv auf, dass im Eichsfeld die Familienmitglieder selbst von der Fremde aus (z. B. Kalifornien) ganz engen Kontakt zu ihrem Ursprung halten. Sie besuchen sich regelmäßig, sprechen miteinander, informieren sich über das Tagesgeschehen in ihrer Heimat. Diesen starken Familienzusammenhalt kenne ich in anderen Regionen nicht so.

Wichtige Orte verbinde ich immer mit Menschen, die mir viel bedeuteten, so auch Duderstadt. Wenn ich heute in Duderstadt bin, zieht es mich erst einmal auf meine Jagdhütte, die für meine Großeltern und jetzt auch für mich und meine Familie immer als Ruhe- und Rückzugsort gedient hat. Hier oben am Desingeröder Wald genieße ich absolute Ruhe. Ich sehe ganz Duderstadt im Tal liegen und habe einen traumhaften Weitblick bis zum Brocken, über den gesamten Ostharz und zum Ohmgebirge hin mit dem Sonnenstein. Hier saß ich häufig mit meiner Großmutter, sie erzählte mir Geschichten „von drüben“ – ein Teil der Heimat, in den wir nicht gelangen konnten, es war ja Sperrgebiet. Das Obereichsfeld, für uns damals unerreichbar, ist deshalb auch heute noch ein echter Sehnsuchtsblick.

Ein weiterer Rückzugsort und eine Sehenswürdigkeit ist der St.-Paulus-Friedhof in Duderstadt. Dort befindet sich an der Friedhofskapelle die Grabanlage meiner Familie. In den vergangenen Jahren hat auch an diesem historischen Ort der Zahn der Zeit genagt. Denkmalgeschütze Grabstätten von katholischen und evangelischen Geistlichen sowie die Bepflanzung einiger Bereiche und der Platz vor der Friedhofskapelle wurden mit mir in Zusammenarbeit mit der Stadt Duderstadt wieder hergerichtet. Dadurch haben wir ein weiteres Schmuckstück in Duderstadts Schmuckkassette und so setzt sich auch hier die Tradition meiner Familie weiter fort.

Das gesellschaftliche Leben in Duderstadt war und ist durch das alljährliche Schützenfest der Schützengesellschaft Duderstadt geprägt worden. Dort knüpfte man Verbindungen, machte Politik, lernte sich kennen und lieben. Als ich meine Ehefrau Maria-Theresia Anfang der 80er Jahre auf dem Schützenfest kennen lernte, war das etwas ganz Normales und Typisches für Duderstadt. Schützenfest im Juli in Duderstadt – eine Veranstaltung mit Verbindungscharakter.

Mit Sorge sehe ich heute den gesellschaftlichen Wertewandel. Der zeigt sich ganz deutlich am Beispiel des Schützenwesens. Das Schützenfest hatte eine große Bedeutung für die städtische Gesellschaft. Man musste einfach dabei gewesen sein. Die Schützengesellschaft hatte ein sehr hohes Ansehen. Es war eine besondere Ehre, in der Schützengesellschaft zu sein. Heute schwinden die Mitgliederzahlen. Auf dem Schützenfest treffe ich manchmal mehr Menschen, die nicht aus Duderstadt kommen. Es fehlt vor allem die Gruppe von Menschen mittleren Alters, die 30- bis 50-Jährigen, die sich engagiert. Die tradierten Werte werden immer weniger fortgeschrieben. Dieses Problem haben sicherlich viele Vereine bundesweit. Eine Neuinterpretation des Vereinslebens und der traditionellen Werte wäre notwendig, ist aber wohl kaum umzusetzen. Hierzu wäre ein starkes Engagement aller nötig. Das sehe ich bei den Jüngeren momentan nicht. Der Wertewandel zeigt sich für mich auch auf der Unternehmerseite. Ich vermisse unter den

Unternehmern heute gemeinsames Handeln für den Standort. Früher gab es zum Beispiel einmal in der Woche ein Unternehmerfrühstück. Dort trafen sich in informeller Runde die Unternehmer und haben überlegt, was sich in der Stadt entwickeln ließe. Da gibt es heute nichts Vergleichbares in Duderstadt.

Als Unternehmer mache ich mir häufig Gedanken, wie es um Duderstadt in den kommenden Jahren bestellt sein wird. Ohne Zweifel haben Otto Bock und die Bundespolizei ganz wichtige Funktionen für Duderstadt, wirtschaftlich wie gesellschaftlich. Dass die Bundespolizei hier am Standort gehalten werden konnte, ist ein toller politischer Erfolg. Mir scheint es jedoch, als ob sich Duderstadt immer noch in einem Dornröschenschlaf befindet. Nach der deutsch-deutschen Teilung befand sich Duderstadt in einer geographischen Randlage. Das wirtschaftliche Interesse war nicht sehr groß, bauliche Veränderungen gab es im Stadtbild daher wenig. Deshalb gibt es heute die vielen schönen Fachwerkhäuser, das macht ohne Zweifel den touristischen Charme der Stadt aus. Heute liegt Duderstadt wieder in der Mitte Deutschlands, allerdings ohne Bahnanschluss, ohne schnelle Anbindung an die A 38. Eine funktionierende Ortsumgehung ist bis auf weiteres nicht in Sicht. Deshalb sind nicht nur im Vergleich zu Thüringen die Gewerbeplätze wenig attraktiv – alles wichtige Standortbedingungen für Unternehmen.

Als Immobilienbesitzer sehe ich den Bevölkerungsschwund, vor allem in der Innenstadt Duderstadts, sehr kritisch. Als Jugendlicher bin ich früher mit meinem braunen VW Käfer durch die Marktstraße gezogen. Ich erinnere mich noch genau, wie Charlie Werner immer aufschrieb, wie oft wer die Marktstraße hoch und runter gefahren ist. Damals war wirklich etwas los. Die Händler wohnten noch fast alle in der Innenstadt. Der Aderlass begann dann sukzessive in den 1970er Jahren, als die Händler sich moderne neue Wohnhäuser außerhalb der Innenstadt bauten. Heute stehen viele Etagen der Häuser in der Innenstadt leer. So erlebe ich es seit vielen Jahren – mit fatalen Konsequenzen. Die Preise für die innerstädtischen Immobilien sind stark zurückgegangen, teilweise sind die Gebäude unverkäuflich. Will ich Gebäude so sanieren, dass sie modernen Wohnraum bieten, dann sind die Sanierungskosten über die derzeit zu erzielenden Mieten nicht aufzufangen. Schon gar nicht, wenn es behindertengerecht sein soll. Und somit bleiben die alten, zweifellos schönen Gebäude weiterhin unattraktiv für Menschen, die modernes familien- und altengerechtes Wohnen möchten. Menschen, die es sich leisten können, ziehen weiterhin aus der Innenstadt weg, das Image der Innenstadt als Wohnort sinkt weiter. Ein Teufelskreis.

Nach der deutschen Wiedervereinigung hatten wir in Duderstadt bis 1994 eine steigende Zahl von Kunden im innerstädtischen Einzelhandel. Das ging natürlich mit einer Menge Verkehr einher. Manchmal war auf der Marktstraße kein Durchkommen mehr möglich. Ab 1994, als die Fußgängerzone im Zuge der „Landesausstellung Natur im Städtebau" für den Autoverkehr komplett geschlossen wurde, gingen die Umsätze im Einzelhandel zurück. Das lag sicherlich auch an einer allgemein rückläufigen Marktentwicklung, die es auch für mich letztendlich wirtschaftlich nicht rentabel machte, neue Einzelhandelsprojekte in der Innenstadt zu etablieren. Meiner Meinung nach hat die Stadt mit der kompletten Schließung der Markstraße aber übertrieben. Um die Attraktivität der Innenstadt wieder zu erhöhen, wäre zum Beispiel eine Alternative sinnvoll, die ähnlich wie in Bad Lauterberg Fußgängerzone und Autoverkehr kombiniert.

Wenn also über die Öffnung oder Nicht-Öffnung der Marktstraße für den Verkehr oder über die Frage der Verkehrsführung bei der Ortsumgehung diskutiert wird, vermisse ich den Blick auf die Zielgruppe – den Kunden, insbesondere auch den auswärtigen. Der Kunde muss klug zur Innenstadt geleitet werden und eine attraktive Einkaufssituation vorfinden. Nicht nur hier wäre künftig in der politischen Diskussion mehr geistige Flexibilität und Mut zur Veränderung gefragt.

Interview:
Sebastian Tränkner,
Text:
Meike Caselmann und
Sebastian Tränkner

BIOGRAPHISCHE ANGABEN

Helmuth Franz Artmann wurde 1949 in Duderstadt geboren. In seinem 5. Lebensjahr zogen seine Eltern mit ihm nach Karlsruhe. Nach dem Abitur und dem sich anschließenden Wehrdienst ging er nach Göttingen, wo er Diplom-Mathematik studierte. Nach einer Ausbildung bei der Deutschen Bank gründete er seine eigene Vermögensverwaltung und ist hauptsächlich im Immobilienbereich tätig. Herr Artmann engagiert sich in vielen Bereichen als Förderer für Kultur, Sport und Wirtschaft. Seit dem Jahre 2001 leitet er die Hollenbach-Stiftung in Duderstadt. Der dreifache Familienvater lebt mit seiner Frau Maria-Theresia, einer gebürtigen Duderstädterin, in Kronberg im Taunus.

DOMINIKA HASSE, BERND KOLB

WOFÜR STEHT DUDERSTADT?

DIE ENTWICKLUNG EINER ZUKUNFTSFÄHIGEN POSITIONIERUNG

Städte und Kommunen befinden sich in einem zunehmenden Wettbewerb um Einwohner, Besucher, investierende Unternehmen und Fachkräfte. Um sich in diesem Wettbewerb langfristig und erfolgreich zu behaupten, muss jede Stadt versuchen, ein prägnantes und für die verschiedenen Zielgruppen relevantes Bild von sich zu erzeugen.

DIE ENTWICKLUNG EINER ZUKUNFTSFÄHIGEN POSITIONIERUNG.

Die Positionierung dient als Grundlage für die Entwicklung eines aussagekräftigen Images, das eine bestimmte Vorstellung in den Köpfen der unterschiedlichen Zielgruppen erzeugen soll. Für Regionen, Städte und Unternehmen gilt: Ohne klare Positionierung kein klares Image.

Welche besonderen Merkmale zeichnen Duderstadt vor anderen Städten aus? Wie lässt sich dieses Profil vermitteln? Erst wenn man weiß, wofür man steht und dies auf eine griffige Formel bringt, kann ein klares Bild bei den unterschiedlichen Zielgruppen entstehen. Ein Bild, das für jede von ihnen relevant und noch nicht von anderen Städten belegt ist.

Statt etwas komplett Neues zu schaffen, geht es bei der Positionierung eher darum, bereits existierende Assoziationen und Potenziale zu verstärken. Positionierung ist die Grundlage und Image das Ergebnis. Die Positionierung ist steuerbar, das daraus resultierende Image nur bedingt.

Der erste Schritt: Herausfinden, was die Zielgruppen im Moment mit Duderstadt verbinden.
Um sich erfolgreich zu positionieren, gilt es im ersten Schritt herauszufinden, was die Zielgruppen im Augenblick mit „Duderstadt" assoziieren. Machen Sie doch einmal kurz den kleinen Test und beantworten Sie die Frage: Woran denke ich als erstes, wenn ich das Wort „Duderstadt" lese oder höre? Welche Begriffe tauchen auf? „Fachwerk", „High Tech", „Altstadt" oder „Toskana des Nordens"?

Für die Marketing-Verantwortlichen geht es in diesem ersten Schritt darum, herauszufinden, welche aktuellen Vorstellungen von Duderstadt in den Köpfen der unterschiedlichen Zielgruppen existieren, welche Erwartungen die Zielgruppen haben und welche Anforderungen sie an Duderstadt und die Region stellen.

Der zweite Schritt: Entscheiden, welche Positionierung Duderstadt in Zukunft umsetzen will.
Die gewählte Positionierung sollte dabei unterschiedliche Kriterien erfüllen:

- Glaubwürdigkeit: Knüpft die Positionierung an bestehende Potenziale an? Kann Duderstadt diese Positionierung glaubwürdig vertreten und verteidigen?
- Zukunftsfähigkeit: Ist die Positionierung langfristig attraktiv und visionär?
- Einzigartigkeit: Ist die Positionierung unverwechselbar oder wird sie schon von anderen Städten umgesetzt?
- Prägnanz: Ist die Positionierung klar umrissen, so dass sie sofort verstanden wird?
- Relevanz: Besitzt die Positionierung eine Bedeutung für die Zielgruppen?

Stadtführung mit Frau Hildgard Forthmann

Der dritte Schritt: Die Positionierung zum Leben erwecken.

Die gewählte Positionierung hat nur dann eine Bedeutung, wenn sie das Handeln der unterschiedlichen Akteure in Duderstadt bestimmt. Wenn sie zum Leben erweckt wird, wenn sie konkret wird.

Architektonische oder kulturelle Highlights sind eine Möglichkeit, die Positionierung einer Stadt zu verstärken und ihre Bekanntheit zu erhöhen. Eine solche Wirkung haben zum Beispiel das von Frank Gehry entworfene Museum Marta in Herford, die Bruder-Klaus-Feldkapelle von Peter Zumthor in Mechernich in der Eifel oder die ebenfalls von Peter Zumthor entworfene Therme in Vals in Graubünden. Diese Bauten sorgen überregional für Bekanntheit und ziehen ein kultur- und architekturinteressiertes Publikum an.

Magneten ganz anderer Art sind aber auch Bad Segeberg, landesweit bekannt für seine Karl-May-Spiele, oder der Ort Ulrichshusen, der sich jährlich mit einem hoch anerkannten Programmangebot in Sachen klassischer Musik als Ausflugsort präsentiert, sowie der Ort Wacken in Schleswig-Holstein, in dem jährlich das größte Heavy Metal Festival der Welt stattfindet. Für Duderstadt wäre zu prüfen, welche Aktivitäten – beispielsweise ein Mittelalterfestival oder das Eichsfeld Festival – zur gewählten Positionierung passen würden. Diese Aktivitäten müssten dann ausgebaut werden.

DIE POSITIONIERUNG: LEITLINIE FÜR DAS HANDELN IN UNTERSCHIEDLICHEN BEREICHEN.

Die Positionierung ist die Leitlinie für das Handeln in unterschiedlichen Bereichen. Dies setzt voraus, dass alle Akteure informiert sind und wissen, was die Umsetzung der Positionierung für ihr tägliches Handeln bedeutet.

Hier geht es auch darum, bisherige Verhaltensweisen und die momentane Kommunikation zu hinterfragen. Wie tritt die „Marke" Duderstadt momentan in Erscheinung? Welches sind die Berührungspunkte, die „Brand Touchpoints", mit Duderstadt und wie werden sie erlebt? Sind die eingesetzten Kommunikationsmittel noch zeitgemäß bzw. sprechen sie die gewünschte Zielgruppe an? Passt der existierende Internetauftritt von Duderstadt zur gewählten Positionierung? Was bedeutet es, die Positionierung beispielsweise in der Kommunikation mit ansiedlungswilligen Unternehmen umzusetzen? In welchen Bereichen kann Duderstadt „Leuchttürme" realisieren, die die gewählte Positionierung zum Ausdruck bringen und verstärken?

Bei der Positionierung geht es nicht um Gleichschaltung, sondern darum, Aktivitäten in unterschiedlichen Bereichen an einer gemeinsamen Leitlinie, einem gemeinsamen Thema auszurichten. Ein solcher Leitgedanke für Duderstadt und die Region könnte das Thema „Bewegung" in all seinen unterschiedlichen Ausformungen sein. Potenziale, das Thema glaubhaft zu vermitteln, sind vorhanden.

ANSÄTZE FÜR EIN NEUES CORPORATE DESIGN VON DUDERSTADT.

Auch das Erscheinungsbild von Duderstadt – das Corporate Design – ist im Hinblick auf eine neu gewählte Positionierung neu zu justieren. Das Corporate Design ist sichtbarer Ausdruck der Positionierung. Es geht um die Frage, ob man jetzt und in Zukunft so gesehen wird, wie man gesehen werden möchte.

Im Rahmen des von Prof. Dominika Hasse betreuten Seminars CI/CD der Fakultät Gestaltung an der HAWK in Hildesheim entwickelten die teilnehmenden Studierenden im Wintersemester 2010/2011 Ansätze für ein neues Corporate Design für Duderstadt.

v.l.n.r.:
Beispiele für das existierende Corporate Design von Duderstadt;
Entwurfsansätze der Studierenden der HAWK;
Diskussion der Entwurfsansätze mit dem Projektteam ‚Duderstadt2020'

WARUM KÖNNTE EIN NEUES ERSCHEINUNGSBILD FÜR DUDERSTADT SINNVOLL SEIN?

Ausgangspunkt bildete die Analyse des existierenden Auftrittes sowie ein Vergleich mit gelungenen Erscheinungsbildern („Benchmarks") anderer Städte wie z. B. Bremen.

Schaut man sich das existierende Erscheinungsbild von Duderstadt an, fällt Folgendes auf:

- Die pastellene Farbgebung wirkt sehr zurückhaltend. Das sehr helle und fast blasse Farbkonzept könnte ungewollt auf die Gesamtwahrnehmung der Stadt übertragen werden: eine blasse Stadt.
- Das Erscheinungsbild ist nicht mehr zeitgemäß. Es bedient sich partiell einem Stil der fünfziger Jahre.
- Der Westerturm ist in seiner Darstellung als regenbogenfarbene Fontäne für Außenstehende nur schwer identifizierbar.
- Die Figur „Anreischke" ist zu unbekannt und unverständlich für Externe. Als Sympathieträgerin bietet sie nur geringes Potenzial.

Ansatz „Fachwerk“

Ansatz „Silhouette“

Die Analyse des bestehenden Erscheinungsbildes hilft zu verstehen, warum sich der visuelle Auftritt aus heutiger Sicht verändern könnte oder besser auch sollte. Es gibt aber noch einen weiteren Aspekt, der nicht zu unterschätzen ist: Die Symbolkraft, die in einem veränderten Erscheinungsbild steckt!
Der gemeinsame Entschluss, sich auf neue Wege zu begeben und sich neuen Anforderungen zu stellen benötigt Zeichen.
Dem Wunsch nach Bewegung und Veränderung müssen sichtbare Taten folgen. Eine davon ist, sich in einem neuen Gewand zu zeigen. Der bevorstehende „Tag der Niedersachsen“, der 2012 in Duderstadt gefeiert wird, wäre ein optimaler Anlass für die Einführung einer neuen Kommunikation und eines angemessenen visuellen Auftritts.
Mit einem neuen Corporate Design können neue Maßstäbe gesetzt werden. Es motiviert und aktiviert – insbesondere dann, wenn dem Entscheidungsprozess ein demokratischer Findungsprozess vorausgegangen ist.

Ausgehend von der Analyse wurden Ansätze für die Überarbeitung des Corporate Designs entwickelt.

Übergeordnete Zielsetzungen für alle Ansätze waren:

- eine deutliche Modernisierung des jetzigen Erscheinungsbildes,
- ein bewegliches/dynamisches Erscheinungsbild für die Kernstadt, ihre Ortsteile und optimalerweise auch für die Region Eichsfeld.
- Entstanden sind vier visuelle Linien, deren Leitgedanken eine solide Basis für die Ausarbeitung eines neuen Corporate Designs bilden.

Ansatz „Verortung“

Ansatz „Initiale“

Die erste Richtung – Ansatz „Fachwerk“
„Neues leben. Altes wahren.“

Dieser Ansatz betont die Tatsache, dass Duderstadt über wunderschöne, alte Fachwerkbauten verfügt. Er knüpft an die existierende Fachwerktradition an und interpretiert sie auf eine moderne Art und Weise.

Die zweite Richtung – Ansatz „Silhouette“
„Duderstadt. Eine Stadt, die bewegt.“

Die jetzt schon im Erscheinungsbild verwendete Stadtsilhouette wird durch Reduktion auf die wesentlichen Merkmale prägnanter und ermöglicht durch modulare Ergänzungen die Einbeziehung beispielsweise der eingemeindeten Ortschaften oder gar die Erweiterung auf die Region Eichsfeld.

Die dritte Richtung – Ansatz „Verortung“
„Das Eichsfeld. Mitten in Bewegung.“

Kernstadt und 16 Ortschaften der Region werden in Bezug zueinander gebracht.
Die Möglichkeit der unterschiedlichen Betonung und entsprechenden Hervorhebung stellt eine Variabilität dar, mittels derer sich alle Teileinheiten darstellen können.

Die vierte Richtung – Ansatz „Initiale“
„DU bist Duderstadt.“

In diesem Konzept wird mit den Anfangsbuchstaben von Duderstadt gearbeitet. Es bietet sich an, das DU als direkte Ansprache an den Bürger und den Besucher zu richten. Das D allein kann als dynamischer Drehmoment verstanden werden und symbolisiert dadurch das Aktivitätspotenzial der Stadt.

Die Entwicklung und Erarbeitung all dieser Lösungsansätze erforderte viel Zeit und Engagement seitens der Studierenden. Sie dienen als Diskussionsgrundlage und mögliche Richtungsweisung. Für den weiteren Prozess der Entscheidungsfindung wünschen wir allen Beteiligten gutes Gelingen!

Birgit Ahrens (36 Jahre, Dolmetscherin, Brüssel/Belgien)

Freiheit des Kleinstadtlebens

Ich habe die ersten 20 Jahre meines Lebens in Duderstadt gelebt, in der Kurmainzer Straße, und hatte dort eine tolle Kindheit. Davon erzähle ich oft. Die Orte, wo ich als Kind viel Zeit verbrachte, scheinen mir zwar ein wenig geschrumpft, aber immer noch sehr schön, wenn ich daran vorbeigehe. Das sind vor allem die Orte, an denen ich gespielt habe und auf den einen oder anderen Baum geklettert bin. Auch der Kindergarten in Fuhrbach und die Lehrer in der Schule sind mir noch in lebhafter Erinnerung, vor allem mein Klassenlehrer in der Grundschule, Herr Hütt, und Herr Lambert vom Gymnasium, bei dem ich sehr gute Vorkenntnisse für mein späteres Studium erworben habe.

Ich glaube, dass ich als Kind in Duderstadt bessere Möglichkeiten hatte, mich frei zu bewegen und mich zu entwickeln, als ich sie woanders, womöglich in einer Großstadt, gehabt hätte. Brüssel ist da ganz anders. Wenn ich sehe, wie wenig Freiheit die Kinder hier haben, tun sie mir schon manchmal leid. Sie können nicht einfach mal rausgehen oder mit dem Fahrrad losziehen. In Duderstadt konnte ich schon zu Kindergartenzeiten nachmittags einfach meine beste Freundin besuchen gehen oder andere Kinder im Viertel treffen, ohne dass immer ein Erwachsener hätte aufpassen müssen. Ein ganz behütetes Leben in der Kleinstadt also, das für Kinder viel Bewegungsfreiheit bedeutete. Ganz sicher und einfach sehr schön.

Meine Jugend in Duderstadt verlief dann auch ziemlich ruhig, gestaltet durch Schule, Judo und Schwimmverein, Mitgliedschaft im Blasorchester ... Es war schön, dass wir wenigstens zwei Discos zur Auswahl hatten. Ob es die heute noch gibt? Was mir jedoch gefehlt hat – und heute immer noch fehlt, ist eine Bar oder Kneipe mit guter Musik, die für ein jüngeres Publikum interessant wäre.

Wenn ich heute Menschen von Duderstadt erzähle, dann erzähle ich von einer kleinen Stadt, architektonisch einfach sehr schön, mit einem zentral gelegenen Ortskern. Dass alles so dicht beieinander liegt, das gefällt mir. Ich erinnere mich, dass ich einmal ein paar Touristen einen Weg er-

Birgit Ahrens (Foto: privat)

klärt habe, wohin, weiß ich nicht mehr. Sie fragten mich, ob es weit weg sei. Ich antwortete: Nein, es seien 10 Minuten bis dorthin. Die Touristen erwiderten: Hier scheint ja immer alles nur 10 Minuten weit weg zu sein.

Ich denke viel an dieses schöne kompakte Stadtzentrum, die Marktstraße, es gefällt mir, am Samstagvormittag durch die Stadt zu flanieren und Menschen zu treffen. Ich finde es bemerkenswert, dass in dem kleinen Duderstadt ziemlich viel geboten und auf die Beine gestellt wird. Dazu gehören für mich die zahlreichen Märkte und Feste in der Stadt, die sportlichen Veranstaltungen und Konzerte. Ich nehme jedoch auch wahr, dass gerade in der Marktstraße einige Geschäfte, die ich einmal kannte, nicht mehr da sind und dort nun stattdessen „Billig"geschäfte sind. Ich hatte daher zwischenzeitlich das Gefühl, dass es Duderstadt nicht so gut geht. Mittlerweile habe ich das Gefühl nicht mehr so, aber vielleicht habe ich mich auch einfach daran gewöhnt.

Wenn es so etwas wie ein Duderstadt-Gefühl gibt, dann ist es für mich ein Gefühl des Zusammenhalts und der gemeinsamen Verantwortung für die Stadt. Meine Eltern erzählen immer, was in Duderstadt los ist und wo sie hingehen. Sie erzählen dann von den verschiedenen Festen und den vielen Märkten, die wohl häufig mit wohltätigen Zwecken verbunden sind. Oder das schon immer starke Engagement im Behindertenbereich. Ich habe das Gefühl, dass das noch so weitergeht. Sehr interessant finde ich auch, dass offensichtlich etwas für junge Leute gemacht wird, zum Beispiel durch die EMMA. In Facebook kann ich das immer gut mitverfolgen.

Was in Duderstadt fehlt, kann ich aus der Entfernung schlecht beurteilen. Meine Mutter hatte mir aber einmal von einer Tauschbörse für Dienstleistungen erzählt, die es wohl in anderen Städten gibt. Dabei bringt jeder das ein, was er kann, Handarbeiten oder Kuchenbacken oder Rasenmähen zum Beispiel. Gerade für ältere Menschen könnte das auch in Duderstadt von Interesse sein.

Es war 1994, als ich nach dem Abitur aus Duderstadt weggegangen bin. Seit der 5. Klasse, als wir anfingen Englisch zu lernen, merkte ich, dass mich Sprachen sehr interessieren. Der Schüleraustausch mit unserer Partnerstadt Combs-la-Ville hat mich darin bestärkt und ich beschloss, Dolmetscherin zu werden. Allerdings gibt es nicht viele Orte, wo ich ein entsprechendes Studium hätte absolvieren können. Aber auch, wenn es in Göttingen möglich gewesen wäre, ich wollte einmal etwas anderes sehen. Also bin ich nach Saarbrücken an die Universität gegangen. Saarbrücken war für mich ganz besonders reizvoll, weil die Stadt direkt an der französischen Grenze liegt.

Seit sieben Jahren lebe ich jetzt in Brüssel. Davor habe ich in Saarbrücken, in Straßburg und in Hamburg gelebt. In Brüssel arbeite ich in einem internationalen Umfeld, neben Deutsch gehören Französisch, Englisch, Schwedisch und demnächst auch Italienisch zu meinen Arbeitssprachen. Nach Duderstadt zurückzukehren ist also mit meinem Beruf nicht vereinbar. Meine Kindheit in Duderstadt möchte ich nicht missen. Mittlerweile lebe ich allerdings gerne in einer Großstadt. Brüssel ist zwar definitiv mein Zuhause, Duderstadt und die Straße, in der ich aufgewachsen bin, aber immer noch Heimat für mich. Es ist zwar nicht mehr das Gleiche wie damals, aber wenn ich nach Duderstadt komme, um meine Eltern zu besuchen, habe ich immer noch das Gefühl, dass ich da auch noch ein bisschen hingehöre.

Interview:
Susanne Möhl,
Text:
Meike Caselmann und Sebastian Tränkner

BIOGRAPHISCHE ANGABEN

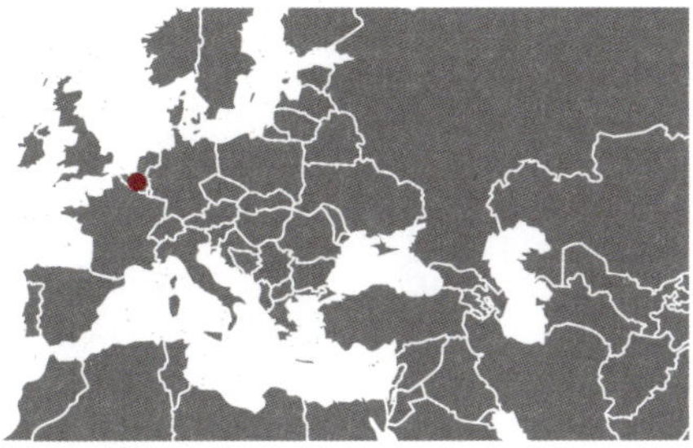

Birgit Ahrens wurde 1974 in Göttingen geboren. In Duderstadt hat sie ihre ersten 20 Lebensjahre verbracht, ging in Fuhrbach in den Kindergarten und in Duderstadt bis zum Abitur zur Schule. Nach ihrer Schulausbildung ging sie für ein Sprachenstudium nach Saarbrücken. Seit sieben Jahren lebt sie in Brüssel und arbeitet dort für die Europäische Kommission als Dolmetscherin.

AUSBLICK

ULRICH HARTEISEN

WEGE FÜR EINE NEUE STADT-ENTWICKLUNG

Der Prozess ‚Duderstadt2020' als Weg zu einem integrierten Stadtentwicklungsmanagement

Um den dauerhaften Erfolg der vorgestellten breiten Palette von Projekten sicher zu stellen und dabei stets für neue Entwicklungen offen zu bleiben, scheint uns eine institutionalisierte Struktur des Managements erforderlich. Diese könnte zudem dabei helfen, die vielen – teilweise noch unentdeckten – Synergien zwischen den Aktivitäten in den unterschiedlichen Themenfeldern umfassend zu nutzen.

DER WEG ZU EINEM INTEGRIERTEN STADTENTWICKLUNGSMANAGEMENT

Das Projekt ‚Duderstadt2020' knüpft mit einer ausgesprochen offenen und explorativen Haltung, die Praxiserfahrungen ins Zentrum der Analyse rückt, an aktuelle Forschungsansätze und Überlegungen der Stadtentwicklungspolitik an, die die Schnittstellen zwischen Stadtentwicklung und Zivilgesellschaft betrachtet. (vgl. Becker et. al 2010).

In diesem Zusammenhang spielen Veränderungsprozesse eine wichtige Rolle. Das Projekt ‚Duderstadt2020' kann somit auch als ein Entwicklungs- und Veränderungsprozess verstanden werden, der sich der Gestaltung des Stadtentwicklungsprozesses widmet. Kristof (2010) hebt hervor, dass Entwicklungs- und Veränderungsprozesse häufig zu Anfang durch Ablehnung gekennzeichnet sind. Die Kunst bestehe darin, durch Diskurs- und Beteiligungsprozesse die häufig zu Anfang ablehnende Haltung in Zustimmung und Überzeugung zu überführen. Ablehnung und Widerstand sollten konstruktiv als Indikatoren für Verbesserungspotenziale der Projektidee oder des Prozesses gewertet werden.

Im Mittelpunkt von ‚Duderstadt2020' steht die Aufgabe den Diskurs- und Beteiligungsprozess zu organisieren und neue Wege in unterschiedlichen Themenfeldern zu erproben. Das ‚Duderstadt2020'-Team übernimmt dabei die Aufgabe der Prozessgestaltung, bindet die Akteur/innen ein, vernetzt sie und begleitet die Projekte von der Idee bis zur Umsetzung.

STRATEGIEENTWICKLUNG IM PROZESS ‚DUDERSTADT2020'

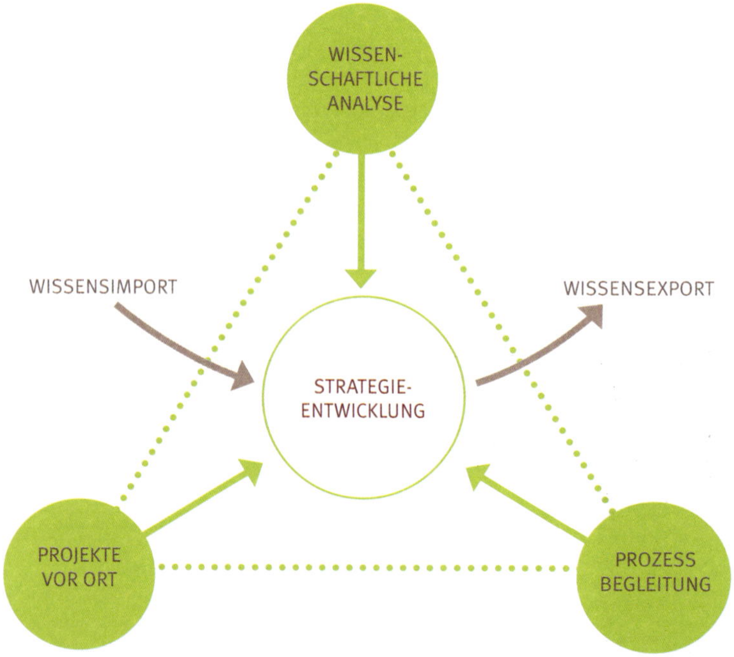

Quelle: Grafik Ulrich Harteisen | Abb. 20

Das Gesamtprojekt selbst lebt wiederum von den Erfahrungen und dem Erkenntnisgewinn durch die konkrete Projektarbeit vor Ort, die in eine mittelfristige Strategie zur Versteti-gung des Entwicklungsansatzes von ‚Duderstadt2020' eingehen sollen. ‚Duderstadt2020' schafft ein Forum, ist Anlaufstelle für Ideen aus der Zivilgesellschaft, möchte Initiator sein für einzelne Projekte und diese mit der Zivilgesellschaft weiter entwickeln und umsetzen.

In den vorangegangenen Kapiteln wurden die Projekte und Strategien in den einzelnen Themenfeldern ausführlich vorgestellt. Neben der Freude über die Vielfalt der Projekte wird von den Akteur/innen häufig auch die Frage gestellt: Wer soll all die Projekte aus dem Prozess ‚Duderstadt2020' nach 2013 fortführen?

‚Duderstadt2020' hat viele Schnittstellen zwischen Themenfeldern sichtbar gemacht. Synergieeffekte sollten in Zukunft zielgerichtet genutzt und Doppelarbeit vermieden werden. Es gilt eine Organisationsstruktur zu entwickeln, die begonnene Projekte erhält und Anlaufstelle für neue Akteure/innen mit neuen Projektideen ist. Die Überlegungen gehen dahin, eine Struktur zu entwickeln, die die sechs Themenfelder Stadtmarketing, Tourismusförderung, Wirtschaftsförderung, Kulturförderung, Quartiersentwicklung und Soziales Miteinander ganz im Sinne des ‚Duderstadt2020'-Prozesses miteinander verknüpft und auf diese Weise die Verstetigung des Prozesses gewährleistet. Eine derartige Organisationsstruktur sollte darüber hinaus gewährleisten, dass die Akteur/innen mitgenommen werden und durch eine verbesserte Zusammenarbeit die Effizienz der eigenen Arbeit noch erhöht wird. Die Gestaltung dieses Entwicklungs- und Veränderungsprozess hin zur Entwicklung eines integrierten Stadtentwicklungsmanagement stellt für das ‚Duderstadt2020'-Team eine besondere Herausforderung dar, bietet jedoch der Stadt Duderstadt die einmalige Chance der Implementierung einer Organisationsform zur nachhaltigen, integrierten und effizienten Stadtentwicklung. Dabei geht es nicht darum, vorhandene Einrichtungen und Institutionen grundsätzlich in Frage zu stellen, vielmehr soll an bestehende Strukturen angeknüpft und diese unter Einbeziehung der neu entstandenen Aktivitäten und Akteur/innen weiterentwickelt werden.

VOM STADTMARKETING ZUM INTEGRIERTEN STADTENTWICKLUNGS-MANAGEMENT

Was unterscheidet nun ein integriertes Stadtentwicklungsmanagement von klassischen Stadtmarketingstrukturen, wo gibt es Übereinstimmungen? In einem Standardwerk zum Stadtmarketing wird die Bürgerbeteiligung als eine wichtige Voraussetzung für einen erfolgreichen Stadtmarketingprozess hervorgehoben. Bei Jourdan (2007) heißt es dazu:
„...nämlich vor Ort in der jeweiligen Stadt oder Gemeinde sich der vorhandenen bürgerschaftlichen Potenziale zu erinnern, sie zu aktivieren, für das Erreichen eines gemeinschaftlichen Zieles zu bündeln und daraus die Kraft für neue Formen des stadt- bzw. gemeindeinternen Zusammenlebens zu schöpfen..."
(Jourdan 2007: 9)

Die Einbeziehung bürgerschaftlicher Potenziale, ein gemeinschaftliches Ziel verfolgen, Kräfte bündeln, das sind zentrale Aspekte, die auch ein integriertes Stadtentwicklungsmanagement ausmachen. Bei Grabow und Hollbach-Grömig (2007) findet man den Begriff des „umfassenden Stadtmarketing" über den eine An-

näherung an die Aufgabenstellung eines integrierten Stadtentwicklungsmanagements noch besser möglich erscheint. Das „umfassende Stadtmarketing" wird wie folgt beschrieben: „Auf der Basis einer verbesserten Kommunikation und langfristigen Partnerschaft zwischen allen, die an der Gestaltung des Lebensraumes Stadt mitwirken, mit einer gemeinsamen Entwicklung und Umsetzung konkreter Projekte, auf der Grundlage von partnerschaftlich erarbeiteten Leitlinien und offensiver, konsensorientierter Diskussion von Zielkonflikten soll es (Anm.: das umfassende Stadtmarketing) realisiert werden."
(Grabow/Hollbach-Grömig 2007: 288)

Im Kern geht es also um eine klare Zieldefinition, eine verbesserte Kommunikation und um langfristige Partnerschaften.

Die Philosophie des ‚Duderstadt2020'-Prozesses orientiert sich ganz an den oben genannten Kernaussagen und verfolgt somit den erwähnten strategischen Ansatz. Im Folgenden werden drei zentrale Leitlinien einer integrierten Stadtentwicklung angeführt und daraus resultierende mögliche Aufgaben eines integrierten Stadtentwicklungsmanagement abgeleitet:

Die Stadt räumlich und sozial als Ganzes betrachten
Die Funktionen einer Stadt sind vielfältig. Die Stadt ist Wohnort, Arbeitsort und Wirtschaftsstandort. Die Stadt ist ein Ort mit Angeboten für die Freizeit (Sport, Kunst, Kultur, ...), ein Ort, an dem Freunde und Bekannte zu Hause sind und nicht zuletzt der Ort, der Heimat ausmacht. Ein integriertes Stadtentwicklungsmanagement sollte mit daran arbeiten, dass in vielen der genannten Felder eine hohe Zufriedenheit mit dem vorhandenen Angebot erzielt wird.

Zusammenarbeit von vielen Akteur/innen in der Stadt
Stadt wird nicht nur von Politik und Verwaltung gestaltet, sondern von Bürger/innen, der Wirtschaft und auch den Gästen der Stadt.
Ein integriertes Stadtentwicklungsmanagement sollte eine Dialog- und Kooperationskultur entwickeln und pflegen, die eine Zusammenarbeit von vielen Akteur/innen fördert.

Ansprache unterschiedlicher Zielgruppen
Stadtentwicklung sollte sich vor allem an den Bedürfnissen der Menschen orientieren, die in der Stadt wohnen, in ihr arbeiten oder ihre Freizeit verbringen.
Ein integriertes Stadtentwicklungsmanagement richtet sich daher an viele unterschiedliche Zielgruppen. Zielkonflikte können sichtbar werden und sollten kooperativ gelöst werden.

Die Stadt Duderstadt verfügt über herausragende endogene Potenziale, aktive Bürger/innen, eine gut funktionierende Verwaltung, lebendige Strukturen im Ehrenamt und nicht zuletzt über eine starke Wirtschaft.

Optimierungspotenziale sehen wir in der Betonung der strategischen Ausrichtung durch:

- Formulierung und Umsetzung gemeinsamer Ziele
- Einbindung zivilgesellschaftlichen Engagements
- Koordination der inhaltlichen Arbeit bisher getrennt agierender Sektoren und Kooperation der Akteur/innen

In der folgenden Abbildung 21 findet sich eine mögliche Struktur eines integrierten Stadtentwicklungsmanagements für Duderstadt.

Mit diesem Entwurf eines Organisationsmodells möchten wir die Diskussion um eine neuartige Struktur eines integrierten Stadtentwicklungsmanagements in Duderstadt eröffnen.

Alle genannten Themenfelder spielen im Projekt ‚Duderstadt2020' eine Rolle. Die Fortführung der im ‚Duderstadt2020'-Prozess angestoßenen Initiativen und Prozesse ist ein zentrales Ziel dieser Organisationsstruktur. Im Prozess haben wir aber auch gelernt, dass es zwischen den Themenfeldern viele Querbeziehungen gibt, die es zu nutzen gilt. Das liegt auf der Hand, wenn man an die Themenfelder Stadtmarketing und Tourismus denkt. So haben die Märkte, die vom Stadtmarketing organisiert und durchgeführt werden, sicher auch heute schon eine Bedeutung für den Tagestourismus. Die Märkte als möglicher „Nucleus" einer touristischen Entwicklung weisen allerdings noch ungenutzte Potenziale auf, die in Kooperation mit den touristischen Leistungsträgern, der Wirtschaft, den Kulturschaffenden in Wert gesetzt werden könnten. Themen wie Eichsfelder Kulinarik, Traditionen im Handwerk und Eichsfelder Kunst und Kultur könnten hervorragend an die Märkte angebunden werden, was zu einer Profilschärfung der Märkte beitragen würde, wodurch wiederum neue Zielgruppen erreicht werden könnten. Nur ein Beispiel für Synergien, die bisher nur unzureichend genutzt wurden.

Was hat aber nun das Themenfeld Soziales Miteinander mit dem Themenfeld Stadtmarketing oder Wirtschaftsförderung zu tun? In diesem Zusammenhang kann auf Erfahrungen und

INTEGRIERTES STADTENTWICKLUNGSMANAGEMENT – DIE DUDERSTADT gGMBH

Quelle: Grafik Ulrich Harteisen | Abb. 21

Projekte aus dem Prozess ‚Duderstadt2020' verwiesen werden, so beispielsweise auf die Ferienjobbörse. Neben dem Ferienjob geht es in diesem Projekt auch darum, dass die Duderstädter Jugendlichen möglichst früh in Kontakt zur regionalen Wirtschaft kommen und die Ausbildungs- und Karrieremöglichkeiten vor Ort kennen lernen. Eine einfache Maßnahme, dem drohenden Fachkräftemangel mittelfristig vorzubeugen. Ein anderes Projekt mit dem Titel „Dress a Window! – Jugendliche gestalten Schaufenster" bringt Duderstädter Einzelhändler/innen und Jugendliche zusammen. Was hält Jugendliche davon ab, in der Duderstädter Innenstadt einzukaufen? Was können Einzelhändler unternehmen, um ihre Angebote besser auf die Bedürfnisse von Jugendlichen auszurichten? Das waren die Ausgangsfragen für einen gemeinsamen Arbeitskreis von Jugendlichen und Einzelhändler/innen. Der Impuls kam von den Jugendlichen. Die ersten Treffen zeigten zunächst, dass Jugendliche und Einzelhändler/innen nicht dieselbe Sprache sprechen und Vorurteile auf beiden Seiten bestehen. Sich kennenzulernen und die jeweiligen Bedürfnisse zu verstehen, waren daher die Ziele der ersten Treffen. Mit „Dress a window! – Jugendliche gestalten Schaufenster" ist nun ein spannendes Projekt entstanden.

Es gibt sie also, die sehr wichtigen und sinnvollen Querverbindungen zwischen den sechs Säulen, die im Modell die Duderstadt gGmbH ausmachen. Allerdings schärft erst die kontinuierliche gemeinsame und sektorübergreifende Arbeit den Blick für mögliche Synergieeffekte. Im Sinne einer integrierten Standentwicklung muss das Miteinander im Netzwerk organisiert und gelernt sowie Interessen ausgehandelt und abgewogen werden. Eine Duderstadt gGmbh sollte die Netzwerkarbeit professionalisieren, die begonnenen Projekte fortsetzen, neue Projekte begleiten und somit die Verstetigung des Prozesses ‚Duderstadt2020' gewährleisten.

Gelingen kann dieser Entwicklungsprozess nur dann, wenn sich die Stadt Duderstadt mit ihren qualifizierten Mitarbeiter/innen, Vereinen und Initiativen, die gewerbliche Wirtschaft, der Einzelhandel und die Dienstleister, die touristischen Leistungsträger, die Kirchen

v.l.n.r.: Impressionen vom 1. Duderstädter Zukunftstag am 11.06.2010; Vortrag von Prof. Dr. Wesselak zur energetischen Sanierung im Zelt „Modernes Wohnen" auf dem 1. Duderstädter Zukunftstag; Impression vom Tag der Auftaktveranstaltung am 28.11.2009

und die sozialen Einrichtungen auf Augenhöhe begegnen und gemeinsam das Zukunftsmodell einer integrierten Stadtentwicklung erarbeiten.

An dieser Stelle kann es nun noch nicht darum gehen, die Organisationsstruktur im Detail zu beschreiben, viel wichtiger erscheint es abschließend, einige Leitgedanken anzuführen, die eine zukunftsfähige integrierte Stadtentwicklung in Duderstadt prägen sollten (in Anlehnung an Jourdan 2007: 9):

- Stadtentwicklung sollte zu einer Gemeinschaftsaufgabe möglichst vieler örtlicher Einwohner/innen und Akteur/innen (Handel, Handwerk, Gewerbe, Vereine, Stadtverwaltung, Politik, Kirchen, Verbände, ...) werden.
- Stadtentwicklung sollte möglichst auch „neue Gesichter" einbinden, also nicht nur jene, die zumeist bei allen örtlichen Themen als „Berufsfunktionäre" mit von der Partie sind.
- Stadtentwicklung sollte zu einem kooperativen, partnerschaftlichen Miteinander zwischen öffentlichen und privaten Organisationen führen.
- Stadtentwicklung ist als offener Prozess zu betrachten, der fortdauernd weiterentwickelt werden muss.

Wir laden Sie ein, diesen Weg mit uns zu gehen und das Modell einer Duderstadt gGmbH gemeinsam zu entwickeln.

VOM STADTMARKETING ZUM INTEGRIERTEN STADTENTWICKLUNGSMANAGEMENT

WELCHEN BEITRAG KANN UND WILL ‚DUDERSTADT2020' AUF DEM WEG ZU EINEM INTEGRIERTEN STADTENTWICKLUNGSMANAGEMENT LEISTEN?

‚Duderstadt2020', zunächst häufig missverstanden als ein ordnender Plan im klassischen Sinne, ist ein Entwicklungsprozess, in dem sich die Stadtgesellschaft von Duderstadt, unterstützt durch das ‚Duderstadt2020'-Team, mit den Herausforderungen der Zukunft auseinandersetzt und eigene Wege zur Gestaltung des Entwicklungs- und Veränderungsprozesses erarbeitet, erprobt und implementiert. Die vielfältigen inhaltlichen und methodischen Ansätze wurden in diesem Buch dargestellt.

Im Mittelpunkt des Entwicklungs- und Veränderungsprozesses stehen Menschen mit ihren individuellen Ansichten und Wertvorstellungen und keine rational handelnden Individuen. Menschen, die in ihren verschiedenen Rollen und zunächst vor dem Hintergrund ihrer eigenen Ziele und Vorstellungen agieren. Gemeinsame Ziele zu entwickeln, Kräfte zu bündeln und in Netzwerken zu arbeiten setzt Vertrauen voraus. Die intensive Arbeit in den Projekten gemeinsam mit den Menschen vor Ort dient in diesem Sinne vor allem auch dem Aufbau eines Vertrauensverhältnisses. Die erfolgreiche Arbeit in den inhaltlichen Projekten bestätigt uns in diesem Ansatz – gemeinsame Vorstellungen, ja eine verbindende Grundhaltung ist in der Projektarbeit gewachsen. Dieser ‚Haltung' kommt im Prozess als verbindendes Element eine bedeutende Rolle zu.

Was kennzeichnet diese Haltung? Wie prägt diese Haltung den Prozess? Wir setzen an den Stärken und Potenzialen an, entwickeln gemeinsam die Ziele und setzen diese dann auch gemeinsam um. Offenheit, Kooperation auf Augenhöhe, Konfliktfähigkeit, das Zulassen von Kreativität sind Aspekte, die den Entwicklungsprozess befördern. Unterschiedliche Interessen werden in einem offenen Prozess diskutiert und Entwicklungsziele ausgehandelt. Entscheidend ist in diesem Zusammenhang, dass wir die Rollen und Ausgangspositionen der Akteur/innen uneingeschränkt akzeptieren und keineswegs deren Grundüberzeugungen in Frage stellen. Vielmehr geht es darum, im gemeinsamen Lernprozess übergeordnete Entwicklungsziele zu erkennen und sich möglicherweise auf die Verfolgung dieser Ziele zu verständigen. Die Basis für die Suche nach der gemeinsamen Schnittmenge für die Umsetzung der Entwicklungsidee ist Verständnis und Respekt für die unterschiedlichen Ausgangspunkte im Diskursprozess (Kristof 2010: 60). Die Gestaltung und Begleitung dieses Prozesses kennzeichnet ‚Duderstadt2020' – dazu braucht es Zeit, geeignete Methoden und Menschen, die mit uns diesen Weg gehen wollen.

Dabei ist unsere eigene Rolle durch Neutralität gekennzeichnet. Wir verfolgen im Prozess keine eigenen inhaltlichen Ziele oder Interessen. Das ist eine Grundvoraussetzung für den Umgang mit den verschiedenen Interessenlagen in der Stadt und die Arbeit mit den verschiedenen Zielgruppen. Erst diese eigene neutrale und unabhängige Haltung erlaubt uns den breiten inhaltlichen Ansatz. Wir teilen mit den Akteur/innen die hohe Motivation zur Entwicklung und die Überzeugung, dass sich gemeinsames Engagement für Duderstadt lohnt.

Abschließend ist es uns wichtig, darauf aufmerksam zu machen, dass sich ein Prozess, wie er in Duderstadt gerade läuft, nicht planen lässt. Neue Akteur/innen oder neue Ideen können Projekte in den verschiedenen Themenfeldern jederzeit ergänzen und damit auch neue Akzente oder Prioritäten setzen. Derartige Entwicklungen sind nicht planbar. Für den Erfolg des Prozesses ist es wichtig, sich den gemeinsamen Zielen schrittweise zu nähern und damit auch immer die Möglichkeit eines Misserfolgs, Rückschlags oder Umwegs mit einzukalkulieren und dabei immer die Augen für mögliche neue Netzwerke und Zusammenarbeiten offen zu halten, denn heute sind noch längst nicht alle Zusammenhänge und möglichen Synergien bekannt.

Die Aufdeckung möglicher Zusammenhänge und Synergien sehen wir als eine unserer wesentlichen Aufgaben. Diese ist von den in den jeweiligen Projekten involvierten Akteur/innen nur schwerlich zu leisten. Wir wollen das bestehende Akteursnetz auf dem Weg zu einer dauerhaften und tragfähigen Struktur der Zusammenarbeit unterstützen. Die einmalige Chance besteht nun vor allem auch darin, ‚Duderstadt2020' als einen gemeinsamen Lernprozess aktiv für die Bewältigung der anstehenden Aufgaben zu begreifen und zu nutzen.

LITERATUR

Becker, E. et al. (2010): Stadtentwicklung, Zivilgesellschaft und bürgerschaftliches Engagement; Lucius & Lucius. Maecenata Schriften, Bd. 6. Stuttgart | **Grabow, B., Hollbach-Grömig, B. (2007), Stadtmarketing und Citymanagement – Typologie und Etablierung in deutschen Städten und Gemeinden: In: Sinning, H. (Hg.):** Stadtmanagement. Strategien zur Modernisierung der Stadt(-Region), S. 288. Dortmund | **Jourdan, R. (2007):** Professionelles Marketing für Stadt, Gemeinde und Landkreis; 2., überarb. u. erw. Aufl., Sternenfels: Wissenschaft u. Praxis | **Kristof, Kristof, K. (2010):** Wege zum Wandel. Wie wir gesellschaftliche Veränderungen erfolgreich gestalten können; Oekom verlag. München

PROJEKTTEAM ‚DUDERSTADT2020'

Prof. Dr. Ulrich Harteisen und Prof. Dr. Alexandra Engel leiten das Projekt. Das Projektmanagement verantwortet Sebastian Tränkner.

Sebastian Tränkner, Prof. Dr. Ulrich Harteisen und Prof. Dr. Alexandra Engel sind Ansprechpartner u.a. für das Thema integriertes Stadtentwicklungsmanagement.

Prof. Dr. Alexandra Engel verantwortet u.a. die Themen Jugend, bürgerschaftliches Engagement und gesellschaftliche Teilhabe.

Die Ansprechpartnerin für die Themen Wohnen und Stadtentwicklung ist Dr. Anke Kaschlik.

Astrid Witte betreut die Themenfelder Wirtschaftsförderung und Innenstadtentwicklung.

Prof. Dominika Hasse und Bernd Kolb gestalten den visuellen Auftritt und entwickeln die Kommunikationsmaßnahmen von ‚Duderstadt2020' und betreuen das Themenfeld CI/CD.

Dr. Ulrich Harteisen
Professor für Regionalmanagement
harteisen@hawk-hhg.de

Dr. Alexandra Engel
Professorin für Sozialpolitik und soziale Problemlagen Erwachsener
alexandra.engel@hawk-hhg.de

Dr. Anke Kaschlik
Stadtplanerin
kaschlik@hawk-hhg.de

Sebastian Tränkner
Diplom-Geograph
traenkner@hawk-hhg.de

Astrid Witte
Master of Arts Regionalmanagement und Wirtschaftsförderung
astrid.witte@hawk-hhg.de

Bernd Kolb
Diplom-Kommunikationswirt
kolb@hawk-hhg.de

Dominika Hasse
Professorin für Corporate und Editorial Design
hasse@hawk-hhg.de

Gestalte
Sie mit!

DUDERSTADT – EINE STADT IN BEWEGUNG. BEGLEITBUCH ZUM PROZESS ‚DUDERSTADT2020'

Herausgeber/innen und Autoren/innen:
Alexandra Engel, Ulrich Harteisen,
Dominika Hasse, Anke Kaschlik,
Bernd Kolb, Sebastian Tränkner,
Astrid Witte

mit Beiträgen von Meike Caselmann,
Susanne Möhl und Stefan Koch

‚Duderstadt2020'
Hochschule für angewandte Wissenschaft
und Kunst Hildesheim,
Holzminden, Göttingen
Büsgenweg 1a
37077 Göttingen
www.duderstadt2020.de

HAWK

Mecke Druck und Verlag, Duderstadt 2011
ISBN-978-3-86944-048-4

Satz und Layout:
PLEX GmbH, Berlin
www.plexgroup.com

Lektorat: Andrea Katzmann (Göttingen)
und Katja Hille (Berlin)

Druck:
Mecke Druck und Verlag, Duderstadt

gefördert von:
ottobock.
KLOSTERKAMMER HANNOVER

Projektabwicklung ‚Duderstadt2020':
n-transfer, Institut für Innovationstransfer
an der HAWK Hildesheim/Holzminden/
Göttingen

BILDNACHWEIS

Otto Bock Healthcare GmbH: S. 113, rechts

Frank Donati: S. 195 unten Mitte

Mit freundlicher Genehmigung der Stadt Duderstadt: S. 30

Kinder- und Jugendbüro der Stadt Duderstadt: S. 136

Alexandra Engel: S. 193, rechts oben

Niclas Grüning: Titel | U2 (obere Reihe und Mitte) | S. 8–9 | S. 12–13 | S. 20–21 | S. 25, rechts | S. 28–29 | S. 47 | S. 52–53 | S. 56–57 | S. 58–59 | S. 64 | S. 70–71 | S. 78, unten | S. 80–81 | S. 82–83 | S. 92–93 | S. 105 | S. 110–111 | S. 112–113 | S. 115 | S. 119 | S. 124–125 | S. 132 | S. 135 | S. 139 | S. 150–151 | S. 158–159 | S. 161 | S. 162 | S. 184–185 | S. 190–191, links und Mitte | S. 195, links oben, Mitte, unten links und rechts | U3

Dominika Hasse: U2, links unten und rechts Mitte | S. 24 | S. 25, links | S. 60 | S. 75 | S. 77 | S. 78, oben | S. 88 | S. 101 | S. 117 | S. 170–171 | S. 173 | S. 174–175 | S. 176–178 | S. 191

Christian Helbig: S. 11, rechts | S. 126 | S. 129 | S. 155

Anke Kaschlik: U2, rechts unten | S. 26–27 | S. 56, links | S. 63 | S. 100, links | S. 182–183

Sabina Mitschke: S. 137

Sebastian Tränkner: S. 10, links und Mitte

Astrid Witte: S. 6–7 | S. 10, links

Christian Zöpfgen: S. 98–99

Umschlagsseiten: Impressionen aus Duderstadt